天下·文化
BELIEVE IN READING

真危機與假警報

解讀總體經濟風險
做出精準判斷

菲利浦・卡爾森-斯雷札克　Philipp Carlsson-Szlezak
保羅・史瓦茲　Paul Swartz

李芳齡 —— 譯

SHOCKS, CRISES,
and FALSE ALARMS

How to Assess True Macroeconomic Risk

好評推薦

著作極具啟發性,幫助企業領導人跟上持續變化的經濟潮流。
——《出版人週刊》(Publishers Weekly)

這本令人耳目一新、周詳且實用的著作淺顯易懂,但見解精闢,有助於改進對總體經濟的判斷。作者提供一個實用的架構,幫助我們更好的了解經濟成長、金融業,以及影響全球經濟的重要趨勢。
——《金融時報》(Financial Times)

本書對全球各地企業領導人最關注的主題提供具啟發性、務實且富有教育意義的探討,內容精闢洞察,啟發我們的思考,呼籲我們棄絕過於簡單化的經濟敘事,改採平衡且明智的觀點,認知到經濟學的局限。在不斷變化的全球環境中,總體經濟錯綜複雜,想對此有更深入了解的人應該閱讀本書。
——安德魯‧麥西爾 Andre Maciel,卡夫亨氏公司(Kraft Heinz)全球財務長

卡爾森-斯雷札克和史瓦茲對全球金融與經濟體系有深度了解，為即將到來的風險提供一本淺顯易懂的指南，也提供精闢的方法，幫助投資人解讀並因應未來的挑戰。
——瑪麗・洛夫利 Mary Lovely，彼得森國際經濟研究所（Peterson Institute for International Economics）資深研究員

本書令人耳目一新的指出，用單一架構與模型來預測及管理總體經濟風險是錯誤的想法。作者用引人入勝的分析，呼籲企業領導人必須使用他們的經驗、開放心態和明智決策來應對情勢發展。閱讀本書，你將學會如何應對可能的局勢變化。
——阿里・迪巴吉 Ali Dibadj，駿利亨德資產管理基金公司（Janus Henderson）執行長

非常傑出的一本書，為企業領導人提供工具，使他們能夠有信心的判斷總體經濟風險。本書讓我更樂觀，我相信經濟崩潰的門檻遠高於媒體所言，我相信一個「良性總體經濟」的環境具有十足潛力。
——露西・皮爾寇（Lucy Pilko），安盛保險公司（AXA XL）美洲區執行長

本書提供一個有益的架構，在不確定的世界中提升決策能力。作者建議聚焦於分析會影響風險與結果的經濟驅動因素，取代準確度不足的點預測。鼓勵投資人及企業主管加入自己的判斷，做出能夠根據變化來調整的敘事。
——湯姆・魯迪（Tom Luddy），摩根投資管理公司（J.P. Morgan Investment Management）前投資長

這是一本思考總體經濟的重要指南，幫助企業主管和政策當局思考如何應對一個持續充滿變數的新世界。
——布萊德・塞瑟（Brad Setser），美國外交關係協會（Council on Foreign Relations）高級研究員

本書對總體經濟做出精闢的釐清，集合了一本財經佳作應有的要素：釐清事實、歷史背景，並提醒讀者不應對炒作和末日論過度反應。但對我而言，最重要的是書中提供幫助我思考及規劃未來的工具和情境。世界不斷變化，但本書幫助我在新冠疫情造成的異常衝擊中保持穩健、明智的思考，在不確定性中航行。
——津坂美樹（Miki Tsusaka），微軟公司日本區總裁

這是一本傑作！本書帶領我們透視數十年至數世紀的經濟危機和地緣政治緊張情勢，為投資人提供洞察，使經濟世界變得更清晰。作者結合經濟學家、華爾街分析師以及歷史學家的技巧，對影響全球經濟的議題提出獨特觀點。本書出色的檢視影響經濟成長與危機的根本因素，讀來趣味盎然！
──柯林・麥格拉納罕（Colin McGranahan），桑福德伯恩斯坦公司（Sanford C. Bernstein & Co.）全球研究總監

在全球總體經濟充滿不確定性的現在，本書是一本必讀之作。它不鼓吹絕對無誤的預測模型，而是用令人耳目一新的謙遜來看待世界的複雜性，破除許多末日恐慌迷思，提供一個以理性判斷為基礎的決策架構。
──艾力克斯・德魯蒙德（Alex Drummond），美國運通公司（American Express）策略長

專為企業主管量身寫就的這本佳作可做為航行於經濟、金融及地緣政治風險中的羅盤，強調判斷力的重要性勝過預測。對於尋求深入了解總體經濟學的人，以及希望在難以預料的世界中形塑策略的企業領導人來說，這是一本必讀之作。
──比爾・莫爾瑙（Hon. Bill Morneau），前加拿大財政部長

這本傑作幫助企業領導人解讀總體經濟風險。本書告訴我們別受到頭條新聞的影響,應該探討經濟背後的驅動力,以形成明智的判斷。
——湯瑪斯・史威特(Thomas Sweet),戴爾科技公司(Dell Technologies)前財務長

作者以扎實的研究和及時的分析,闡述企業領導人可以如何改進他們對總體經濟風險的了解,並將這些啟示應用在策略思考及行動中。巴菲特曾說:「當別人恐懼時,你應該貪婪」,本書作者解析對總體經濟的恐懼,幫助你成為一個更有成效的領導人。
——大衛・范史萊基(David M. Van Slyke),雪城大學公民與公共事務學院院長(Maxwell School of Citizenship and Public Affairs, Syracuse University)

這本淺顯易懂的著作幫助企業主管以冷靜、理性、常識為基礎,對經濟風險做出平衡的判斷,而不是依靠可能完全失準的模型預測。兼容並蓄、以事實為基礎,避免過度悲觀或樂觀的極端立場。
——蓋伊・莫斯科夫斯基(Guy Moszkowski),桑坦德控管公司美國分公司(Santander Holdings USA)總監

市場上有關經濟與金融市場的書籍大多做出簡單、自信，但往往趨於悲觀的預測。本書不同。企業執行長及領導人如果想對影響全球經濟的風險尋求有意義的洞察，應該閱讀本書。這本書永不過時，具有說服力、啟發思考，也提供一個架構，幫助你強化判斷力。

——法蘭克・布羅森斯（Frank Brosens），塔克尼資本公司（Taconic Capital）共同創辦人暨投資長

好評推薦		002

導讀篇

第一章	陷入危機	015
第二章	如何評估經濟風險	031

第一篇　實體經濟：成長風險與動力

第三章	景氣為何衰退	055
第四章	復甦如何發生	071
第五章	在失敗與自大之間	085
第六章	神奇成長模式的吸引力	101
第七章	科技成長	117
第八章	下一波成長加速	133

第二篇　金融經濟：
　　　良性限制與系統性風險

第九章	強制性刺激機制	151
第十章	生存性刺激措施會失靈嗎？	167
第十一章	戰術性刺激措施為何難以奏效？	181
第十二章	通膨環境很難轉變	195
第十三章	與通膨上升趨勢共處	211
第十四章	健康的高利率水準	223
第十五章	想像與真實的債務威脅	237
第十六章	學習接受泡沫	251

第三篇	全球經濟：從趨同的樂觀到分歧的悲觀	
第十七章	趨同泡沫之後	269
第十八章	從地緣政治到經濟衝擊	285
第十九章	貿易沒有那麼糟	301
第二十章	美元殞落是假警報	315

結　論

第二十一章	未來的總體經濟環境	329

注釋	347
圖表一覽	393
致謝	397

導讀篇

第一章　　陷入危機
第二章　　如何評估經濟風險

第一章
陷入危機

　　過去大約四十年，一系列利多因素為企業領導人與投資人創造一個有利的商業環境。在金融領域，高漲且波動大的通膨率回落至長期穩定的通膨水準，連帶拉低利率，推升股票及其他資產的價值。在實體經濟面，經濟擴張週期拉長，企業利潤增加。國際關係方面，地緣政治趨於整合，催生出一系列制度性協議及穩定的全球規則，使跨國價值鏈得以發展，讓企業有機會進入充滿活力的市場。整體而言，這樣的環境鼓勵企業領導人冒險，擴大營運規模。

　　我們稱此環境為全球經濟的**良性總體經濟**（good macro）運作體系，涵蓋了十幾個總體經濟基礎[1]。這套系統深刻的影響當代領導人的思考方式與預期。他們在全球舞台上壯大他們的企業與職涯，並且將總體經濟視為友善的背景，而非充滿必須應對的風險。這並不是說良性總體經濟環境完全沒有問題，問題確實存在，最嚴重的就是2008年的全球金融危機，但決策者

阻止了結構性崩潰，接著迎來史上最長的美國經濟擴張期，於是，「經濟的運作體系本質良好且具有韌性，尤其是對企業而言」這樣的認知與信念進一步得到增強。

但現在，總體經濟環境是良性的信念動搖了。過去幾年，快速連續的衝擊與危機已經撼動經濟運作體系的基石。在金融領域，領導人面臨這二、三十年間首見的高通膨與快速升高的利率水準威脅。在實體經濟面，疫情導致實體經濟活動被破壞、供應鏈出現瓶頸、以及勞動力短缺，引發前所未聞的風險。全球制度建立在美國霸權領導地位與政治整合的預期之上，但隨著兩極化世界再現，制度開始出現裂痕，歐洲爆發的戰爭甚至讓強權衝突重返全球風險版圖之中。

儘管如此，衝擊很少是線性的。如同我們將在本書中看到，總體風險激增，必須嚴肅以對，但是最悲觀的預測很少成真，而且通常都被誇大了。事實上，在每次的真危機背後都有許多假警報。同時，過去二十年間，科技進展難以推動經濟成長，如今可望因為人工智慧出現而重新展現強勁的潛力。悲觀主義者請注意：錯失總體經濟的上升潛力也是一種風險。

負責企業策略以及事業或投資資產組合的企業主管，不能忽視這些因素對商業環境的實體面、金融面以及為全球經濟基礎所帶來的風險。在良性總體經濟運作的體系中，創造價值都已經非常困難，如果經濟基礎動搖，創造價值的任務也將隨之改變。不論你喜歡與否，在隱身幕後數十年之後，總體經濟學現在已經出現在舞台正中央，穩穩占據執行長的核心議程。

本書旨在幫助企業領導人應對並駕馭這些風險。

衝擊、危機與假警報

評估總體經濟風險,或是當風險轉變成真實衝擊時,企業主管很難做出判斷:這些紛亂是短暫的動盪、永久的轉變,還是只是個假警報?總體經濟運作體系將展現韌性,重返我們熟悉的狀態嗎?還是這場衝擊將永久改變經濟的運作方式?企業領導人知道,志得意滿可能付出慘重代價,因此往往有壓力必須採取行動。但是一場衝擊往往同時含有真危機和假警報這兩種可能性。過去短短四年就出現了一連串假警報:

2020年,當新冠肺炎疫情導致極度的不確定性時,「新大蕭條出現」的說法開始流行。這種敘述喚起人們回想起1930年代的大蕭條,這將是比2008年全球金融危機還要糟的經濟崩潰:一場深度、持續多年的經濟衰退,伴隨著美國主權債務危機,最後甚至會出現美元崩盤。[2]但是,從新冠肺炎衝擊的**強度**無法看出它會對經濟造成什麼結構性損害,也無法反映政策當局對抗這場危機的能力和意願。2021年末,美國經濟已經恢復至接近疫情前水準。2023年初,美國的實質國內生產總值(剔除通膨影響)比疫情前的高峰還多出 5 %,相當於增加超過1兆美元。

2021年,在強勁復甦令許多災難預言者措手不及之後,主流的看法卻又轉向。傲慢與悲觀往往相伴而生,因此「重現咆哮的一九二〇年代(Roaring Twenties)」這種說法突然興起。現在,人們預測疫情期間封鎖經濟時興起的數位服務工具,例如提供視訊會議平台的Zoom和提供遠距醫療服務的Teladoc,

將會大幅提高生產力，成長幅度甚至可能超過1%。[3]疫情被視為催化劑，最終將能實現科技長久以來難以達到的成長效應。但這一切沒有發生，高價買進疫情概念股的投資人，最終不得不承受虧損。

2021年和2022年，當後疫情期間的通膨高峰比預期來得更高、更晚時，關於通膨機制將出現結構性改變的假警報響起。這個說法認為通膨將永久轉向，變得更高、更具波動性，並認為後疫情時代的通膨狀態會像1970年代一樣，當時通膨預期失控，對經濟造成結構性傷害。儘管通膨很有可能在未來出現上行風險，但後疫情時代的物價飆漲並未顯示出預期中的結構性變化，只不過是反映週期性的特殊供需失衡，並賦予廠商短暫的訂價權而已。整體來說，這導致通膨升高，但並非是結構性的轉變。果不其然，美國通膨在之後不到一年內減少了6個百分點，打消人們對出現類似1970年代通膨失控情形的擔憂。

2022年，聯準會以數十年來最快的速度調高利率以對抗通膨，新興市場危機與危機蔓延的假警報響起。市場普遍預測，美國利率上升和強勁的美元，將使新興市場貨幣承受壓力，導致新興市場更難償還債務，進而引發違約和資本外逃。但實際情形是，許多新興市場已成功減少以美元計價的債務，而且經濟管理能力提升，例如部分新興市場央行決定搶在美國之前提高利率。此外，許多新興市場根本沒有遭受西方已開發經濟體遇到的挑戰，因此儘管在美國的升息循環高峰期，新興市場也沒有出現系統性危機。[4]

自2022年初至2023年，「已開發國家將無可避免步入經濟

衰退」的說法出現，著名的領導人談論經濟風暴，預測機構的模型也顯示經濟出現衰退的可能性大增。快速攀升的利率重挫股市，許多人認為經濟也將受到衝擊。權威人士聲稱，為了控制通膨，必然導致失業率升高，而失業率是經濟衰退的關鍵決定因子。雖然下一波衰退必然會發生的觀點始終成立（景氣循環是自然且必然會發生的現象），但事實是，在「即將步入經濟衰退」的警報響起18個月後，儘管聯準會持續堅定的抑制通膨和過高的勞動力需求，美國的失業率仍然接近歷史低點。

除非企業主管清楚了解各種衝擊良性總體經濟的挑戰，否則他們很難在經濟情勢與相關訊息不斷激烈擺盪下保持穩健。衝擊與危機確實會構成威脅，但對假警報的過度反應也同樣危險。了解總體經濟風險，包括正面與負面的可能變化，以及週期性變化與結構性變化的區別，對掌控這些威脅非常重要。

我們可以看看汽車製造商的經驗。汽車製造商因為相信新冠肺炎疫情將導致類似「經濟大蕭條」的嚴重衰退，因此在2020年初砍掉半導體訂單。[5] 當事實與預測相反，經濟開始快速復甦時，汽車製造商急忙再下單，卻發現訂單排在晶片供應鏈的末端，導致汽車供給出現瓶頸、無法應付需求以及價格上漲壓力，這些因素實質上加劇了疫情後的通膨。同樣的，被「Zoom經濟」（Zoom economy）沖昏頭的投資人，在2021年以高價買進疫情明星股，結果在2022年疫情明星股股價大跌時被股價重擊。假警報可能是代價甚高的總體經濟陷阱。

除了金錢損失，誤判情勢還可能在領導力上付出代價。如果高階主管把總體經濟波動帶來的不安情緒傳導到整個組織

裡，可能會傷害領導階層的威信，因為策略、營運以及溝通突然改弦易轍會讓員工困惑。追逐頭版重要新聞，輕易聽信警報和預測，可能會損害企業領導人的信譽。

所以，有效掌控總體經濟風險有其價值，但一般的總體經濟學卻無法幫助企業主管應付這項重要的工作。儘管總體經濟學這門學科披著科學外衣、使用充滿希臘字母的公式，但卻沒有提供企業領導人能依賴的準確工具。前文提到的假警報，全都不是精進的總體經濟模型得出的論點，也沒有出現在閃爍的預警儀表板上。相反的，總體經濟學反而是導致問題的禍因之一，它造成人們對多變的資料做出不經思考的反應。

企業主管必須用更務實的方式來應對總體經濟風險。如同我們將在後文中看到，總體經濟學的核心在於**判斷**，不是預測。正如書中的主張，良好判斷是優質決策的基礎（避開高代價陷阱），也有助於減少策略及營運的波動，讓領導人更冷靜的領導團隊。沒有人能控制經濟波動，但領導人可以選擇該關注什麼焦點。

壞消息是，總體經濟衝擊會持續出現，企業領導人將不得不做出困難的決策。好消息是，領導人可以學會做出更好的總體經濟判斷，這也是本書的承諾。那麼該如何學習呢？

如何評估總體經濟風險

我們能夠避開假警報嗎？前文所說的例子純粹是事後諸葛嗎？讀者應該了解一點：沒有人能總是正確的判斷總體經濟。

事實上，本書的一個主題思想是：我們必須棄絕「科學確定性」這個不實的觀念。話雖如此，如果有正確的分析習慣，企業領導人還是很有可能正確判斷前面提到的每一種假警報，關鍵在於採用一個更重視情境變化而非僵硬死板的理論、更重視判斷而非單純預測的方法。在面對那麼多災難預言和那麼多假警報的狀況下，我們也需要更樂觀，但不要過度樂觀，而是要理性樂觀。

我們使用一個折衷方法，把總體經濟學視為一組敘事。這種方法建立在審慎使用資料上，並結合脈絡背景與歷史，目標不是要得出一個確定的事實，而是要做出情勢判斷。與其說這是一套理論，不如說是一種心態；對習慣性的唱衰保持懷疑，並以理性、樂觀的態度應對風險。我們認為，有效的總體經濟風險評估是由三個好習慣組成，以下概述每一種習慣，並會在第二章提供詳細說明。

第一個習慣是擺脫「模型至上」心態。別把經濟學想成是一個生成**結論**的系統，經濟學是一種**辯論**。總體經濟模型在預測的準確度上一直表現得非常糟糕，它們很少能帶來真知灼見，反而經常是假警報的源頭。令人驚訝的是，儘管錯誤的預測已經堆積如山，世人仍然普遍相信複雜精細的模型能產生準確的答案。模型之所以不可靠，是因為總體經濟的動態取決於情境，但模型卻依賴很小的樣本。舉例來說，二戰之後，美國只歷經過十二次經濟衰退，每一次的原因都高度特殊且複雜。因為這些特殊性以及局限性，科學的模型本身往往非常不科學。這不代表我們不該再建立模型，但企業領導人不應該把模

型視為可靠的洞察來源。

此外，當最需要預測的時候，預測最不可靠。危機時刻，企業高層會迫切希望了解接下來會發生什麼事，這是可以理解的，但是從定義上來說，危機會產生極端的資料，因此當預測對人們最有價值的時候，模型卻必須在已知的實證範圍外做出推斷。這裡提供一個更技術性的例證：圖1-1顯示主要總體經濟變數在70年間的變化（灰條代表第5個百分位至第95個百分位的變化範圍），以及新冠疫情期間的極端高點與低點（灰條上方與下方的橫線）。從圖表可以看出，新冠肺炎疫情產生的極端資料落在這70年間主要總體經濟變數的變化範圍之外，所以，經濟模型基本上從未見過新冠肺炎疫情造成的變化，如何能夠正確預測復甦路徑呢？[6]

勞動市場資料（總薪資和失業率）的快速變化值得特別一提，因為經濟模型通常以失業率來衡量經濟衰退以及總體經濟的疲軟程度。2020年初的短短兩個月內，失業率從3.5％飆高到近15％，比2008年全球金融危機時的失業率高峰還高出近5個百分點，因此，大蕭條般的慘況將再現的預測看似有理。但是，儘管結構性改變的跡象看似明確，但最終事實證明，這只是假警報。

評估經濟風險主要是做出判斷，不是預測，除非領導人學會做判斷，否則不論他們是否意識到，他們實際上就是在相信某種預測。[7]

如果第一個習慣是擺脫模型思考，第二個習慣就是懷疑輿論中的總體經濟災難預言。負面新聞經常把種種動盪解釋成

真危機與假警報 | 23

圖1-1 新冠疫情波動超越70年歷史常規

疫情期間的經濟指標高低點與疫情前70年間的變化

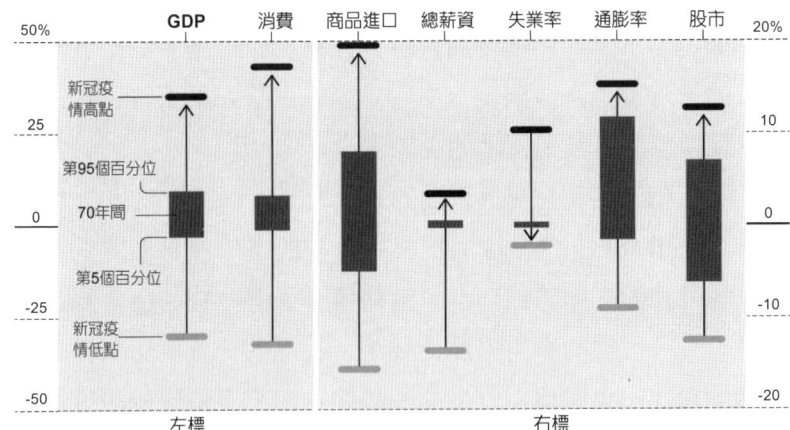

- 註：國內生產總值（GDP）與消費（均為實際數值）是年均季度成長率。進口（實質數值）是季度成長率。總薪資、股市（S&P 500）以及通膨率（消費者物價指數，CPI）是月成長率。失業率是月成長率。通膨率（CPI）是年均月成長率。資料統計期間為1950年至2019年。
- 資料來源：美國商務部經濟分析局（BEA）；美國勞工部勞動統計局（BLS）；S&P；波士頓顧問公司總體經濟學研究中心。

災難性後果，企業領導人必須穿梭在接連不斷的負面新聞頭條當中。過去幾年，假警報充斥，前文只是列舉其中的少數。切記，每一次真正的危機背後，都有許多假警報。

為什麼會有負面偏誤呢？很簡單：災難預言很吸睛。財經記者很少有機會撰寫有關於性、犯罪或名人的報導，但危機和崩潰的論述能合理的取代這些新聞，博人眼球，吸引點閱，尤其是在主流和專業的電視、平面及網路媒體。不過，就連最受尊崇的媒體也會放大負面新聞，對負面新聞推波助瀾，權威專

家與評論員也是如此。[8]財經新聞也難逃將新聞變成娛樂的習慣。[9]

於是，假警報被擴大宣傳，麥克風總是被交到聲音最大的悲觀者手上，他們懂得如何引人注意，自信滿滿的把可能性不大的風險從邊緣拉到舞台中心。企業主管如果不自己做出判斷，就抵擋不了鋪天蓋地的災難預言。

第三個、同時也是最重要的一個習慣：經濟折衷主義（economic eclecticism）。經濟折衷主義指的是一種思考方式，擺脫主導性理論、學派或理念，這些傳統思考方式往往自認為能提供唯一、可靠的視角來評估風險。相反的，折衷思維更重視情境，關注因果關係與敘事的一致性。用來評估風險的工具很廣泛，不只來自經濟學，也來自相關的學科。有時候，主題分析架構（thematic framework）能幫助我們了解風險；有時候，歷史事件能為我們提供啟示；有時候，就連封閉型式模型也能提供幫助。在本書中，我們多次提到的概念「制度環境」（regimes），指的就是經濟體系如何運作的敘事。

讀者跟隨我們探索風險的面貌時，將會看到我們如何以務實且靈活的態度，利用我們認為能夠提供洞見的工具。經濟折衷主義讓我們可以透過研究總體經濟風險的驅動因素、脈絡、型態以及分布特徵來評估風險。這種方法的一個優點是讓我們認知到趨勢與驅動因素可能改變。因此，在本書中，我們聚焦於**「什麼樣的條件之下才會發生真正的危機」**，而非只是問危機是否會發生。

當15％的失業率導致總體經濟模型偏離方向時，出現了

「新冠疫情導致蕭條」這個假警報。那麼是什麼推動強勁的經濟復甦呢？是一系列混亂的驅動因素。政策當局和政治人物積極行動，保護流動性和資產負債表；消費並未崩潰，而是轉向網路；在開發疫苗方面，科學表現得比預期的更快、更好；各國學會如何在教室、機場、辦公室裡與病毒共處。想要判別經濟復甦潛力，與其靠經濟模型，不如依賴敘事和判斷。

因此，總體經濟學無法像物理學這樣的「獨奏者」一樣，可以單獨做到精確分析，但它卻能在樂團當中表現出色，我們必須引用更廣泛的觀點及方法，才能讓它發揮作用。我們將在第二章更詳細的論述，這種折衷方法很適合具有好奇心的人。根據我們的經驗，許多企業主管及投資人都是這樣的人。具備好奇心與判斷力的企業領導人不會被專注於數字計算與使用模型預測的人嚇倒，這些人對風險與情境的掌握可能遠遠不及領導人。經濟折衷主義不會在使用模型得出「真理」之後就試圖終止辯論，經濟折衷主義鼓勵辯論，因為辯論是產生良好判斷的基礎。

領導就是應對不確定性，如果未來高度可預測，那麼領導就沒什麼特別的，只要執行就行了。評估總體經濟風險也一樣，涉及結合種種知識、技巧與經驗，一言以蔽之，就是判斷。

你能從本書獲得什麼

多年來，我們發表研究報告，為企業主管和機構投資人提供有關於總體經濟風險的諮詢服務，我們的方法、主題以及論

述，為好奇的企業領導人解讀難以捉摸的全球總體經濟學，這些領導人將職涯投入在比解讀總體經濟更宏大的主題，但他們發現，為了追求成長，就必須解讀總體經濟。

本書把這些談話帶給更廣大的聽眾，帶給在總體經濟風險當中面臨相似挑戰的讀者。你將會注意到，本書旨在同時實現兩個目標：首先是為讀者提供用以評估各種總體經濟風險的分析工具；其二是闡述我們對於主要風險以及總體經濟體系未來的觀點，也就是良好的總體經濟是否會持續。我們希望讀者能在這些方面受益：

- **發展新的分析技巧。**本書各章旨在培養讀者基本的總體經濟分析技巧，牢記一點：制度的運作系統比外部衝擊是什麼更重要，這為區別真實的結構性風險與假警報提供基礎。
- **自信的應對總體經濟風險。**本書各章節涵蓋總體經濟風險整體範疇，以及總體經濟風險與商業環境之間的交互作用。企業領導人必須熟悉大量的實體、金融及全球風險，並解讀這些風險，將其轉化為企業應對風險的策略。
- **像樂觀主義者一樣思考。**企業主管絕對不該輕忽風險（在本書中，我們絕對沒有輕忽風險），這就是為什麼他們需要高效的技能以快速評估威脅，並揭穿危言聳聽的災難預言。周遭充斥的負面情緒可能會讓我們產生幽閉恐懼症。雖然不能排除系統性風險發生的可能，但經濟的崩潰門檻通常遠比許多人以為的還要高，因此，保持

理性樂觀是合理的。我們知道，災難預言很容易顯得嚴肅認真，而樂觀可能被視為天真，但企業領導人應該忽略這些聲音，聚焦於洞察。
- **聽聽我們的觀點**。我們很清楚撰寫一本有關風險及未來的著作有多困難，我們不自吹我們知道或確定一切，但我們相信，讀者在觀察我們如何有條理、全面的應用我們的方法之後，會因此受益。新衝擊和風險會出現，現實也會改變，因此，我們的風險評估在未來也可能改變，但我們相信，我們的風險評估方法經得起考驗。無論讀者是否贊同我們的觀點，都會有所啟發。我們的目標是培養讀者對於總體經濟風險的批判性思維與應對風險的能力。

本書沒有對重要經濟體及其相對潛力進行分析，我們提供的是與許多經濟體相關的總體經濟風險主題分析。雖然我們引用全球各地的例子，但我們主要透過美國經濟的視角來講述故事，因為不論在利率、技術或全球性機制層面，美國經濟都處於全球體系的核心。在既全面、又分散的辯論中，美國經濟是最自然的共同點。此外，美國經濟提供大量的長期資料，這對我們的方法而言很重要。還有，美國是我們最了解的經濟體。這些因素使美國成為全球相關敘事的最佳基礎。

其次，一些讀者可能納悶，為何本書沒有專章討論人工智慧、氣候變遷、中國經濟、產業政策、競爭政策這些主題。其實這些主題貫穿全書，但它們主要是與經濟體系的運作相關，

而非解釋經濟體系本身如何運作。第五、第七及第八章討論生產力成長時，將大致談到人工智慧；我們也從資本形成、通膨、債務、地緣政治、貿易及泡沫的角度來解釋氣候變遷（第五、十二、十三、十五、十六、十八及十九章）；在討論到成長引力、地緣政治及貿易時（第六、十七、十八及十九章）時，將談到中國。

探索複雜多樣的風險世界

　　良好的總體經濟體系能持續嗎？一個世代的領導人在良好的總體經濟環境中建立職涯，現在，這種良性的總體經濟體系正在消退嗎？在第二章深入討論如何分析風險之後，本書將把這個疑問分解成三個交互作用的元素：實體經濟（成長的風險）、金融經濟（金融風險），以及全球經濟（地緣政治風險）。前三部分別討論總體經濟風險的這三大元素。在每一部當中，我們進一步將這三大元素解構成不同的風險主題，每一章處理一個主題，總計有十八個主題。讀者可以依序瀏覽總體經濟風險，看看我們如何建構這張地圖，但也可以跳躍式瀏覽。

　　第一篇，實體經濟：成長風險與動力。我們將討論週期性風險，檢視景氣衰退可能如何開展，以及復甦如何發生（第三章及第四章）。接著，我們分析長期成長前景，處理傲慢自負、失敗主義、以及神奇成長模型思維（第五章及第六章）。最後，我們探討科技、尤其是人工智慧帶來的成長前景（第七章及第八章）。

第二篇，金融經濟：良性限制與系統性風險。我們首先分析為何美國如此醉心於種種刺激措施（第九章），政府在危機時刻端出刺激措施的執行風險（第十章），以及政府使用戰術性刺激措施來促進景氣的挑戰（第十一章）。接著，我們會區別結構性通膨與週期性通膨率上升趨勢（第十二章及第十三章），最後檢視先前分析的三種結果：較高的利率（第十四章）、債務可續性（第十五章）以及泡沫帶來的風險（第十六章），以完成有關於金融風險的討論。

第三篇，全球經濟：從趨於整合的樂觀到分歧的悲觀。我們追蹤過去30年趨同泡沫（convergence bubble）[*]的興衰（第十七章），分析為何地緣政治風險很少線性的轉化成對總體經濟的衝擊，以及如何看待這項挑戰（第十八章）。接著，我們探討貿易模式改變帶來的經濟衝擊（第十九章）。最後，我們解釋為何我們會認為「美元做為全球外匯準備貨幣的地位將終結」這個預測，就是一個典型的假警報（第二十章）。

本書各章涵蓋所有有關如何分析風險的可行結論，因此，我們不是以一個典型的綜論來為本書劃下句點，而是闡述我們對經濟的策略性敘事。第二十一章綜觀實體經濟、金融及地緣政治，我們認為，2020年代剩下的幾年仍然會有良好的總體經濟體系支撐一個有利的商業環境。簡言之，這將是一個實體經濟緊縮的年代，將展現更強勁、但可能相對節制的成長，財

---

[*] 編注：指市場、國家、資產在價值或經濟表現上趨於一致，投資人基於此預期大量投資。

政壓力將迫使資本配置必須更有紀律。與此同時，中期而言，地緣政治驅動的全球產能重新分配將強化強勁的成長趨勢，但長期而言卻會帶來潛在產能的損失。伴隨這觀點而來的風險眾多，有時是系統性的威脅。總體經濟學的重大調整可能發生、也確實發生過，但除非我們能講述一個清楚、具有說服力的敘事，說明為何這種結果最有可能發生，否則我們不願意將其做為我們評估的核心。我們依然是理性的樂觀主義者。

第二章

如何評估經濟風險

　　接下來的十八章,在探索總體經濟風險面貌之前,我們邀請讀者更深入思考我們在第一章談到的三個習慣:擺脫「模型至上」心態、對災難預言抱持懷疑、奉行經濟折衷主義。為什麼要用這種方法來分析總體經濟,以及如何保持這些習慣?有些人可能想跳過這章,直接進入第一篇至第三篇的風險分析,但我們鼓勵讀者閱讀本章,聽聽我們對總體經濟學的看法。本章內容不是介紹風險、分析以及我們的研究發現,而是更深入闡釋我們認為有助於評估總體經濟風險的分析思維。

　　傳統總體經濟學經常被視為一個高度技術性、系統化的學科,即使對受過其他研究訓練的人來說也有難度。我們有意識的挑戰這門學科的排他性,使它易於理解。我們想藉由本書證明,不需要進入專業的學術領域,經濟學也能為決策者提供洞察與價值。經濟學有其價值,也孕育出卓越的學術成就,它推進知識前沿,卻也晦澀難懂,並且在很大程度上與企業界領導

人面臨的挑戰及疑問脫節。[1] 了解經濟學的世界當然有幫助，但是隨時掌握動態隨機一般均衡模型（Dynamic Stochastic General Equilibrium, DSGE）並非做出明智總體經濟判斷的必要條件，而且，這樣的模型反而經常成為阻礙。正如我們經常強調的一點：「經濟回復到已知的均衡」對模型來說非常重要，但在學術以外的現實世界，經濟正不斷從一個不均衡狀態移動到另一個不均衡狀態。

因此，我們避免提出一套方法或理論，當然也不提供單一的模型。商業書籍跟學術文獻一樣，經常提供一個一勞永逸的解決方案：一個克服問題的新觀點或竅門，通常取了好聽易記的名稱，或許還加上一個分析流程，再簡化成少數幾個聽起來簡單的步驟。我們籲請讀者反其道而行，採取開放心態。總體經濟的真實狀況很複雜，需要寬廣並且靈活的視角，而不是把複雜的真實情況簡化成簡單的變量與輸出結果。我們應該把總體經濟風險視為一系列變化的敘事，每一種敘事都有其脈絡與歷史。切記，我們並非在尋求一個既定的真理，而是想更務實、更謙遜的根據情境做出判斷。

雖然我們無法學習一套可以應用於所有總體經濟風險的技巧，但我們可以闡述一種能建設性應對總體經濟風險的正確心態。我們的經濟學觀點是：與不確定性建立更誠實的關係。

十八世紀的法國哲學家伏爾泰寫道：「懷疑並不愉快，但確定是一種荒謬的狀態。」[2]，一語道出與不確定性建立更務實關係的必要性。雖然，伏爾泰是在總體經濟問世之前寫下這段話，但他充滿洞察力的見解卻觸及我們今天如何面對總體經濟

學這門學科的關鍵問題。我們把總體經濟學視為消除懷疑和提供確定性的方法，因為確定性令人愉快，但在過程中，我們忘了這種確定性根本就難以實現。如同第一章所述，總體經濟學披著科學的外衣，但其實總體經濟的走勢根本無法可靠預測，甚至連幾季之後的趨勢都難以預測。因此我們必須捨預測而重洞察，捨理論而重敘事，捨確定性而重判斷。

換言之，企業領導人不該輕易被「用經濟模型控制不確定性」的想法吸引。領導就是航行於不確定性之中，做出好判斷需要隨機應變與折衷心態，這可能比應用狹隘的方法來得困難，但回報會更大。總體經濟學正好適合應付這項挑戰。它沒有固定的答案，只有動態、動機及趨勢，想要有效的對抗總體經濟風險，領導人必須接受這個現實。

在此要釐清風險的意義。在總體經濟學中，「風險」（risk）是個多用途的字，如表2-1摘要所示，通常風險是指重大的結構性下行（structural downsides）：發生通縮性經濟蕭條的可能性、爆發結構性通膨的可能性、系統性債務危機的威脅。但我們也會討論結構性上行（structural upsides），例如科技對經濟成長的助益，以及錯失或誤判這些因素所帶來的風險。對專業人士來說，這些全都是總體經濟風險。同樣的，雖然我們討論的許多風險是結構性風險，有可能永久改變經濟運作系統，但我們也討論與景氣循環有關的戰術性風險。戰術性總體經濟風險通常是指下行風險（衰退），但也有上行風險，例如復甦比預期來得更強勁。

雖然我們相信秉持三個良好習慣有助於評估總體經濟風

表 2-1　總體經濟風險的四個象限

企業面臨下行風險，但也有錯失上行的風險

	週期性 （戰術性）	結構性 （策略性）
下行	衰退 例如：景氣衰退、衝擊	崩潰 例如：通縮性衰退、爆發結構性通膨
上行	助力 例如：復甦、加速	加速 例如：生產力變動、資本存量深化

• 資料來源：波士頓顧問公司總體經濟學研究中心。

險，不過如果本書在特定時間點（2023年秋季）做出有關未來總體經濟趨勢的結論最終被證實錯誤，我們也不會感到意外。（如果這些結論全都正確，我們才會更意外。）但是如果我們用來得出這些結論的架構未能幫助說明經濟變動的原因，那我們會感到失望。這兩者的差別在於，我們無法知道未來衝擊與危機的發生條件與情境，但我們能了解衝擊的驅動因素、這些因素如何交互作用以及它們構成的風險。我們能持續觀察這些驅動因素的演變，針對它們的發展做出調整。不同於一般書籍提供的固定視角，本書能讓讀者持續、漸進的逐步改進，並更新他們對風險的評估。

擺脫「模型至上」心態

如同第一章所述，模型至上心態是指總體經濟學當中一種

強烈的欲望,希望找到一個確定的答案,以終結辯論。模型至上心態認為經濟學具有自然科學的嚴謹性,只要遵循科學就能獲得確定性。[3]模型至上心態的副產品包括精準預測以及其他模仿自然科學的外在表現,諸如通用模型、大量資料和計算能力,以展現出精確性。

近50年前,海耶克(Friedrich von Hayek,以及在他之前的米塞斯〔Ludwig von Mises〕)批評總體經濟學家對物理學的羨慕與模仿是危險的:「在我看來,經濟學家無法更成功的指導政策,與他們傾向盡可能模仿極為成功的自然科學研究方法密切相關,在經濟學領域做出這種嘗試,可能會導致嚴重錯誤。」[4]

所謂「物理學妒羨」(physics envy)的現象只增不減[5],但實際上的狀況依然是經濟學不確定、不穩定、涉及太多學科,無法被視為一門自然科學。這麼說並不丟臉,相反的,這是有點光榮的事:總體經濟學的複雜性使這門學科富有挑戰性(我們認為這更有趣),因為總體經濟學當中的法則會持續改變,這項特質既令人困惑,也令人著迷。

我們在第一章提到,最需要模型的危機時刻,模型最脆弱、最不可靠。但模型至上心態的缺點不只是實證資料有限而已,就算有更廣大的實證資料可以做為根據,模型設計依然是個障礙。舉例來說,在2008年全球金融危機之前,許多實體經濟模型的假設通常忽略金融體系的運作方式,這樣的簡化被證明是一種嚴重的瑕疵。[6]

事實上,期望經濟學擁有科學的嚴謹性與精確性是完全不

合理的。一些科學基礎更穩固的學科，例如流行病學，也同樣難以為決策者提供可靠的預測。2020年新冠疫情爆發之初，流行病學家和經濟學家競相預測未來，流行病學家預測會有數百萬人死於新冠肺炎，結果這些預測錯得離譜，讓經濟學家的失準預測相對看起來也沒差到哪裡。[7] 在這兩個領域，未知數和不穩定性使得用模型來做出預測顯得不切實際。但模型至上心態忽視這一切，並要求一個明確的答案，但如果得出並採用狹隘的答案，而這些答案最後卻失真，就會削弱決策者的公信力。企業領導人必須知道在什麼樣的情況下那些事有可能發生、為什麼有可能發生。他們必須屏棄看似準確、實則充滿限制又脆弱的假象。

分析師往往覺得模型至上心態很吸引人，因為模型至上心態會快速吸收新資料來更新分析結果，讓它擁有量化和測量的科學外衣。一般民眾也喜歡經濟模型，因為能測量就能控管。但是，當某個東西無法量化卻仍然可以被測量時，結果就是誤判，而這樣的誤判會對決策帶來不利的影響。前美國國防部長羅伯・麥納馬拉（Robert McNamara）當年談到越南時曾這麼說：「我們所有的量化指標都顯示我們正在贏得這場戰爭。」[8] 但不論數字如何，美國並未走上勝利之路。時至今日，情況仍然沒什麼改變，會議室裡討論現代地緣政治時（參見第十七章和第十八章），往往會尋求降低不確定性，而不是擁抱不確定性。同樣的，在危機當中，很容易找到資料來支持災難預言者的看法。套用麥納馬拉的話，在新冠肺炎爆發初期，我們所有的量化指標都顯示經濟將陷入深度蕭條，但是儘管各種經濟數

據都在惡化（有關新冠疫情期間總體經濟資料的變化，參見圖1-1），美國的經濟基礎卻沒有真正動搖。

在此必須澄清一點，我們並非認為經濟模型無用，相反的，模型可能有用，我們有時會在分析當中引用經濟模型，但模型充其量只是輔助，不是核心驅動因素：經濟模型無法提供最終解答。模型至上心態不願意承認自己沒能力提供正確答案，也不承認特殊狀況和不同情境可能導致無法使用模型來評估和預測風險。這樣的心態不可取。

該怎麼做才能抗拒確定性和模型至上心態的強大吸引力？我們遵循下列三個具體可行的做法：

- **對理論抱持懷疑態度**。書中探討的任何總體經濟風險，都不能透過單一一個可靠的理論來檢視，每一種風險都是永無止盡的辯論主題。想要征服複雜性，關鍵在於了解風險的驅動因素。看看貨幣主義者對幾個世代的經濟學學生灌輸的箴言：「通膨無處不在，它一直都是一種貨幣現象。」[9]如同第十三章將闡釋的，貨幣力量只不過是這個複雜議題中有價值的一個組成而已，在後疫情的通膨擠壓（inflation squeeze）*中，貨幣力量沒有對結構性風險或週期性通膨的動態提供多少洞見。長久以來我們以菲利浦曲線（The Phillips Curve）來說明通膨，如今看

---

* 譯注：指通膨率升高，但實質薪資無法跟上，導致購買力被壓縮，生活成本上升。

來菲利浦曲線的預測能力也沒有比較好。[10]因此我們必須追求一種連貫、能隨著環境變動而調整的敘事，而不是訴求主導一切的靜態理論。

- **不要完全相信點預測（point forecast）**。除非你知道如何做出及使用這種預測。當經濟預測被視為一種溝通方式時，確實有其價值：它是現今可得資訊的濃縮版本，用一組數據呈現出訊息全貌。[11]但是，除非你處於這種做出預測、並據以執行的世界，否則，這些預測只會混淆你，令你失望。點預測是短期的判斷，不能做為研擬事業或投資策略時的可靠依據。在做預測時，最能清楚看到模型至上心態的物理學妒羨，問題是，物理學中的法則是定律，不會改變，但經濟學的法則會改變。[12]把經濟學視為一種穩定不變的系統是不成熟的行為，既危險，又愚蠢。

- **審慎處理資料流**。增加式資料點（incremental data points）是模型至上心態的燃料，了解資料固然重要（非常了解資料的人，也知道每一個時間序列的弱點），但從新增的資料中很難推導出有價值的理論。與此同時，這些資料獲得的關注反而放大模型至上心態的風險。不斷增加的資料無法取代理解資料所需要的判斷力。想想新冠疫情初期，研究人員對於行動數據和人流資料的執著。資料顯示，人們花在購物商場、電影院和機場的時間與金錢減少，卻沒說大家都轉往線上消費，展現出有史以來最大規模的消費型態轉變。人流統計曾經是被關注的焦

點,也是煙霧彈,它只不過是以數據說明人們居家避疫後必然會出現的結果。盲目的關注資料流導致許多經濟分析師誤入歧途,錯誤的指出經濟將呈現深度衰退、疲弱的復甦。資料當然重要,但光有資料,無法提供可以終結辯論的洞見。

不是只有我們批評封閉式模型,這種批評也不是新的看法,事實上,這樣的批評出現在整個經濟思想領域。例如,比海耶克早約四十年,凱因斯(John Maynard Keynes)也談到經濟模型的問題。雖然我們對凱因斯論點的第一個部分有所質疑,但我們贊同他的看法:「經濟學是一門運用模型思考的科學,也是一門選擇與現實相關模型的藝術。之所以必須如此,是因為經濟學不同於典型的自然科學,經濟學處理的許多問題會隨著時間產生變化。」[13]

正是因為這些缺點,我們才提出上述應該遵守以及應該避免的原則,每一點都是奉勸你不可盡信理論與模型:以懷疑的態度看待理論,不要完全相信預測,審慎處理資料流。凱因斯所說的「選擇」,我們認為就是「判斷」;他說的「產生變化」,我們認為就是「不穩定」。

多數企業主管和投資人本能的知道他們的工作是做出判斷,而不是執行某種真理。我們只是致力於說服讀者相信,總體經濟學也一樣,在進入總體經濟領域時,企業主管與投資人必須保有這些本能。[14]

別盡信災難預言

第二個習慣是如何看待不斷出現的災難預言。我們在第一章談到輿論當中普遍且持續存在的負面觀點。關注邊緣風險是合理的，但如果將這些邊緣風險視為核心，那就不理性了。把新聞當成娛樂，會扭曲總體經濟風險的辯論，也會誤導大眾對風險的認知。正因為許多風險被誇大，假警報的發生率才這麼高。每一次真正的危機都伴隨著許多假警報。

本書將探討許多風險，我們不輕視任何一種風險。無疑的，全球總體經濟背景確實不如過去幾十年間那麼溫和，我們不能完全忽視系統性風險。但是凡事都假定會出現最糟糕的情況、並根據這種想法進行分析，對辨識真正的風險沒有幫助。

無所不在的災難預言讓我們變得麻木。我們已經在第一章中看到一連串有關於新冠肺炎疫情將導致蕭條、通膨出現結構性的改變、新興市場危機將出現連鎖效應、經濟無可避免衰退的假警報，但在這裡必須更深入的提醒大家有關於假警報的強大說服力及它的無所不在。

關於新冠肺炎疫情將導致蕭條的假警報：《評論彙編》(*Project Syndicate*)在2020年3月24日刊登〈更大的蕭條〉(A Greater Depression)一文，描述主流看法。即使罕見的經濟刺激措施出現，彭博社(*Bloomberg*)仍在2020年4月22日刊登〈情況可能變得多糟？回想大蕭條〉(How Bad Might It Get? Think the Great Depression)一文。甚至在復甦的曙光已清晰可見時，《時代》雜誌(*Time*)仍然極度悲觀，在2020年8月6日刊登〈下一

個全球蕭條來臨，樂觀也無法放慢它的腳步〉（The Next Global Depression Is Coming and Optimism Won't Slow It Down）。當然，這些對新冠肺炎疫情將導致經濟衰退的預言沒有一個站得住腳。

關於爆發結構性通膨的假警報：《富比士》雜誌（Forbes）在2021年10月19日宣告〈能源危機將導致1970年代的通膨重返〉（Energy Crisis Threatens Return of 1970s Inflation）；彭博社在2022年4月18日說〈這就是生活在長期高通膨之下的感覺〉（This Is What Living with Long-Term High Inflation Feels Like）；一個月後的2022月5月13日，彭博社又緊跟著結構性通膨的敘事，刊登〈通膨沒完沒了〉（Forever Inflation）。這些重要新聞都過於自信的表達悲觀情緒。

關於美國較高利率水準對新興市場的衝擊，半島電視台（Al Jazeera）很早就在2022年1月25日發出警告：〈聯準會即將升息，新興市場擔憂惡夢重演〉（Looming Fed Rate Hikes Have Emerging Markets Dreading Déjà Vu）。隨著利率持續攀升，最初的恐懼變成被誤導的信心，彭博社在2022年7月7日宣稱，〈新興市場即將迎來史無前例的違約潮〉（Historic Cascade of Default Is Coming for Emerging Markets）；《華盛頓郵報》（Washington Post）在2023年7月29日的結論是：〈強勁美元總是痛擊開發中國家〉（Strong Dollars Always Clobbers Developing Nations）。然而，新興市場並沒有出現違約潮。

在討論2023年是否會出現經濟衰退時，輿論毫不懷疑這種預測，堅定的相信衰退無可避免。彭博社在2022年3月29日

刊登〈聯準會使美國經濟衰退無可避免〉（The Fed Has Made a US Recession Inevitable）；《巴倫週刊》（Barron's）在2022年4月29日發表相同看法：〈不會有軟著陸，為何衰退無可避免〉（There Will Be No Soft Landing. Why a Recession Is Inevitable）。縱使到了2022年末，經濟仍然展現強勁韌性，《經濟學人》（The Economist）還是在2022年11月18日發文解釋：〈為何2023年全球經濟衰退無可避免〉（Why a Global Recession Is Inevitable in 2023）。可是，經濟衰退並未出現，反而是強勁的經濟表現迫使預測者一再調高他們的悲觀預測，2023年一路調高達2個百分點。[15]

上述這些預測和其他災難預言，總是在危機時期出現在悲觀總體經濟劇的舞台上，但這類悲慘預測只是引起驚恐並誤導人們，而非提供啟發。當然，我們的論點並不排除新冠疫情後的經濟衰退有可能演變成經濟蕭條，通膨可能持續，升息也可能導致新興市場的連鎖性傷害。經濟衰退風險的確在2023年時升高，但這些結果都不是不可避免，災難預言者不斷把經濟衰退的潛在風險視為風險核心，實際上是一種錯誤。

這種災難預言文化有自然及非自然的起源，我們已經在第一章看到非自然的起源，那就是把新聞當成娛樂，但我們也必須了解災難預言的自然起源，才能理性的對抗它們。

總體經濟的長期發展是由危機塑造而成的，例如，2008年的全球金融危機帶來結構性勞動市場疲軟，並為金融監管帶來深遠的變革。雖然自1945年以來，世界經濟是一個成長與繁榮的非凡故事，但危機帶來的挫折仍可能帶來長久的影響，這

就是區別真危機與假警報如此重要的理由之一。讓這個狀況變得更加複雜的原因是：如果經濟情況良好，投資市場、經濟成長、就業情況方面的發展通常會緩慢、漸進；但如果經濟情況惡化，可能會出現快速且激烈的負面結果。總體經濟學和市場確實存在負偏態（negative skew），尤其是短期內影響更大。

那麼該怎麼做呢？以下是可行的做法：

- **明智的選擇新聞與評論。** 企業領導人不需要被拖進每一個負面新聞循環的爛泥裡。每次公布負面資料幾乎都會被編造成危機故事，新屋開工數量、製造業調查、初次申請失業救濟金人數、GDP數據追蹤等等，這些資料都有可能被視為警訊，任何一個負面變化都可能被解讀成危機來臨的證據。領導人應該避免被一連串的負面描述迷惑，有時候，那些描述是演算法生成的，迎合我們的憂慮。新聞週期會不斷更替，反覆上演。我們應該建立健康的資料獲取方式，考量各種思想觀點（包括負面展望），多樣化的觀點可以提供高品質的風險全貌。
- **注意是誰在發表評論。** 職位決定立場[16]，2010年代，縱使利率結構性的低於經濟成長率，關注財政動向的智庫還是不太可能說沉重的債務負擔是可持續的，因為如果向大眾傳遞這類訊息，就會削弱它們推動預算健全性的目標（在我們看來，這是值得讚揚的目標）。同樣的，長期預測美元崩盤的評論者，會抓住任何可以讓他們重複發出警告的機會。他們會積極放大地緣經濟制裁或

任何戰術性的美元疲軟,導致確認偏誤(confirmation bias),反而會忽視相反的證據。誰在擴大災難預言呢?需要填滿全天候播報內容以創造廣告營收的新聞媒體。這不是在抨擊它們的商業模式,只是我們應該要認清這一點。

- **別讚許偶爾正確報時的壞鐘**。當危機確實成真時,總是會有人出來說他們早就已經預見了。但除非預言條理清晰的提出危機發生的因果關係與驅動危機的原因,否則別輕易讚許這樣的「結果論」。[17] 如果災難預言者正確預言2008年的次貸及銀行體系危機,但他同時也在過去15年預言實際上並未發生的幾次經濟崩潰,那就不能說他的預言正確。有句諺語說:「壞掉的鐘,一天也會正確報時兩次。」災難預言者不須承擔假警報的代價,因為輿論不會要求他們負責,但那些根據假警報來採取行動的人卻必須為此付出代價。

- **聚焦於動機**。檢查災難預言是否能明確說明情況會如何變糟。關鍵不在於「災難何時發生?」,也不是「災難為何發生?」,而是「在什麼條件下會發生?」還有,「災難終將發生」這個說法也沒有意義。災難預言者如果想擁有發言權,就必須提出邏輯一致且合理的路徑,並沿路設定路標,解釋為何我們最終會到達他們所說的那個地方。我們要的是動機與事件的因果過程,不能只有悲觀的預測。事情難免會出錯,但如果你想獲得認可,就必須展示你的推理過程。[18]

很難不被看似高深的悲觀論點所吸引。沒人想看起來像個傻瓜[19]，人人都想當預見未來的先知，就連理性樂觀主義也很容易顯得天真，而悲觀主義則往往顯得更有分量、更有深度。而且，大眾不會追蹤記錄假警報，不會要求發出假警報的人負責，於是災難預言便會盛行。想在充滿風險與挑戰的世界順利航行，需要保持冷靜與清醒的判斷，或許這代表去閱讀一本書，而不是只看新聞。

奉行經濟折衷主義

如果我們能擺脫模型至上心態，學習解讀災難預言，我們就能培養第三個、同時也是最重要的一個習慣：經濟折衷主義。回想一下，我們在第一章提到，所謂經濟折衷主義指的是用各種方法來評估總體經濟風險，並根據具體情境，以務實與靈活的方式來分析判斷。如果我們承認沒有放諸四海皆準的理論或模型，如果我們認知到我們要分析的並不是線性或僵化的系統，而是混亂的經濟現況，那麼經濟折衷主義就會成為一種自然習慣。所以，我們不該悲嘆沒有單一的架構，而是應該慶幸我們有許多方法可以做為判斷的依據。

記得我們在前文提到，我們的目標不是要得出一個真理，而是要有良好的判斷，以做出更好的決策。方法是解構總體經濟運作體系的驅動因素，並將這些驅動因素視為不穩定的組成元素。

如第一章所述，這種折衷方法既仰賴總體經濟學，也仰賴

其他相關學科，包括財金、歷史、政治經濟、國際關係等等。因此，我們使用的是混合量與質的方法，包括架構、個案研究、模型、歷史類比，以及任何能有幫助的方法，但同時也了解制度環境可能發生改變，值得信賴的舊方法可能不再管用，需要改用新方法。

因此，比起依靠單一理論，經濟折衷主義比較不僵化，因為折衷方法容許各種驅動因素和急劇改變的可能。同時，比起單一個案研究，折衷方法不具有強烈的特殊性，因為它致力於展現總體經濟當中的模式和傾向。我們以此為前提來探討書中的每一個主題，檢視各種驅動因素，以了解和評估商業環境的風險。

表2-2綜述本書探討的總體經濟風險，以及我們用以分析總體經濟風險的折衷方法組合。這些方法不僅適用於現在，也適用於未來，因為它們揭示的是趨勢與傾向，而不是絕對結果；它們顯示的是什麼樣的條件組合會產生風險，而非將會發生什麼風險；它們強調的是機率與情境，而非確定的預測和基本情況。最終，這一切會引領我們更有判斷力。

這方法如此廣泛，但每個領域又相對有獨特性，我們該從何著手呢？可以考慮以下做法：

- **尋找敘事，或自行建構一個敘事。**一個好的敘事應該包含聽起來可信且邏輯連貫（即內在一致）的驅動因素與可能的結果。它試圖說服與引導我們思考，但不否定各種可能。[20]如果你用敘事的角度來思考，你就能避開模

型至上心態的陷阱，走在朝向經濟折衷主義的路上。相反的，如果你依賴資料點來思考，你已經把判斷的角色交給一個方法論（這對領導人而言是行不通的）。

- **思考風險的驅動因素，而非思考結果是什麼。** 看似複雜的分析，背後通常潛藏著一系列可以被理解的驅動因素，這些驅動因素會左右風險的走向與結果。我們必須了解這些驅動因素。切記，衝擊與危機會受到最多的關注，但風險也與經濟體系如何吸收或放大這些危機與衝擊、政策如何反應，以及會造成什麼影響有關。統計資料可以幫助你注意系統的狀態，但無法幫助你了解系統的動態。

- **思考風險發生的必要條件。** 如果使用狹窄的分析視角，我們可能比較容易注意到極端風險，並困在那裡無法前進。如果我們使用更廣泛的分析視角，我們就比較可能看到風險分布中更廣大的部分。很明顯的，災難預言者往往會直接探討「風險何時將發生？」和「事情會變得多糟糕？」之類的問題，但更理性的做法是思考風險發生的條件為何？驅動因素是什麼？門檻有多高？思考這些問題會迫使我們評估多種可能結果，包括與自己觀點相反的結果。

- **尋找脈絡及歷史。** 前文提到，模型至上心態的一個缺點是樣本太小，從經濟衰退到債務違約等等風險，都無法對模型做量化測試。換言之，總體經濟風險大多具有特殊性。這個觀察的另一面是：背景脈絡及歷史很重要。

謙遜的應用歷史知識可以提供背景脈絡，進而遏止任意擴展推斷以及過度簡化現狀。歷史也能開啟我們的想像力，讓我們理解系統動態的演進，驅動因素如何發揮作用，以及過程中要觀察哪些關鍵因素。

切記，重點在於判斷

讀者們不該被模型至上心態背後複雜的學術性理論或聳人聽聞的災難預言嚇到，而是應該擁有多元融合的分析心態，做出自己的判斷，沒有必要盲從各種預測或新聞標題。切記，經濟國王沒穿衣服，我們應該當那個說實話的孩子。

經濟折衷主義，以及我們對總體經濟學更宏觀的理解，不是退而求其次的總體經濟分析法，事實上這是一種更有力的方法。過度悲觀不代表經驗豐富，理性樂觀也並非就是天真。人為的追求精確剝奪了經濟學的藝術特質，試圖把經濟學偽裝成一門科學。這是個錯誤。知道經濟學能做什麼、不能做什麼，並且適當的使用它，遠勝於把經濟學偽裝成它實際上不是的東西。相反的，務實與謙遜能幫助我們把能做到的事做到最好。[21]

讀者在跟隨我們穿越總體經濟風險時，將會一次又一次遇到上述三個習慣：棄絕「模型至上」心態中展現的確定性；以懷疑的態度看待輿論中的災難預言；使用經濟折衷主義的技巧。這三個習慣結合起來，將構成總體經濟判斷的穩健基礎。

經濟折衷主義：本書的使用方法

表 2-2

	總體經濟主題	方法	評估總體經濟風險時的關鍵原則	章
實體經濟風險	衰退	週期性風險結構	比起由上而下預測衰退的機率，了解經濟週期中常見的衰退類型，更能幫助我們了解週期性風險	3
	復甦（與否）	供給面損害	從衰退的強度無法看出復甦；復甦程度主要取決於供給面受到的衝擊，以及政策是否能遏止威脅	4
	成熟型成長	成長要素潛力	富裕經濟體的低成長可能是成熟而非停滯的象徵；領先經濟體的成長可能較難，但成長要素仍然有可能重新加速	5
	發展中成長（補償性成長）	成長引力	快速的補償性成長讓許多人羨慕新的成長模型，但隨著成長驅動因素從資本累積轉變為創新，成長率也終將屈服於成長引力	6
	生產力成長	技術-成本-價格-所得連鎖效應	生產力成長提升主要是因為大規模的勞動成本降低（不是因為產品創新）。成本降低促使商品價格下跌，人們的實質所得提高，增加新支出	7
	生產力成長的時機與規模	勞動市場緊俏	儘管技術是生產力成長的燃料，但需要緊俏的勞動市場點燃，迫使廠商以資本取代不足的勞力	8

表 2-2

金融風險	強制性刺激機制	意願及能力	各種刺激措施無所不在,這是因為結構性趨勢影響,人們更有意願及能力推出刺激措施	9
	系統性刺激(生存性刺激)	危機促進意願及能力	嚴重的經濟危機使得推出刺激措施的意願及能力增強,提高美國經濟和金融體系崩潰的門檻	10
	戰術性刺激	情境限制與賦能力量	保護與促進經濟成長的能力因情境而異,必須取決於政治與金融掌舵者的意願及能力	11
	結構性通膨	沃克遺產	通膨環境轉變是一種過程,不是一個事件,只有當政策當局在面對失控的通膨預期時持續犯錯才有可能發生。通膨環境轉變的門檻很高	12
	週期性通膨	上行與下行偏向	我們無法準確的預測週期性通膨,但週期性通膨的趨勢以及可能引發的後續政策反應,能成為我們的決策基礎	13
	利率環境	絕對與相對利率	利率環境受結構性通膨背景與週期性通膨走勢共同影響,這兩者決定政策利率與中性利率的相對水準	14
	債務危機	名目成長率與名目利率的差距	從債務水準無法看出主權債務風險,主權債務風險沒有固定的臨界點。債務可續性在某種程度上取決於名目成長率與名目利率的交互作用	15
	泡沫	風險分類法	泡沫是現代景氣週期無可避免的副產物,甚至可能是有益的。泡沫難以辨別、也很難阻止,必須聚焦於去除構成系統性威脅的泡沫風險	16

表2-2

全球風險	地緣政治變化	趨同泡沫	安全、政治、經濟及金融等因素匯聚，使全球「趨同泡沫」不斷膨脹，亦即對未來過高的預期，反而放大地緣政治出現的任何負面訊息	17
	地緣政治衝擊	傳輸方式	從地緣政治衝擊到總體經濟影響的傳輸過程從來不是線性的，往往是中性的，有時是反直覺的；地緣政治影響會透過實體經濟、金融面以及制度性連結產生	18
	貿易衰退	貿易架構	全球貿易的韌性很強，通常只有貿易組成內容改變。貿易架構不斷演變，需要更多投資，這會加劇經濟的緊張情勢	19
	美元地位終結	特權與負擔	準備貨幣地位是一種競爭，不是天命；贏家享有特權，但也面臨不是所有經濟體都願意或是能夠承受的負擔	20

● 資料來源：波士頓顧問公司總體經濟學研究中心。

第一篇 實體經濟成長風險與動力

週期性成長風險

第三章　景氣為何衰退

第四章　復甦如何發生

長期成長

第五章　在失敗與自大之間

第六章　神奇成長模式的吸引力

科技與生產力

第七章　科技成長

第八章　下一波成長加速

第三章

景氣為何衰退

　　很少有經濟學家預見2008年危機的來臨；2020年的衰退也毫無預警的到來；2022年時，許多人爭相預言下一場衰退即將來臨：儘管這個預言並不正確。翌年，無數頭版新聞聲稱美國經濟將無可避免的走入衰退，但2023年時，衰退沒有到來。哪怕只是對未來幾個月後的展望，也很難預測。

　　事實上，談到未來會不會衰退，唯一可以確定的就是情況並不確定。無數的預測失敗讓我們學到一點：儘管有更好的資料、更先進的分析法，但我們依然無法更精準的預測經濟衰退。企業主管和投資人必須了解，這種狀況不可能改變。

　　不過，企業領導人沒有迴避這些討論的空間，事實上，即使經濟正在成長，經濟衰退風險往往仍是人們關注的焦點。雖然企業主管無法準確預測下次的經濟衰退，但他們可以深入了解經濟衰退的潛在驅動因素與風險。

　　本章會向讀者介紹經濟的週期性風險結構（cyclical risk

profile）。我們不採用二元架構（探討是否會出現衰退？），或由上而下的機率預測（例如，未來12個月有61％的可能性出現衰退，這接近2022年和2023年時的市場共識）。我們會教讀者如何評估、區分與比較衰退的驅動因素與趨勢變化，這無法提供可靠的預測，但卻是發展我們在第一章及第二章中強調的判斷力的第一步。

了解週期性風險結構的一個基礎在於理解經濟衰退可以分為三種類型。藉由區分實體經濟衰退（real recessions）、政策性衰退（policy-induced recessions）以及金融衰退（financial recessions），我們可以建立一個在不同週期相對穩定的結構性風險輪廓。這能幫助我們把對衰退風險的認知從由上而下的預測轉為關注因果關係、相對機率以及情境分析，這種方法為評估經濟衰退風險提供一個基本架構，並闡明可能的趨勢，進而評估短期內出現經濟衰退的可能性。我們將在第四章看到，這個方法也有助於評估復甦前景。

現代週期性風險結構

每一天，我們都會知道目前的衰退機率，有些來自利用金融市場資料得出的機率單位模型（probit models），例如殖利率曲線機率單位（yield curve probit）是一種常用的經濟衰退預測模型，根據短期與長期利率之間的利差來推斷經濟衰退風險。[1]其他預測則使用消費者和經理人的調查數據、商品市場變動，或是衡量經濟學家們的意見。將所有影響與風險濃縮成一個數

字,這樣的想法確實很吸引人,問題是這類指標的波動性很大,今天得出的數據與明天得出的數據可能相差甚大,不適合當成策略規劃或戰術決策的可靠依據。因此,由上而下的衰退機率預測往往會讓企業主管和投資人感到沮喪懊惱。

其實,我們應該用簡單的問題來分析經濟衰退風險,問題包括經濟衰退的背景風險是什麼?衰退常見嗎?衰退來自何處?差異大嗎?景氣循環是如何結束的?換言之,就是要多了解,少預測。我們的目標是要產生一個敘事架構,解釋哪些因素可能導致經濟衰退,以及經濟衰退可能出現什麼樣的特徵。

圖3-1對上述疑問給出了初步解答,用條碼的形式來展現美國經濟週期的長期結構變化,每一條線代表一次衰退。過去四十多年,我們稱之為「現代週期」,明顯可見條碼之間變得很稀疏。之前八十年間,經濟處於衰退期的時間約占30%,但過去四十年間,這個比例降低至僅有8%,這是因為經濟衰退持續時間較短,而且頻率較低:經濟平均衰退期間減少至9個月,而兩次衰退之間的平均間隔則增加至103個月。而且,相較於二十世紀後期之前,過去這四十多年間,實質人均GDP的降幅明顯趨緩,儘管近年的經濟衰退幅度較大。

或許讀者沒有感受到,但過去幾十年,我們生活在一個比以往更有利的週期性環境,這是良好總體經濟體系的一個重要層面。這個現代週期仍然有衰退,甚至是嚴重的衰退,但是當我們思考衰退風險時,現代週期相對溫和則是個重要起點,這也引發出更多的疑問:是什麼因素使得衰退的頻率下降、衝擊程度變輕?這是結構性因素,因此會呈現長期穩定趨勢?我們

第三章 景氣為何衰退

現代週期

圖 3-1

解讀衰退條碼

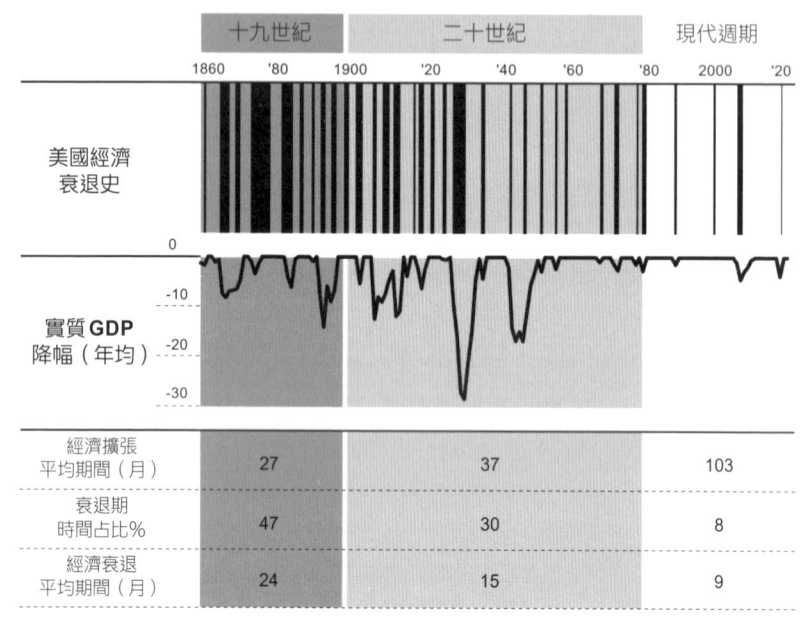

	十九世紀	二十世紀	現代週期
經濟擴張平均期間（月）	27	37	103
衰退期時間占比 %	47	30	8
經濟衰退平均期間（月）	24	15	9

美國經濟衰退史（1860–'20）

實質 GDP 降幅（年均）：0、-10、-20、-30

- 註：GDP 降幅是根據人均 GDP 計算；十九世紀：1860-1899 年；二十世紀：1900-1982 年；現代週期：自 1983 年起。現代週期的擴張期及衰退期平均期間不包含新冠疫情後的持續擴張，衰退期時間占比的統計期間為 1983-2022 年。
- 資料來源：NBER、Louis Johnson and Samuel H. Williamson、Sanford C. Bernstein；波士頓顧問公司總體經濟學研究中心分析。

是否能利用這些結構性因素來思考及展望未來？如果當前景氣週期的結構變得更溫和，為什麼我們感覺不到？

簡單的回答是：衰退的頻率大減是因為基本的風險結構已經發生結構性的變化；更確切的來說，三種衰退類型（實體經濟衰退、政策性衰退、金融衰退）以及它們的相對重要性已經改變。要了解這些變化，我們必須更詳細的檢視週期性風險結構的概念以及驅動因素。

傳染病、心臟病與癌症

週期性風險由各種風險驅動因素與變化趨勢構成，這個論點聽起來可能很抽象，但事實上人們對此並不陌生。人類死亡風險的演變也是依循一個類似、而且人們更熟悉的模式。

一百年前，傳染病是死亡的主要原因[2]，一開始小如一個水泡的簡單傳染病，也可能迅速發展成敗血症並導致死亡，就連社會中最享有特權的人也未能倖免。1924年，美國第三十任總統柯立芝的小兒子小卡爾文（Calvin Coolidge Jr.）在白宮草坪上打網球時磨出水泡，後來因為傷口感染病逝，年僅16歲。四年後，細菌學家發現青黴菌，並於二十世紀中期逐漸普及，才大幅降低因感染導致的死亡風險。但傳染病致死率下降，也代表第二大致死原因所造成的死亡風險比例上升，心臟病和癌症從此成為人類死亡的兩大主因。

了解風險結構有許多好處。儘管死亡無可避免、發生時間也無法預測，但深入了解各種風險類型以及其相對的發生比例

能讓風險評估更聚焦、更有成效。了解哪種類型的風險最盛行，可以幫助我們知道應該留意哪些風險，從而避免猜測或盲信，讓我們更安心。[3]

經濟衰退風險類似傳染病、心臟病及癌症帶來的死亡風險[4]。我們已經看到過去一百年間，經濟衰退的時間明顯變少，圖表3-2重申了這個觀點，並加以解釋。經濟衰退發生率下滑並非偶然，而是三種衰退風險相對盛行程度發生結構性改變帶來的影響，如圖3-2中的右圖所示。實體經濟衰退的發生率呈現明顯下滑趨勢，政策引發的衰退風險占比先升後降，金融衰退的風險占比則是先降後升。

以長期視角看週期性風險概況

圖 3-2

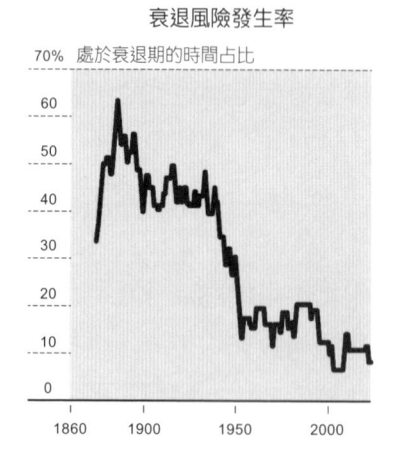

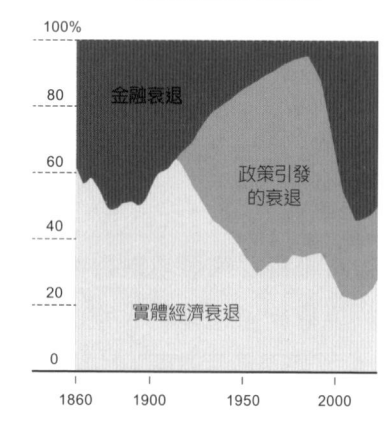

- 註：資料統計至 2022 年止。驅動因素比例是根據我們定義的三種衰退類型，對經濟衰退相對發生率計算的隨時間衰減平均值。驅動因素占比不代表經濟衰退的發生機率。
- 資料來源：NBER；波士頓顧問公司總體經濟學研究中心分析。

這種結構上的改變會產生深遠的影響。了解為何發生這種轉變,以及這種組合可能會如何再度改變,有助於建構一個隨時可用的經濟衰退風險敘事框架。

為何實體經濟衰退變少?

圖3-2中右圖呈現的是各種衰退風險的比例結構變化,背後原因為何?當外部衝擊或內部有生產波動,導致經濟成長率轉為負值時,就會出現實體經濟衰退。實體經濟衰退發生率下滑的一個關鍵原因是,實體經濟本身的波動性逐漸降低。一個半世紀前,天氣可能、也確實會終結景氣週期,因為當時的經濟主要以農業為主。儘管現在天氣狀況並沒有變得比較溫和,反而加劇,但農業在經濟中的占比已大幅下滑。同樣的,在二十世紀中葉,產業投資榮景消退、庫存管理不當、甚至勞工罷工,都可能引發經濟衰退。但是,工業占經濟的比重(相對於服務業)下滑,實體生產設備投資需求降低、以及存貨管理改善,全都讓實體經濟衰退風險降低。

最重要的是,服務業占經濟比重的提升,緩和景氣週期循環的自然波動程度。服務業對GDP的貢獻相對穩定,而且隨著服務業占比持續提升,約占美國私人部門產出的70%,波動性較強的實體生產變得難來愈難支配景氣週期。[5]以2010年代初期的頁岩油開採熱潮為例,當熱潮在2015年潰散時,隨之而來的投資下降幅度與過去幾次經濟衰退時的下降幅度類似。當時有許多人擔心會迎來經濟衰退,但經濟挺了過來,並未因此衰退。

可以肯定的是,實體經濟衰退風險並沒有消失,外部衝擊(例如疫情)仍然可能中斷企業的支出和家計單位的消費,因而引發衰退,但是衝擊必須相當大才會造成系統性影響。整體而言,現今高度多元化的經濟體系比以往更有彈性。

為何政策性衰退仍然重要?

正如傳染病致死的比例下滑、心臟病致死的比例就會上升一樣,當實體經濟衰退的比例下滑之後,政策引發的經濟衰退占比就會上升。[6]政策性衰退發生的原因是貨幣政策當局試圖藉由升息讓經濟降溫,但最終卻引發經濟衰退。[7]這種政策性衰退有兩種形式,第一種是意外,也就是政策當局把利率推升得太高,導致經濟衰退,而非只是降溫;也可能是政策當局把利率水準維持得太低,導致經濟過熱,引發後續的痛苦修正。第二種形式是刻意的,亦即政策當局刻意引導經濟衰退,以壓抑結構性通膨。

政策性衰退會帶來廣泛的衝擊,衝擊可能很巨大,例如當貨幣政策失效,導致通縮蕭條。聯準會未能抑制1920年代的經濟過熱,又沒有在1929年股市崩盤後積極的降低利率,最終導致1930年代的大蕭條:那是一個結構性放緩、失業率極高的時代。或者,政策引發的衰退可能很痛苦,例如貨幣當局為了壓抑升溫的結構性通膨(例如1980年代初期的情形),刻意引導經濟衰退。或者,政策引發的衰退只是有點痛苦,例如政策當局試圖緩和經濟,希望經濟軟著陸,但政策過度激進,結果導

致衰退。儘管如此,貨幣緊縮政策也可能成功,避免政策引發的衰退,並且讓經濟成功軟著陸。

在圖3-2中,政策性衰退的比例在聯邦準備制度於1913年創立之後開始升高。[8]這並不是說央行會增加週期性風險,而是央行需要時間才能發揮作用。大蕭條起初只是一場金融危機,但聯準會一再推出錯誤的政策,使金融危機演變成通縮性經濟蕭條;1960年代末、1970年代初期通膨體制的結構性改變也是由於長期政策失誤(利率太低)導致。[9]

1980年代起,政策失誤的風險明顯降低,原因有三。第一,央行從錯誤中學習,並將這些知識應用於現代化的政策制定方式,包括通膨目標制(inflation targeting),並促進溝通。第二,央行受惠於通膨預期結構性穩定的環境(也就是健康的長期通膨預期,參見第十二章)。通膨長期下滑且穩定,讓政策當局可以實施更長的週期管理。[10]第三,2008年全球金融危機之後,通膨呈現下滑趨勢,使政策能維持長期寬鬆。

這三個原因當中,現代央行的經驗累積與穩定的結構性通膨仍然發揮作用,但第三個原因,也就是通膨長期下滑,可能已經發生長期、持久的逆轉(參見第十三章有關於週期性通膨的討論)。雖然結構性通膨仍然穩定,但當前的緊縮環境可能會使週期性通膨面臨上行壓力,這代表必須更常採取緊縮性貨幣政策,進而導致政策性衰退風險(以及政策性衰退在週期性風險結構中的**占比**)高於2010年代。

很難清楚知道什麼是適當的利率水準,因此政策性衰退的風險總會存在。疫情後的經濟狀況強力提醒我們,政策風險是

雙面的。2022年，由於鴿派的誤判，迫使聯準會不得不大幅升息，以追趕失控的通膨水準。之後通膨迅速回落，聯準會又面臨另一種風險：因為過於鷹派，將利率維持在過高水準太久，犯下另一種錯誤。不過，儘管聯準會快速採取緊縮政策，2023年的經濟強度和通膨的緩和顯示，經濟軟著陸並非不可能，反而已經順利朝軟著陸前進。[11]

金融衰退風險陰影變大

最後是金融衰退，這種衰退就像癌症，有「眾病之王」的稱號。[12]與其他類型的衰退相比，人們對金融衰退的起源、發展與應對方式了解較少。如同癌症是人類的頭號死亡原因一樣，金融衰退也是經濟衰退的頭號主因，整體經濟結構讓這類風險很容易發生。

當金融系統出現問題，削弱整個經濟時，就會發生金融衰退。當連鎖式虧損導致信貸流動受損，尤其是當銀行體系資本受損時，就可能會有金融衰退。又或者金融資產泡沫破滅，對信心及資產負債表造成衝擊時，這些衝擊會拖累經濟活動，對經濟造成長期傷害（參見第四章）。

過去數十年，金融衰退是主要的衰退類型，雖然樣本小，但2000年代初期的網路泡沫就是資產價格泡沫破裂引發的金融危機，2008年的房地產和銀行泡沫破滅，也導致金融體系瀕臨系統性崩潰邊緣。

為何金融衰退的陰影愈來愈大？當經濟體變得更善於避免

實體經濟衰退和政策性衰退，金融衰退的相對比例自然提高。此外，隨著經濟成長週期日益延長，金融失衡問題有更多累積的空間。圖3-1顯示，二十世紀大部分時期，經濟擴張期平均期間為37個月，現在已經增長到103個月。另一個原因是經濟的金融化程度提高，以及強迫性刺激（compulsive stimulus）文化，也就是政策鼓勵金融泡沫來提振實體經濟成長，我們將在第九章分析這一點。

雖然金融失衡的現象很明顯，而且可以察覺，但不容易解讀或應對。例如，較高的利率水準是否能改變2000年的網路泡沫和次貸危機的發展軌跡，仍不明確。（關於泡沫，參見第十六章的詳細討論。）[13] 近期矽谷銀行（Silicon Valley Bank）倒閉及相關機構的連鎖反應，引發金融衰退的恐懼，但政策當局成功介入，這些恐懼並沒有成真。

金融衰退在衰退風險結構中占比提升，而且通常後果更嚴重（可能導致高失業率與結構性經濟趨緩問題），使金融衰退風險成為重要的關注焦點。雖然金融體系不透明，風險可能從看不見的角落浮現，但就算無法確知何時會爆發危機，也仍然可以監管金融體系的脆弱性。

從風險結構角度思考

了解實體經濟衰退、政策性衰退、金融衰退，無法為我們提供一個精確的衰退風險衡量標準，但不同於由上而下的預測衰退機率（例如28％或55％），了解風險類型能讓我們區別風

險（亦即衰退的驅動因素），了解可能會發生什麼事。這是一種對週期性風險的敘事，而不是狹隘的預測。

2022年夏季，許多人預期衰退將來臨，許多知名領導人甚至認為年底前將迎來一場經濟颶風。這種不祥的敘事沒有任何幫助，似乎只是根據烏克蘭戰爭、能源價格以及通膨等負面新聞和資料做出的簡單推斷。結果事實不僅證明這些看法錯誤，這些悲觀的衰退論點也沒有提供明確的因果根據。

透過上述風險類型的角度來檢視衰退風險，會比較有幫助。（圖3-3摘要說明這三種衰退風險，以及三種風險對經濟的典型衝擊）。2022年時，儘管人們意識到風險增加、保持高度警覺，但我們的分析架構仍然展現下列三種關鍵洞察：（1）在非常健康的勞動市場及其他因素支撐下，實體經濟衰退風險仍然偏低；（2）在快速緊縮的貨幣政策下，政策性衰退有可能發生，但鑒於消費與就業的強勁表現，以及經濟仍處於疫情陰影下的特殊性，衰退遠非必然；（3）金融風險升高（縱使在看似平靜的時期，也永遠不能輕忽金融風險），但看起來並未全面傷害信用創造（credit creation），或是威脅系統性金融機構。我們以經濟的風險結構做為分析架構，在2022年3月提出這三個論點[14]，每一個論點都提供決策者可以真正理解的因果敘事，而非只是由上而下的機率預測。結合這三個論點，我們認為經濟有可能避免衰退。這個分析架構也幫助我們力抗2023年將無可避免走入衰退的敘事。[15]

用風險結構來思考，除了能有效評估衰退風險，也能提供更多的洞見。不同衰退類型造成的衝擊不同，雖然每種衰退的

圖 3-3　經濟衰退類型與衝擊

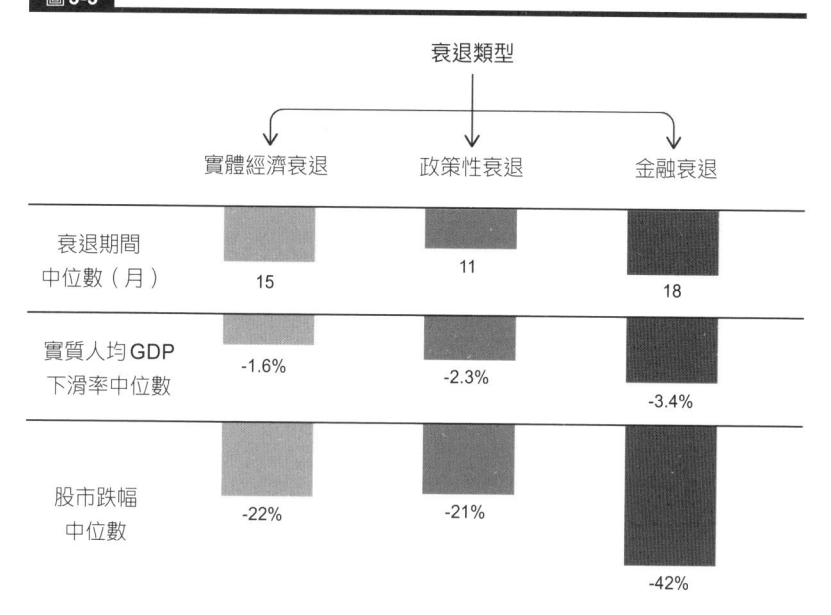

衰退類型	實體經濟衰退	政策性衰退	金融衰退
衰退期間中位數（月）	15	11	18
實質人均GDP下滑率中位數	-1.6%	-2.3%	-3.4%
股市跌幅中位數	-22%	-21%	-42%

- 註：圖表資料基於美國歷史資料。實質人均GDP下滑率是根據1857年以來的每年數據；股市跌幅是一年滾動資料；使用1900-1928年道瓊工業平均指數；使用1929-2020年標普五百指數。
- 資料來源：NBER、Bloomberg、BEA、Louis Johnson and Samuel H. Williamson；波士頓顧問公司總體經濟學研究中心分析。

具體表現差異很大，但整體仍展現一定的趨勢，如圖表3-3所示。「眾病之王」金融衰退通常影響更深、更久，有更嚴重的威脅（因為金融衰退會傷害資產負債表，而政策通常反應太慢。參見第四章）。實體經濟衰退可能有嚴重的影響，但持續時間較短，因為衝擊過去後政府通常會迅速採取應對措施，政策反應也通常比較快。政策性衰退通常也比較溫和。[16]因此，即使是預期2022年或2023年經濟將衰退的悲觀者，其風險結構也會

指向一個溫和的衰退。

經濟的風險結構穩定嗎？這些洞見經得起時間考驗嗎？造成目前風險傾向的力量是結構性的，這些力量可能會改變，但通常變化得很緩慢，因此，週期循環也會隨著時間慢慢改變，大致如同圖3-2所示。例如，當經濟趨勢成長（trend growth）*更強勁時，實體經濟衰退的脆弱性就可能降低，因為經濟更能吸收衝擊（不論是國內或全球衝擊）。政策性風險會隨著政策當局面臨的通膨挑戰規模而變化，隨著勞動力市場緊張狀態持續，這些挑戰會更加嚴峻（參見第十三章及第二十一章）；這也代表相較於政策性風險極低的2010年代，現在政策性風險已明顯上升。金融風險會隨著信用中介（credit intermediation）的健全性與複雜性而變化。本書許多章節將詳細討論形塑這些風險的制度環境。

切記，下一次衰退終將到來

經濟學遠不如自然科學精準、可靠，即使是我們借用來比喻風險的醫學領域，也並非完全精確。今天的全身健康檢查無法排除明天心臟病發死亡的可能；癌症可能無法發現或無法治療。也別忘了衝擊，一種病毒可能突然竄出，殺死你和當前的景氣循環。

如同本章開頭所說，經濟衰退風險備受關注，也應該受到

---

* 譯注：產能提高促成的實質GDP長期成長。

關注，但是有關衰退風險的辯論往往不是愈辯愈明，而是令人更加困惑。以下有幾個能幫助你擺脫困惑的重要建議：

- **別聚焦於機率**。除了頭版新聞之外，許多分析師努力估算經濟衰退的機率。雖然機率並非毫無意義，但看似精確的數字卻會誤導我們，讓我們以為經濟衰退都是類似的現象。然而，2001年的衰退與2008年的衰退不同，2008年的衰退又與2020年的衰退不同。
- **從風險類型的角度思考**。了解週期性風險結構可以幫助你把注意力從由上而下的機率預測轉向衰退類型，這才是判斷週期性風險的基礎。它幫助揭露正在發展中的風險、現在的弱點、可能的應對能力，最終幫助我們研判經濟衰退的可能性，以及如果經濟衰退會是什麼樣的衰退。
- **徹底了解衰退類型**。每一種衰退類型都有其歷史、脈絡及現實意義。要了解各種類型衰退之間與其內部的動態差異，掌握經濟週期的歷史與週期動態非常重要。
- **別被頭版新聞牽著走**。頭條新聞透過販賣複雜的情緒引發我們的恐懼。這些新聞幾乎無法說明真正的風險為何，但卻能提高點閱率，實際上下一個經濟衰退總是會來臨。
- **思考情境，而非預測**。本章介紹的週期性風險結構分析法可以幫助企業主管進行情境規劃，理解週期性風險，這是再準確的衰退機率預測也無法做到的事，因為預測

只提供一個可能性,無法幫助企業主管靈活調整策略。

了解週期性風險的實體經濟、政策及金融三種驅動因素,不僅有助於評估衰退風險,對於了解衰退的嚴重程度及復甦方式也很重要。這是下一章要討論的主題。

第四章

復甦如何發生

2020年3月,新冠肺炎疫情導致全球經濟停滯,許多汽車製造商取消車用半導體訂單。汽車製造商與許多企業、投資人和評論家一樣,對正在發生的危機做出反應。首先,失業率飆升至近期新高水準的15%,比2008年危機高峰時還要高,因此,這些汽車製造商沉潛,準備迎接緩慢且痛苦的復甦。[1]

但疫情後的復甦與預期不同,美國經濟的產出出現明顯的V形反彈時,許多汽車製造商措手不及。急忙再下單時,它們落在長長的訂單隊伍後面,沒有足夠的半導體可以應付車輛的爆炸性需求成長,不僅傷害自身的事業,也導致消費者得承擔汽車價格的上漲,助長疫情後的通膨率飆升。

其實,對汽車製造商和其他擔心會發生最糟情況的企業來說,事情本來可以不是如此。如同我們將在這章討論的,預測復甦的型態會比預測衰退更容易。預測復甦的關鍵在於了解衰退造成的**結構性衝擊**。衝擊的強度以及帶來的極端數據常常登

上新聞頭條,但真正的洞察其實來自於評估經濟產能與衰退前相比,會受到什麼樣的影響。這需要使用一個復甦分析架構。所有的經濟衰退都會讓需求減弱,影響經濟成長,但不是所有衰退都會傷害經濟的供給面(也就是經濟產能),傷害供給面的衰退才會轉化成結構性衝擊與疲弱的復甦。

未來仍然會發生衝擊,企業主管與投資人可以關注兩股對抗力量:經濟供給面的潛在損傷,與經濟政策抑制損傷的成效,這兩股力量的相互作用將決定經濟復甦的性質。

一場衝擊,三種復甦

檢視2008年全球金融危機衝擊後形成的三種不同經濟復甦型態,就能看出經濟復甦類型及它們的驅動因素。圖表4-1顯示加拿大、美國及希臘在2008年全球金融危機衝擊後的不同經濟復甦經驗,對於不同的經濟復甦型態(分別為V、U、L形),我們必須思考兩個問題:

1. **產出水準**是否恢復到衰退前的趨勢(圖表4-1中灰色的趨勢線)?[2]
2. **經濟成長率**是否恢復(即產出是否與長期趨勢線一致)?

加拿大呈現典型的V形復甦,也就是完全恢復經濟衝擊前的產出路徑,也恢復之前的經濟成長率(產出線的斜率代表成

三種復甦型態

圖 4-1

從市值GDP水準及成長率受損程度觀察復甦型態

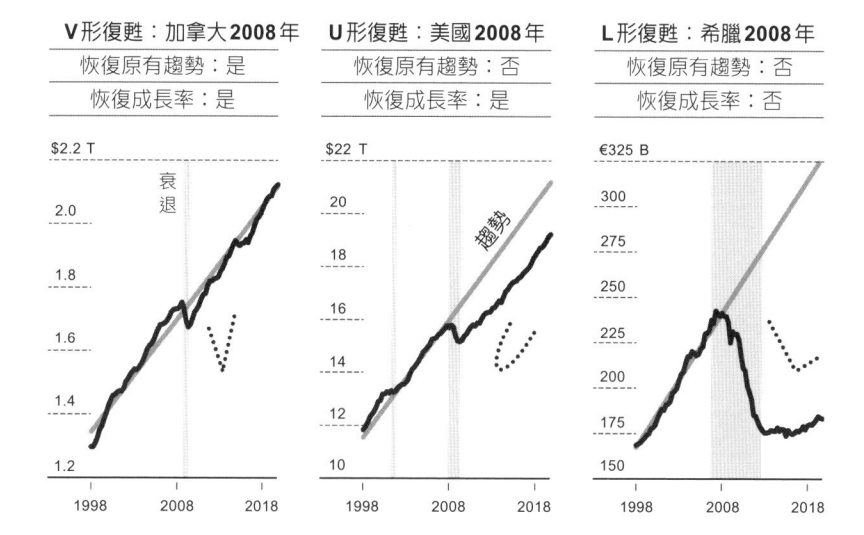

V形復甦：加拿大2008年	U形復甦：美國2008年	L形復甦：希臘2008年
恢復原有趨勢：是	恢復原有趨勢：否	恢復原有趨勢：否
恢復成長率：是	恢復成長率：是	恢復成長率：否

- 註：截至2018年資料。實質GDP為2012年加拿大幣（兆），2012年美元（兆），希臘則以2015年歐元（10億）計算。
- 資料來源：Statistics Canada、BEA、Hellenic Statistical Authority、NBER；波士頓顧問公司總體經濟學研究中心分析。

長率）。這代表加拿大經濟克服經濟衰退，衰退沒有對經濟造成永久的結構性傷害。

美國的經濟復甦呈現U字形，代表它重拾之前的經濟成長率（產出線斜率與趨勢線斜率相似），但產出卻沒有恢復到2008年之前的趨勢。舊趨勢和復甦後的產出水準之間的落差，代表一種長期性的損失，這是一種**結構性降級**（structural downgrade）。

2008年全球金融危機衝擊後的十年間，希臘既沒有恢復之前的產出水準，也沒有恢復之前的成長率，呈現L形復甦：幾乎談不上經濟復甦。其結構性降級不僅持續累積，還隨著時間惡化，也就是下調的比例不斷上升。[3]

對經濟復甦型態以及復甦的趨勢和斜率的分析，並非只能用於評估2008年全球金融危機之後的復甦情勢，而是一種可以廣泛應用於各種情境的分析架構。一旦掌握驅動因素，這些驅動因素就能成為強大的工具，預測不同時期、不同國家的經濟復甦情形。

為經濟的供給面而戰

是什麼因素決定經濟復甦型態呢？所有的經濟衰退都會讓需求面和經濟活動萎靡不振，但有些經濟衰退會留下長久的影響，例如前述的U形復甦。當需求下滑影響到經濟的供給面，也就是影響做為長期表現基礎的生產能力時，就會出現U形復甦。經濟衰退時，資本投資、勞動力供給與生產力可能全都會受到衝擊（參見第五章、第六章有關於供給面因素的討論）。需求面衰退向供給面外溢的程度，決定了衰退的結構性影響，也就是經濟復甦的型態。

所幸，可以透過經濟政策來防止或抑制對供給面造成的傷害。我們可以把這個過程想成「衝擊」和「政策當局（財政政策與貨幣政策當局）努力抑制衝擊」的搏鬥。因此我們應該關注的問題是：衝擊的影響有多大？政策當局是否有意願及能力

來對抗衝擊?

為了說明這一點,表4-2摘要了衝擊傳導到資本形成的路徑(勞動要素和生產力也可能受到傷害)。

首先是實體經濟管道。經濟衰退會導致家戶(失業)及企業(營收)的流動性緊縮,而隨著家戶和企業的投資減少,資本存量成長減緩或停滯。如果投資減少的情況短暫,或許未來的投資能夠彌補,但風險是經濟體的未來產能將會降低。然而情況可能更糟。如果投資減少的狀況拖延得更久或無法控制,流動性問題可能會演變成資本問題,企業和家戶可能面臨破產,這麼一來,投資將進一步衰減,資本形成就會受到嚴重打擊。如果家戶和企業必須慢慢補救資產負債表,資本存量的

供給面傷害

表4-2

資本形成如何受到破壞?

	實體經濟管道	金融體系管道
流動性問題	衝擊或衰退引發家戶及企業的現金流量問題,導致投資(及消費)下滑	衝擊或衰退導致金融機構的流動性及(或)融資問題,阻礙信用中介,也導致投資下滑
資本問題	家戶及企業補救受創的資產負債表,因此延後或取消投資	資本問題導致金融機構關閉,或縮減對實體經濟的融資,傷害投資
政策角色	• 政策能夠抑制、抵抗或抵消來自實體和金融管道的傷害 • 不同的衝擊和不同問題需要不同的工具 • 當流動性問題可能演變成資本問題時,政策作用具有系統性的重要意義	

• 資料來源:HBR;波士頓顧問公司總體經濟學研究中心分析。

成長可能永遠無法彌補早期的流失。這是U形復甦的開始，經濟可能會重拾之前的成長率，但現在是沿著一條削弱的趨勢成長線前進，這條較弱的趨勢線反映的是資本形成能力下降的時期，會帶來長久的影響。

第二是金融體系管道。如果銀行體系受創，經濟體的資本形成可能發生更糟糕的情況。如果銀行發生流動性問題，就會減緩對實體經濟的信用中介，家戶和企業將無法獲得繼續投資所需的融資。[4]如果銀行的流動性問題演變成資本短缺，問題會更嚴重。銀行破產不僅會關閉對實體經濟的信用管道，還會使信用管道逆轉（銀行出售資產、拒絕延展放款）。隨著資產價格下跌，受創的資產負債表將蔓延到整個經濟體，重創資本形成，使得潛在的（趨勢）成長反轉下滑。

2008年的全球金融危機充分展現了上述過程（參見圖4-3）。美國房地產價格崩跌，家戶和小型企業的資產負債表受到重創，家戶與小型企業努力補救資產負債表，導致消費及投資萎縮。相較下，加拿大的家戶和企業的資產負債表受創沒那麼嚴重，因為加拿大的房市沒有崩跌。加拿大的家戶和企業不需要補救資產負債表，因此更快恢復強勁的消費與投資。

在金融面，房市崩跌導致的雪崩式資本損失拖累美國銀行體系，信貸流動中斷，並為美國經濟的成長之路留下長期影響，因而形成U形復甦，無法恢復之前的趨勢水準。相較之下，加拿大的銀行體系依舊健康，使加拿大經濟得以呈現V形復甦。[5]

儘管如此，一開始的經濟衝擊並非無可改變的天命，不會決定經濟衰退的最終結果。如前文所述，衝擊和政策反應形成

結構性損害？

圖 4-3

房價下跌重創美國資產負債表，加拿大受創較輕

美國與加拿大房價指數（危機前高峰價格=100）

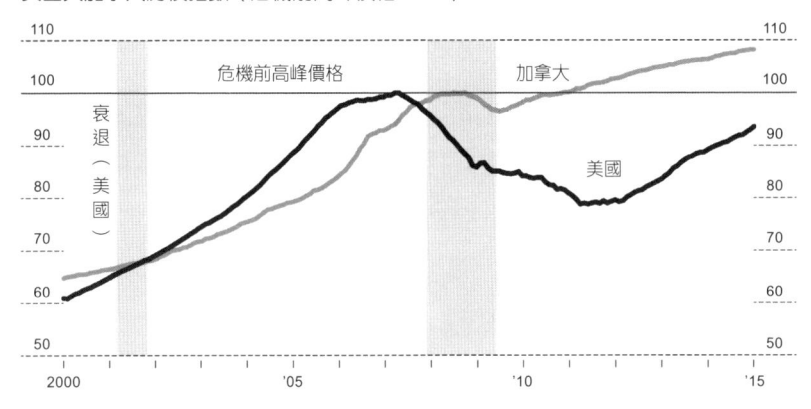

- 註：新屋價格（加拿大）；購買者房價指數（美國）；資料統計至 2015 年 1 月止。
- 資料來源：Statistics Canada、Federal Housing Finance Agency、NBER；波士頓顧問公司總體經濟學研究中心分析。

拉鋸戰。不論經濟衝擊是透過實體經濟管道或是金融管道對供給端帶來傷害（通常兩種都有，因為兩者會互相影響），設計良好的政策都能減輕影響，進而影響經濟復甦型態。[6] 有時候，財政政策刺激會幫助家戶及企業渡過難關，有時候則是透過貨幣政策來為銀行或資本市場提供流動性（參見第九、十、及十一章）。要釐清的一點是，這類刺激措施的目的不是要為無法繼續生存下去的企業提供總括保險（Blanket Insurance），而是要阻止總體經濟引發的系統性破壞。

那麼希臘呢？希臘2008年之後的L形復甦是因為整個供給

面(不僅僅是資本形成)受到重創,而這很大程度是因為政策能力不足。L形復甦通常誕生於特殊的異常情況,主要驅動因素是經濟衰退令政策當局無力招架。政策失敗使經濟衰退更加嚴重,不僅是暫時性的投資低迷,資本存量也會減少;失業率也不是暫時性升高,而是會導致人們消沉和技能退化,進而使勞動力供給衰退;這樣的狀況也不僅是暫時陷入低效的運作方式,更可能讓效率及生產力持續惡化。通常是主權債務違約或系統失靈才會讓情況變得如此糟糕。

新冠疫情後的V型復甦

讀者可能懷疑,我們是不是事後諸葛,不是的,更何況在總體經濟學當中,預測經濟復甦路徑相對比較可行。專注於經濟衰退期間的衝擊強度可能會讓你誤判形勢,但如果你聚焦於經濟復甦階段經濟供給面的復甦強度,就更有可能正確判斷。

讓我們重返2020年2月及3月,當時,一種我們不了解的病毒首次癱瘓世界,帶來席捲全球的末日預言。接下來那個月,美國的失業率飆高到接近15%,第二季GDP下滑30%(年化率)。經濟活動嚴重萎縮引發對未來復甦的悲觀預測。和許多人一樣,經濟學家魯比尼(Nouriel Roubini)描繪出一個「更大的蕭條」,與1930年代的情況相似,可能會「使全球經濟進入長期蕭條,讓金融市場完全失控,甚至瓦解」。[7]套用我們在上文中的分析,魯比尼和許多人預測美國會進入嚴重的U形復甦,甚至是L形復甦。

但是,在2020年3月發表於《哈佛商業評論》(Harvard Business Review)的一篇文章中,我們聚焦於這場危機損害經濟供給面的可能性。我們認為:衰退的強度並非預測經濟復甦型態的有力指標,強力的政策創新可以帶來V形復甦。我們認為,對未來幾乎所有危機來說,政策有可能「預防U形復甦出現,使衝擊後的復甦路徑更接近陡峭的V字形。」[8]

果然,政策確實發揮預防及保護作用,貨幣政策立即注入大量的流動性,接著再對家戶及企業施以空前龐大的財政援助,以應對前所未見的挑戰。如果觀察當時關鍵的驅動因素,就能在2020年3月正確預測V型復甦型態。

這次的成功復甦(參見圖4-4)受惠於疫情導致的衰退並未

圖4-4

新冠衝擊的V型復甦

新冠疫情的影響遠小於全球金融危機

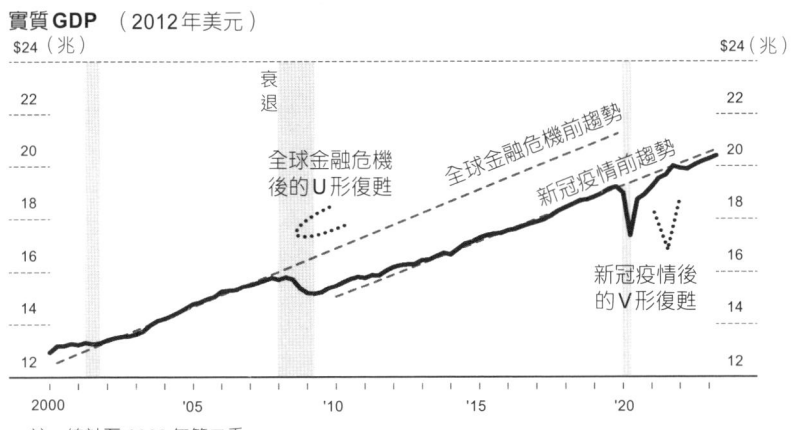

實質 GDP (2012年美元)

- 註:統計至2023年第二季。
- 資料來源:BEA、NBER;波士頓顧問公司總體經濟學研究中心分析。

伴隨任何內部的潛在危險（例如，疫情前存在過度投資），以及危機激發政治團結，推出及時、大規模且創新的刺激措施。（參見第十章有關於系統性危機期間的刺激措施，以及第九章有關於推出刺激措施的能力及意願。）

衰退與復甦

從我們所描述的供給面風險和政策反應之間的拉鋸戰可以看出，經濟復甦的形態不會一成不變，而是一個不斷演變的過程。新冠疫情發生時，政策當局延續並擴大經濟刺激措施，並研發、分配疫苗。換言之，經濟復甦的路上供給面有可能遭到結構性損害，如果沒有經濟刺激措施及疫苗開發等因素，結果可能不同。

話雖如此，經濟復甦的方式仍有趨勢可循，取決於我們在上一章談到的衰退原因與性質。上一章談到三種衰退類型：實體經濟衰退、政策性衰退、金融危機引發的衰退，研究這些力量在衰退過程中的相對作用，就有可能辨識未來的復甦型態。

實體經濟衰退常出現 V 形復甦，尤其是如果實體經濟衰退的原因是來自外部衝擊。如果是相對較小的衝擊，例如1990年波灣戰爭引發的油價上漲，衝擊過去之後，產出就能迅速恢復之前的水準。如果衝擊大，政策當局通常會積極應對造成社會不公平現象的經濟問題。如果是內部衝擊，例如過熱的投資潮及（或）緩慢的政策反應，就可能出現溫和的 U 形復甦，因為資產負債表受損，需要一段時間才能恢復需求。這些傷害會進

一步擴散到供給面,導致部分資本永遠消失。

政策性衰退通常會帶來溫和的U形復甦,尤其是當政策試圖抑制週期性通膨時。但也有可能是V形復甦。為什麼?如果抑制通膨風險的政策目標迅速達標,政策就會放寬,就有可能形成V形復甦。不過,小型的U形復甦比較有可能出現,因為這輪衰退是由政策推動的,政策目標是抑制通膨,因此在通膨降低之前,政策不太可能轉向支持經濟成長,這就有可能讓需求面的衰退擴散至供給面。如果政策必須驅動一個較嚴重的衰退,以消除根深蒂固的通膨預期,那就有可能導致更深的U形復甦。[9]

金融衰退通常會造成U形復甦,因為金融衰退會損害資產負債表。在溫和的情況下,銀行體系沒有受害,即便經濟成長遲緩,但不一定會導致深度衰退。但如果情況嚴重(例如2008年時的美國),金融體系的資本基礎受損,導致去槓桿化(deleveraging)及資產負債表受到重創,這將造成嚴重的衰退與遲緩的復甦,對資本形成和勞動力趨勢造成重大傷害。現實中政策當局通常不喜歡出手救助資產市場(通常,他們是不該這麼做),也厭惡必須出手為銀行體系紓困,因此政策回應通常過於遲緩且力道太弱,削弱金融衰退後的復甦力道。

切記,衝擊強度不代表影響程度

儘管我們不可能一直準確的預測經濟衰退的時間,但可以了解衰退的本質,更可以預測經濟復甦的型態。在策略性思考

衰退後的復甦形態時,謹記以下幾個要點:

- **別把衰退強度與經濟復甦混為一談**。雖然必須關注衰退時的總體經濟數據(例如需求下滑或就業衰減),但無法從這些資料看出最終的復甦型態。強烈衝擊導致的經濟衰退有可能會迅速復甦,溫和衝擊造成的經濟衰退也可能讓復甦曠日廢時。一開始的衝擊和數據無法告訴你接下來會有什麼樣的復甦型態。
- **聚焦於產出趨勢及經濟成長率**。如果衝擊使經濟偏離原本的成長趨勢,以及(或)拉低經濟未來的成長率,那麼就會留下永久的影響。不論衰退強度(也就是衝擊的深度或速度)如何,復甦型態都取決於產出趨勢及成長率。
- **評估對經濟供給面的影響**。緩慢的復甦與永久性的影響,通常代表衝擊已擴散至經濟的供給面,並削弱供給能力。評估時應該重點關注是否出現流動性及資本問題,因為受損的資產負債表會導致需求及投資長期低迷。資本存量、勞動力供給或生產力成長趨緩,都是很有價值的觀察指標。
- **別忘了政策**。經濟衰退主導議題的討論方向,但這只是故事的一半,在抑制對供給面造成傷害的戰役當中,政策反應也一樣重要。在評估經濟的復甦展望時,應該注意政策當局在做什麼、何時做以及如何做,並評估其後續影響。

- **別假設最壞的狀況會發生**。悲觀會傳染,但應對危機需要時間,所以別聽下結論。政策當局採取行動的能力及採取行動的意願非常重要(參見第九章及第十章)。別被負面觀點影響,切記,「情況發展會比你想像得更好」這個新聞標題,不如「這是有史以來最糟的狀況」這個標題聳動。

對許多人來說,經濟週期是最關切的議題。當經濟處於正成長時期時,他們的關心焦點是下一次衰退何時到來;當衰退來臨時,他們關心的焦點通常是復甦疲軟的風險。本章和上一章分別提供評估經濟衰退及復甦的思考架構。但是經濟成長並非只與景氣週期有關,下一章將探討經濟成長的長期性質。

第五章
在失敗與自大之間

　　經濟成長不只與第三章、第四章討論的景氣波動與風險有關，經濟在不同週期中的潛在成長能力，也就是成長趨勢，對企業領導人及投資人來說也很重要。雖然景氣週期和成長趨勢可能相互影響，但長期來看成長趨勢更重要，因為它對國家是否能走向繁榮有決定性的影響。如果經濟成長率為1％，美國經濟規模大約70年會成長一倍；經濟成長率為2％，35年會成長一倍；如果經濟成長率為4％，18年就能成長一倍。

　　因此，當企業主管研擬長期策略、投資人提供資金支持這些策略時，必須對長期成長率有一定的判斷。但人們對此幾乎沒有共識。事實上，各種互相對立的敘事經常會演變成失敗主義和驕傲自負這兩種極端。在失敗主義這邊，支持者會引用大量結構性放緩的證據來證明論點。如圖5-1所示，從二十年實質成長來看，美國的成長趨勢似乎受到成長引力（growth gravity）的影響，持續靠向零成長。自2000年代中期開始，移動平均成

圖 5-1　成長引力無法改變嗎？

美國實質GDP成長率

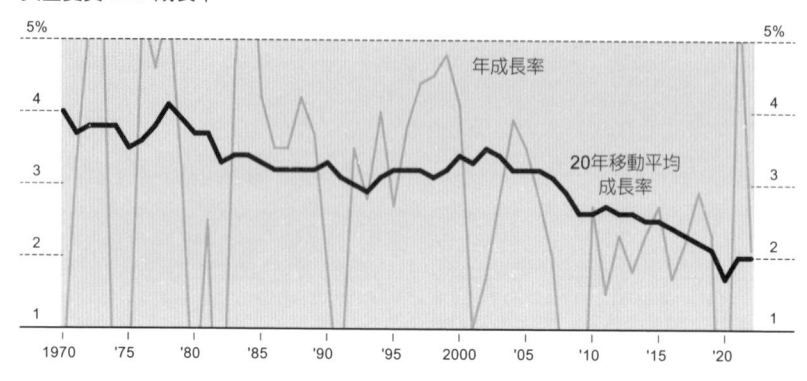

(圖中標示：年成長率、20年移動平均成長率)

- 註：年成長率。移動平均成長率表示過去20年的平均成長率（例如，2015年的資料點是1996-2015年這20年期間的平均成長率）。Y軸截短以放大刻度。資料統計至2022年。
- 資料來源：BEA；波士頓顧問公司總體經濟學研究中心分析。

長率已經下滑至3%以下，近年更趨近於2%。

這種結構性趨緩不僅助長「未來經濟成長率將低於2%」的悲觀預測，還進一步推動「經濟模型本身已經過時」這個說法。伴隨這種衰退論出現的另一個論點是：其他經濟體已經發現更新、更有力的成長模式，能夠帶來更好的成長前景（參見第六章）。

在驕傲自負這一邊，緩慢的經濟成長被認為不可接受、但容易解決的問題；正是過去取得的成就造成了這種期待。政治人物經常盯著4%的經濟成長率[1]做出霸氣的承諾。為了實現這個神奇的數字，他們會鼓吹一些像是靈丹妙藥的政策，右翼

的老招是減稅，左翼的典型招式是增加政府支出或是財富重分配。[2]

儘管理由不同，但技術專家也對較高的成長率抱持樂觀態度。[3]雖然有充分的理由相信科技將會再度帶動經濟成長（這是第七章、第八章的討論主題），但從圖5-1可以看到，過去二十年的快速科技進步無法遏止經濟成長率下滑的趨勢。因此，我們應該對「科技發展會提升經濟成長率」這樣的看法抱持懷疑的態度。

我們用本章和之後三章的篇幅來檢視長期成長展望。本章將向讀者介紹我們稱之為「成長引力」的結構性成長狀態。儘管我們介紹的分析工具或許不夠完美，但這些工具仍然可以幫助我們明智的判斷特定因素是否會加速或減緩長期成長趨勢。我們也使用這些工具來反駁極端的繁榮主義及衰退主義。仔細檢視就會發現，不管是把4％的經濟成長率當成救世主，或是對低於2％的經濟成長率感到悲觀，其實這兩種看法都站不住腳。

但這代表，這兩邊陣營對未來經濟成長的展望還有其他值得檢視的論點。我們將在第六章說明，為什麼讓衰退論者著迷的替代性神奇成長模型說不通：所有經濟體在發展成熟之後，最終都會受到成長引力制約。接著，我們將詳細檢視科技與生產力成長為經濟成長帶來的希望，這是最具說服力的經濟成長敘事。為了謹慎評估哪些因素會真正影響總體經濟，我們會在第七章和第八章探討這個主題。

這四章結合起來，我們的結論是：儘管4％經濟成長率將難以企及，但再度提高美國的趨勢成長率是有可能的。

何謂成長引力

　　許多人認為，經濟成長看的是需求面。如果從景氣循環的角度來看，這樣的說法大致沒錯。但是更長期而言，趨勢成長看的是經濟的供給面[4]。能生產多少東西、能提供多少服務——決定景氣水準的是我們的生產能力，不是我們的消費能力。經濟體的生產能力取決於勞動力供給（可得的工作時數）、資本存量（機器、廠房、軟體解決方案等等的數量）、生產力水準（把這些市場要素轉化成產出的效能）。

　　勞動力供給、資本存量以及生產力水準是成長會計（growth accounting）的組成成分。成長會計是一種簡單可靠的總體經濟學工具。跟所有模型一樣，成長會計不完美，這方法的思想奠基人羅伯·梭羅（Robert Solow）在回顧此方法時曾說：「一旦出現更好的方法，就可以丟棄它了。」[5]但至今沒有更好的方法出現。而且，成長會計方法已足以用於壓力測試。事實上，如同我們將在下文中看到的，成長會計法甚至能推翻樂觀者和悲觀者的某些論點。當然，在成長會計法的檢視下，極端的樂觀版本（4%的成長率）和極端的悲觀版本（成長率遠低於2%）都站不住腳。我們來看看為什麼。

　　一個不錯的觀察起點是研究美國國會預算辦公室（Congressional Budget Office，簡稱CBO）對美國經濟成長趨勢（或潛在成長）的中立分析。圖5-2顯示CBO對過去十年和未來十年的估計值，勞動力、資本及生產力加總起來平均將成長1.8%，幾乎等於是過去十年間的經濟成長率線性外推（linear

過於極端的成長敘事

圖 5-2

4％太樂觀，1.8％太悲觀

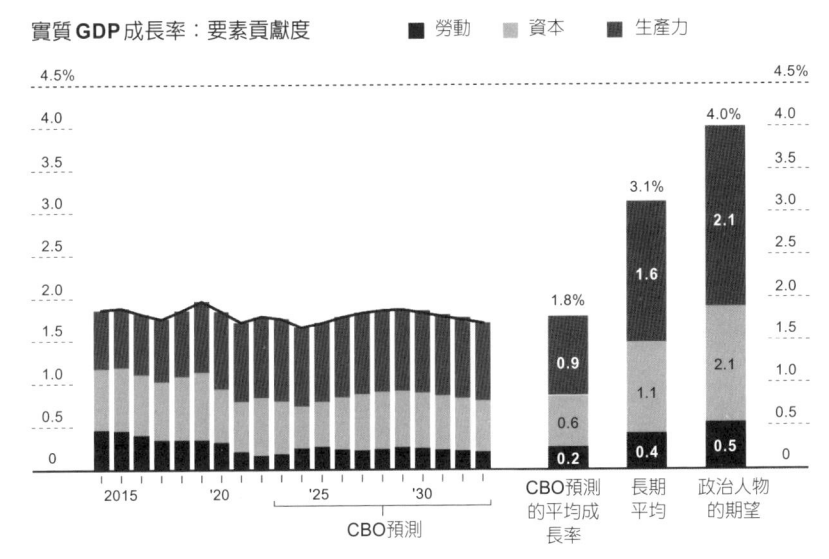

實質GDP成長率：要素貢獻度　■ 勞動　▨ 資本　■ 生產力

	CBO預測的平均成長率	長期平均	政治人物的期望
合計	1.8%	3.1%	4.0%
生產力	0.9	1.6	2.1
資本	0.6	1.1	2.1
勞動	0.2	0.4	0.5

橫軸：2015 '20 '25 '30（CBO預測）

※ 四捨五入的關係，各項加總可能不完全相等。

- 註：使用潛在實質GDP；各要素貢獻度（百分點）是根據CBO對非農潛在實質GDP的分析計算；長期平均＝1950-2019年的年平均成長率；CBO預測的平均成長率＝2024-2033年的年平均成長率。
- 資料來源：CBO、BLS；波士頓顧問公司總體經濟學研究中心分析。

---

extrapolation）*的數字，遠低於歷史平均的3.1％。這種悲觀預測顯然是延伸全球金融危機之後十年陰影的影響，那段時期投資低落、勞動力市場過剩，生產成長乏力。

這種重複2010年代情景的預測，真的是對未來十年最好、

---

* 編注：根據過去數據趨勢，透過延伸一條直線來預測未來數值的方法。

最有說服力的展望嗎？同樣在圖5-2中可以看到政治人物一貫的期望——4%成長率。但是，如果說1.8%看起來過於謹慎，那麼，4%看起來就太自負了，不僅大幅超越過去多年以來的成長率，也明顯高於長期歷史平均3.1%的數字。

試想，要實現經濟成長率3.1%，需要滿足什麼條件？假設在經濟成長率1.8%的基準下，三個成長驅動因素（勞動力、資本、生產力）分別貢獻0.2%、0.6%與0.9%（因四捨五入，各項加總不完全相等）。如果貢獻比率維持相同，那麼為了達到3.1%的成長率，勞動力的貢獻必須提升至0.4%、資本提升至1.1%，生產力必須提升至1.6%。如果想達到4%的成長率，提升幅度必須更大，勞動力必須提高至0.5%、資本1.4%，生產力提高至2.1%。

就驅動因素來說，這是非常大的成長。當然，要實現這樣的成長趨勢，不一定需要完全相同的驅動因素成長結構，如果其中一個驅動因素表現得特別優異，其他驅動因素就不需要承擔如此多壓力，反之亦然。但圖5-2顯示了這項挑戰有多巨大。

雖然我們完全相信4%的經濟成長率期望過高，但我們也認為1.8%的成長率過於悲觀（甚至可以說並不合理）。為了提出介於過度悲觀和過度樂觀之間的經濟成長率展望，我們必須更仔細檢視這三個驅動因素，考慮它們的成長潛力。

勞動力：沒有成長潛力

勞動投入成長率與工作時數有關，雖然影響因素很多，但

長期來看主要受勞動年齡人口成長的驅動。圖5-3顯示，人口成長在過去一段時間已長期趨緩，強烈顯示未來的勞動力成長將不如以往強勁。

為了更加了解勞動力這項要素，可以思考驅動人口成長的因素。首先是內部因素：出生率減去死亡率。出生率已經下滑，而隨著人口高齡化，相對而言將會有更多人死亡。就算出生率突然提高，也要大約二十年後才會影響到勞動力供給，因為新生兒大約需要二十年才能加入勞動市場。其次是外部因素：淨移民數量。常有人認為，如果有強而有力的移民政策，淨移民

圖 5-3　勞動力與人口成長

人口成長趨緩，拖累勞動力成長

人口與勞動力成長
（五年期移動平均年成長率）

驅動人口成長的因素
（五年期移動平均年成長率）

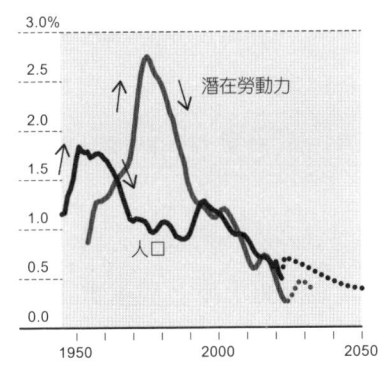

- 註：實際年度數據統計至2022年；預測至2032年及2050年。
- 資料來源：BLS、CBO；波士頓顧問公司總體經濟學研究中心分析。

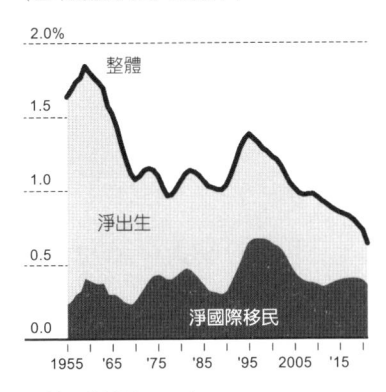

- 註：統計至2021年。
- 資料來源：World Bank/United Nations；波士頓顧問公司總體經濟學研究中心分析。

圖5-4　美國勞動參與率變化

女性勞動參與率上升，抵消男性勞參率下滑

勞動參與率
（16-64歲）

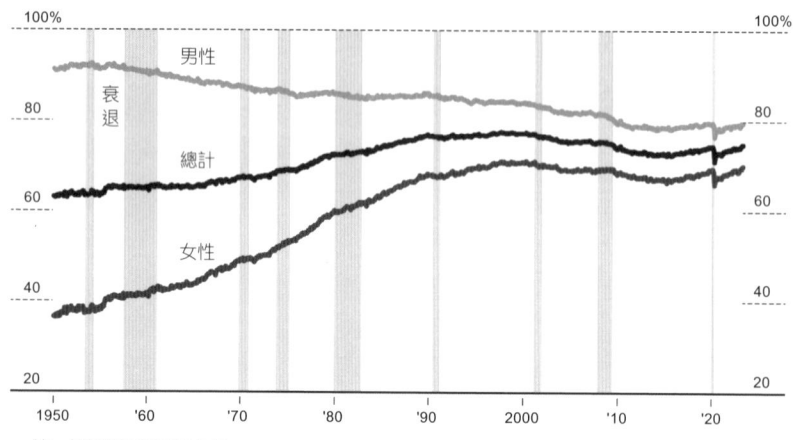

- 註：統計至 2023 年 5 月。
- 資料來源：BLS、NBER；波士頓顧問公司總體經濟學研究中心分析。

將對勞動市場做出貢獻。不過，更合理的樂觀想法是，淨移民只會對勞動市場做出些許貢獻，而無法讓勞動力再恢復到歷史平均水準。

不過勞動力供給也不能只看人口成長，還要看人口投入勞動市場的比例。如圖5-4所示，二十世紀下半，隨著愈來愈多女性投入勞動市場，美國勞動參與率出現結構性成長，甚至彌補男性參與率逐步下降的影響。但這項趨勢已經在二十多年前結束，目前總勞動市場參與率呈現下滑趨勢。

總的來看，我們不應該預期勞動力供給增加會明顯推升長

期經濟成長。[6]

資本：溫和上行

有些人認為資本成長是快速提振經濟成長的關鍵。他們的論點是，減稅會提高企業對稅後投資報酬的估計。更多報酬將激發更多投資，更多投資意味著更高的資本存量成長，而更高的資本存量成長又代表更多經濟成長。這情節太微觀、教科書味太濃厚，與總體經濟的現實狀況不同。是的，租稅政策（尤其是具有針對性且大規模的租稅政策）會影響投資，但是比起租稅，總投資水準更容易受到企業對策略的需求以及對成長機會的判斷所影響。圖5-5可以清楚看到投資的週期性波動，但是你很難辨識出租稅政策變化的影響。

另一個挑戰是**淨投資**成長趨緩，資本存量的成長也減緩。如圖5-5所示，儘管有相當比例的國民所得被用於投資，但資本存量的成長率正在減緩。為何穩定的投資會導致資本存量成長下滑？

首先，資本存量本來就比投資額大。想想看，許多橋梁、道路、工廠、建物等等，都是一個經濟體的資本存量。當資本存量較大時，折舊也會比較大，需要更多的投資來維持現有資本存量的穩定。此外，當資本存量大時，資本存量成長帶來的影響與效益會遞減；例如，第一座城市機場的效益大於第三座機場。雖然新技術會帶來新的投資機會，但效益與影響最大的投資可能是之前已經完成的投資。[7]

投資與資本存量

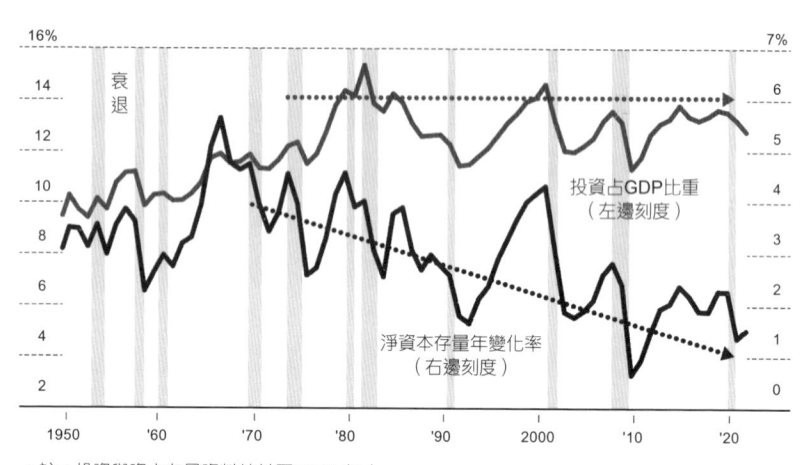

圖 5-5

新投資大於折舊,資本存量才會成長

[圖表:1950年至2020年的投資占GDP比重(左邊刻度)與淨資本存量年變化率(右邊刻度)走勢圖,灰色區塊表示衰退期]

- 註:投資與資本存量資料統計至 2021 年止。
- 資料來源:BLS、NBER;波士頓顧問公司總體經濟學研究中心分析。

　　其次,不僅資本存量較大,現代資本存量的資產類型也折舊得比較快(參見圖5-6)。現在的投資更集中於智慧財產(例如軟體),較少投資於建物(例如大樓)或設備方面。實體建物通常折舊得比較慢,可以在資本存量中存在數十年,但軟體可能只能使用四、五年,之後就不再影響資本存量(參見圖5-6的右圖)。這種轉變帶來的挑戰是,跑得更快才能維持在原地,也就是投資必須成長得更快,才能使資本存量維持在原來的水準。

　　另一個挑戰是,許多非常重要的投資,例如能源轉型的脫碳技術,可能會取代資本而不是增加資本。例如關閉一座燃煤

圖 5-6　跑得更快才能站在原地

投資正轉向折舊更快速的資產

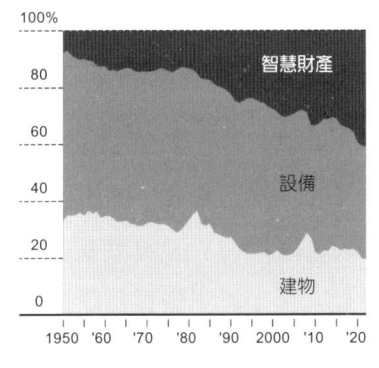

非住宅固定投資占比（智慧財產、設備、建物，1950–2020）

資產平均壽命（年）：智慧財產、設備、建物

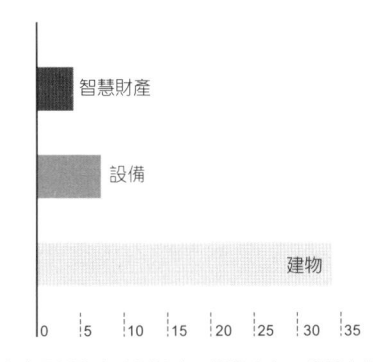

- 註：投資占比資料統計至 2021 年；資產平均壽命是折舊率的倒數（1/折舊率），折舊率為 2000-2020 年平均值。
- 資料來源：BEA；波士頓顧問公司總體經濟學研究中心分析。

電廠，並用風力渦輪機取代，相當於將資本存量中的燃煤電廠完全折舊。[8] 其他例如碳捕捉技術，可能針對的是 GDP 沒有計算進去的成本（例如汙染帶來的額外影響）。儘管這些技術是必要技術，也會增加投資額，但它們不一定會增加資本存量，因此也未必會提高長期經濟成長率。

總的來說，我們很難看出經濟成長趨勢會因為資本成長而重新加速。一個已經接近潛在經濟成長上限的經濟體，或許仍然能因為投資帶來些許成長動能，但這種助力不太可能持續把經濟推向更高的成長軌道。

生產力：相當樂觀

如果勞動力和投資都不太可能為經濟成長趨勢提供明顯的推力，那麼希望就落在生產力成長。事實上，在生產力要素上，我們的確發現更樂觀的理由。成長引力並非絕對，就算是成熟經濟體也能對抗這股力量。

生產力對經濟成長的貢獻遠比勞動力或資本更為複雜。勞動力指的是更多人，資本指的是智慧財產與機器，經濟學家所謂的多要素生產力（multifactor productivity）或總要素生產力（total factor productivity）其實就是殘值：產出成長扣除掉勞動力和資本之後的其他部分。定義上來說，生產力就是創造更多的每單位產出價值，我們可以簡單的把它想成把事情做得更好。當然，這樣的解釋不會使生產力的成長變得更直覺、更容易理解。

儘管以「殘值」的方式理解生產力不太好懂，但生產力可說是最有價值的成長形式。生產力不需要成本就能推動人均所得和總成長，也不像勞動和資本那樣受限。畢竟，我們無法增加更多勞工，增加機器的邊際效益也終將遞減（縱使仍然有許多明智的投資機會，也常常有新機器可以讓我們投資），但如果我們能找到更好的方法將投入轉成產出，情況就能持續不斷變得更好。

不過，生產力成長也經常被誤解。積極的預測很多，通常是基於科技進步而做出的預測，因此我們專門用兩章的篇幅（第七章、第八章）來探討生產力成長，討論過去生產力未能發

揮作用的原因,以及為何我們認為生產力未來會表現得更好。部分原因在於緊張的勞動市場帶來的推動作用,當企業無法輕易招募到人才時,就會被迫革新並採用新技術。

儘管我們相信未來的生產力成長將會提升,特別是在緊縮型經濟持續的狀況下,但我們也對生產力的成長方式與成長幅度抱持審慎的態度。重大的生產力提升與新產品無關,通常是透過降低既有產品與服務的生產成本來實現。下一個生產力的重大提升將會聚焦在服務業,大部分服務業一直未能見到明顯的生產力成長。此外,即使克服障礙,生產力的成長規模依然會是個問題。在我們看來,期望生產力成長率將持續超過1％的預期太過樂觀。我們將在第八章詳細說明。

切記,別被極端敘事誤導

我們經常看到各種分歧卻又信誓旦旦的成長敘事,但檢視過成長引力的三個驅動因素之後,我們就能為下次再遇到卡珊德拉(Cassandra,代表經常預言災難的人)和波麗安娜(Pollyanna,代表過分樂觀的人)時[9]做出更好的準備。預期4％經濟成長率的敘事應該被貼上「驕傲自負」的標籤,這種敘事沒有可靠的分析基礎;而認為未來經濟成長率將遠低於2％的人則是太過畏怯,十多年來,他們揮不去全球金融危機的陰影,但金融危機早已成為過去式。

將成長趨勢的範圍限制在1.8％與4％之間只是個開始,我們還沒有評估「相對衰退」(relative decline)這種失敗主義敘

事。「相對衰退」的觀點認為,其他國家或地區有更好的成長模型,相對而言優於美國的經濟成長(參見第六章)。此外,我們仍然必須評估科技驅動的成長轉型是否即將發生,以及它是否能帶來更大的推力(參見第七章及第八章)。現在,我們希望讀者記得本章得出的以下洞察:

- **聚焦於成長動力**。不論卡珊德拉或波麗安娜都不能只提出主張,他們必須提出有關勞動力、資本以及生產力的觀點來做為論證基礎。沒有人要求絕對的精確,只要求提出合理的論證及判斷。成長會計雖然不是精準的手術,但也不是一個黑箱。
- **緩慢成長也可能是成長的跡象**。成長引力具有誤導性。當資本存量大量累積、既有的創新已經被廣泛應用,經濟成長就會變得困難,但這往往是成功的象徵,不是失敗的象徵。當成長變得更困難,產出水準的緩慢成長反而可以被視為是總體經濟狀況良好的表現。
- **成長引力可以暫停**。當生產要素從比較容易的成長階段走向較難的成長階段,例如勞動力枯竭、資本存量已大量累積、先進的創新變得更加困難,成長就會減緩。但這未必是一條持續向下的直線。成長驅動因素可能時有改善,但要看出何時會出現成長增速,這需要靠判斷。
- **了解各種成長驅動因素的差別**。勞動力、資本及生產力的總體經濟潛力大不相同,不論是性質(勞動力影響總成長,資本及生產力對人均成長的影響較大),還是成

本（勞動力與資本的投入代價高昂，生產力當中「做得更好」這部分未必需要花費昂貴成本），都大不相同。勞動力、資本及生產力的成長展望也不同，勞動力的成長展望不太樂觀，資本的成長展望稍好，生產力則是具有相當誘人的成長前景（參見第七章、第八章）。

下次，當你聽到美國經濟成長率將高於4％或遠低於2％的預期時，詢問是什麼成長驅動因素帶來這樣的預期。當你聽到有人說，別的經濟體已經發現更好的成長模型，能夠永久帶來更高的經濟成長率時，請先想起下一章講述的有關於神奇成長模型的證據。

第六章
神奇成長模式的吸引力

　　如第五章所述,對美國長期經濟成長前景抱持悲觀態度是錯誤的想法,就算是成熟經濟體,在適當的條件下經濟成長也可能重新加速。我們將在第七章及第八章討論這些有可能實現的成長展望。但也有一種**「相對」**的失敗主義論點,認為美國經濟落後其他採用較優越成長模式的經濟體。我們將在下文看到,事實上,沒有任何一個經濟體能避開成長引力,當新興經濟體持續發展並接近領先經濟體時,它們最初的成長優勢勢必會縮小。[1]但奇怪的是,對於所謂「較優越成長模式」的恐懼與嫉妒卻異常的持久不衰。

　　企業主管關心各經濟體的**相對成長**,理由與他們關心美國的經濟成長趨勢相同,因為各經濟體的相對成長會影響全球資本分配、市場與產品策略、生產地點等等。但是,圍繞著各種競爭性成長模型的主流看法與討論,卻讓人難以看出促使經濟長期成長的驅動因素為何。擔心(害怕落後)和嫉妒(嫉妒外

國更快速、更有活力的成長）的衰退主義論述，取代了對成長驅動因素的冷靜分析。

我們不該把補償性成長和成熟型成長混為一談。處於補償性成長狀態的經濟體之所以能高速成長，是因為可以快速採行已被證明有效的技術及商業流程，這種過程通常涉及資本存量的大幅增加。但是當其接近技術前沿、並建立資本存量之後，這種成長模式就無法持續。最終，進一步的經濟成長還是必須仰賴辛苦的創新。這也是沒有任何一個經濟體能避開成長引力的原因。

為何「神奇成長模式」（magic growth model）的敘事如此頑固的存在呢？我們用過去一百年間的三個案例研究來探討這個疑問：蘇聯、日本，以及近年的中國，其中，中國案例具有獨特的特性。中國經濟的快速成長使幾億人脫離貧窮，建立新城市和基礎建設，改變全球經濟的地理中心，這些成果很難不讓人印象深刻。但是快速成長和持續成長是兩回事，總成長和人均成長也是兩碼事。用來推升領先經濟體成長（人均成長）的策略與推升貧窮國家的策略不同，甚至也與推升中等收入國家不同。

這不表示高所得經濟體名單將一直不變[2]，也不代表領先經濟體永遠不必擔心競爭，而是證明：所謂的神奇成長模式其實一點也不神奇。

為何無法避開成長引力?

回顧第五章用來解釋美國經濟成長趨勢放緩的分析基礎:勞動力、資本以及生產力,這三個要素全都受限於成長引力,儘管我們也指出,每一個要素都有潛力重新加速,使得經濟成長趨勢時而提高。現在,我們想論證一點:各國都有成長引力,成長引力不是美國特有的障礙。實證上,日本、南韓和中

圖6-1

中、日、韓三國的成長引力

經濟體變富裕,成長驅動因素影響力減弱

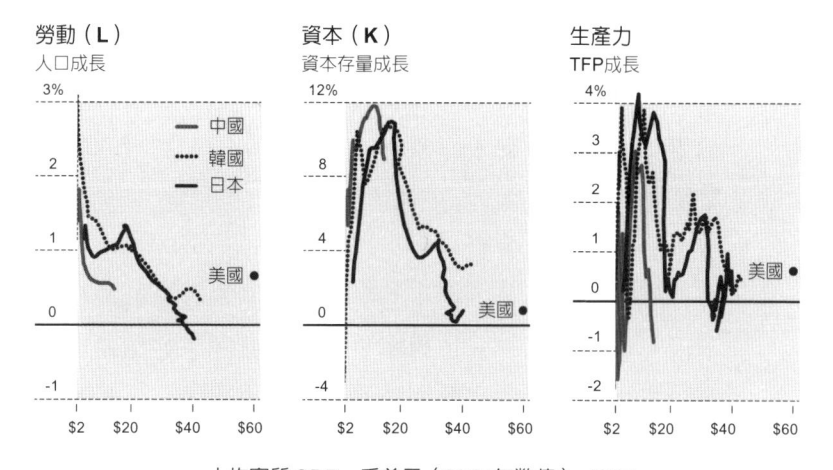

勞動(L) 人口成長

資本(K) 資本存量成長

生產力 TFP成長

中國／韓國／日本／美國

人均實質GDP,千美元(2017年幣值),PPP

- 註:TFP =總要素生產力(total factor productivity);PPP =購買力平價(purchasing power parity);資本存量資料是人均資本存量;線圖是每一個有序數對的六年期移動平均;為消除雜訊,X軸截去人均實質GDP 2000美元以下數據;美國的資料點為截至2019年的六年期移動平均值。
- 資料來源:Penn World Table 10.01;波士頓顧問公司總體經濟學研究中心分析。

國的經驗中都能看到這一點（參見圖6-1。不過沒有足夠資料可以在圖表中展示蘇聯的情形，因此我們在圖表中展示南韓的情形，以擴大實證證據）。從圖表中人均GDP向右移動可以看出，這些國家全都成功實現補償性成長，讓經濟逐步向領先經濟體靠近。但是伴隨著所得成長，我們可以看到勞動力、資本以及生產力的成長都變得更困難。

這不是巧合，而是預期中的模式。讓我們進一步討論上一章談到的三個驅動因素，解釋為何成長引力是一個可以廣泛應用的架構：

- **勞動供給成長**：當社會變得更富裕時，勞動供給成長就會減緩，這是因為出生率下滑，導致人口成長減緩。[3] 再加上，一個人從出生到可以加入勞動市場，通常得歷經二十年，因此勞動人口減少。[4] 圖6-1中的左圖可以明顯看出下滑趨勢。
- **資本形成**：當社會變得更富裕時，資本形成的速度會放緩，因為較大的資本存量基礎會導致資本存量的成長率下滑。原因是第一，折舊率更高，因此國家必須做出更多投資才能使資本存量維持原本的水準。第二，最吸引人的投資機會已經被開發利用了。從圖6-1中間的圖可以明顯看出這個下滑模式。
- **生產力成長**：隨著社會變得富裕，生產成長也會減緩，因為最容易提升生產力的方式（低垂的果實），已經被收割了。採用公認的最佳做法可以大幅提升生產

力，但是久而久之，這種機會愈來愈少，接下來的生產力提升將必須靠發現，而非靠模仿，這是一個更困難而且緩慢的過程。因此，儘管生產力成長的下滑趨勢並非無法逆轉，但圖6-1中的右圖仍清楚顯示下滑趨勢。話雖如此，第五章檢視美國的發展潛力時已經指出，生產力成長扮演一個特別的角色：生產力是最可靠的經濟成長驅動因素，而且會直接轉化為人均成長。領先經濟體的表現將主要取決於創新、明智投資，以及用不斷提升的效率把投入要素轉化為產出的能力。

總而言之，補償性成長（圖6-1中沿著三個X軸的移動）通常表現亮眼。新城市建立、人口遷移至新城市並接受教育，讓學習曲線迅速提升。簡而言之，這代表經濟體脫離貧窮，有時候這種脫貧速度非常驚人。

看到這種成長速度，人們很容易相信是因為發現了新事物：一種更好的成長模型正在施展魔法。但是仔細檢視每一個成長驅動因素就能清楚看出，在經濟達到領先經濟體的水準之前，成長引力就已經開始發揮影響力。任何成長模型都必須面臨這些挑戰。沒有神奇的成長解方，領先經濟體的經濟想要成長非常困難，增長放緩的情形將隨之而來。

神奇成長模式的四個階段

儘管證據讓我們相信成長引力適用於所有的經濟體，但

神奇成長模式仍然是個歷久不衰的觀點。回顧過去一百年，我們可以總結出三種關於另類成長模式的長期觀點，這三種觀點都曾經在美國輿論中引發恐懼與羨慕。為何這樣的敘事如此普遍？我們可以從尋找其中的規律開始來回答這個問題。我們的三個案例：蘇聯、日本、中國，全都依循四個典型的發展階段。

階段一：信心危機。美國經濟遭遇阻礙，陷入困頓，或受到重大衝擊，導致對現行經濟成長模式出現信心危機。

階段二：出現挑戰。補償性成長經濟體似乎持續表現優異，人均GDP快速成長。

階段三：恐懼與羨慕心理滋長。害怕被超越和羨慕更快速成長的市場這兩種心理結合起來，促使無視成長引力的長期敘事出現。一些由上而下規劃、由政府主導的元素被拿來當做證據，暗示新模型有效，正在歷經成長衰退的模型已經行不通了。對成長率的線性外推更強化這類信念，相信較好的模型與制度能支撐更快速的成長。

階段四：成長引力發威。隨著時間推移，另類模型失去光彩，曾經優異的成長表現（不論是不是由系統差異造成的），最終都會屈服於成長引力。

這四個階段通常發生在補償性經濟體尚未接近領先國家（以人均GDP衡量）時，但領先國家已經對補償性經濟體的優異表現感到震驚。這種現象看似令人驚訝，其實不足為奇。首先，快速成長中的經濟體擁有新資源可以投入到新事業，而富裕的領先經濟體在資源分配上可能會面對更困難的選擇。第二，遠在其人均所得趕上領先國家之前，快速成長中的國家可

能在特定領域取得成功,產生實質的競爭威脅。

我們來看看三個案例研究。

蘇聯:我們要埋葬你們

如前所述,我們用來分析日本及中國的總體經濟統計資料,在蘇聯的案例上卻難以取得。不過,就算從「質」的角度來看,也很容易看出蘇聯「神奇成長」的真實故事。1965年,蘇聯共產黨中央委員會第一書記尼基塔·赫魯雪夫(Nikita Khrushchev)對西方外交官說了一句震驚世界的話:「我們要埋葬你們。」[5]他的意思是,蘇聯制度將勝過西方制度,因為資本主義注定失敗。對現代人來說這樣的想法聽起來荒謬可笑,但在二十世紀的幾十年間,西方人似乎不這麼認為。

早在赫魯雪夫大放厥辭之前,1930年代的經濟崩潰已經讓富有的資本主義社會動搖,大蕭條的經驗刺激出人們對社會主義計畫經濟的恐懼與羨慕心理:害怕舊秩序會被推翻,羨慕在蕭條時期,另一種經濟體制似乎能維持高就業率。當時專門揭發醜聞的新聞工作者林肯·史蒂芬斯(Lincoln Steffens)在談到蘇聯時曾說:「我已看見未來,可行的未來。」[6]這反映出當時許多人的羨慕心態和近乎所有人的恐懼心理。

縱使西方國家之後擺脫大蕭條,但對蘇聯經濟成長的恐懼與羨慕心理仍然持續。雖然美國的所得明顯較高,但很多人認為蘇聯很快就會迎頭趕上。軍事上,所謂的「飛彈軍力差距」(missile gap)凸顯人們對蘇聯軍事優勢的政治恐懼;在創新與技

術領域,史普尼克(Sputnik)衛星也有相同的效應;甚至在經濟繁榮方面,競爭似乎也離塵埃落定還遠得很。1959年,「埋葬你們」言論發表的三年後,赫魯雪夫和時任美國副總統尼克森在莫斯科舉行的美國國家展覽會上來了一場後來被稱為「廚房辯論」(Kitchen Debate)的知名談話。辯論發生在一座美式樣品屋中的廚房裡,赫魯雪夫鄙視現場展示的新式家電和小裝置是無足輕重的小兒科,不是繁榮的象徵,並宣稱蘇聯很快就能趕上、進而超越西方國家。

當然,赫魯雪夫宣稱的這一切並未發生。蘇聯經濟的內部衰敗有許多驅動因素,而且已經被廣為研究[7]。蘇聯當時強勁的資本累積速度似乎在1960年代和1970年代初期帶動了接近3.5%的人均成長率(俄羅斯的人均成長率更強勁,接近5%),但很快就屈服於成長引力[8]。根據估計,1970年代末期和1980年代蘇聯的經濟成長率低於1%[9]。早在經濟達到高所得水準之前,成長引力就開始發威。

日本:同儕之首

1970年代,美國及其他富裕經濟體遭遇新的信心危機,全球通膨、能源衝擊、幣值波動以及高利率帶來一段停滯性通膨時期(高失業率與高通膨並存)。接著,1980年代初期,美國陷入深度衰退,終結高通膨時代,卻也開啟財政赤字時期(包括外債和財政赤字)。

在此同時,日本經濟快速成長,日幣升值、貿易成長。日

本在全球舞台上日益高漲的信心，展現於日本企業在海外一連串著名的資產收購行動，例如買下紐約市的洛克菲勒中心（Rockefeller Center）。一種新版本的成長敘事出現，認為日本已經找到效率模型，將讓它躋身全球領導者之列。這種情勢帶來恐懼。1989年10月時，更多美國人認為日本的威脅性比蘇聯更高。[10]

1989年，石原慎太郎（Shintaro Ishihara）與索尼（Sony）的共同創辦人暨該公司當時的會長盛田昭夫（Akio Morita）合著的《日本可以說「不」：何以日本將成為同儕之首》（*The Japan That Can Say No: Why Japan Will Be First Among Equals*），凸顯了當時這樣的情勢以及許多人的觀點。[11]該書的論點是：日本即將成為全球領導者，成為「同儕之首」，日本應該能夠、也已經可以對美國的主導地位說「不」。石原慎太郎認為，「日本與美國產業及企業的差異不僅僅是生產、配送及服務方面的效率之差，還與東方模式以及價值觀有關。日本既是資本主義世界的一部分，也是亞洲的一部分。」[12]換言之，兩位作者認為文化特性是優越成長模式的基礎。他們預測一個由日本及美國領導的世界，並否定當時的普遍看法：世界將由美國、日本、歐洲、蘇聯及中國這五雄支配。

不是只有日本民族主義者認為全球經濟秩序即將重新洗牌，2008年諾貝爾經濟學獎得主保羅・克魯曼（Paul Krugman）在1990年出版的著作中寫道：「從各方面來衡量，未來十年，美國的經濟力將掉落到世界老三。」[13]

但之後，日本經濟泡沫破滅，成長陷入停滯，成長引力開

始抑制日本發展。如圖6-2所示,勞動力對經濟成長的貢獻開始轉為負值,資本的貢獻度已穩定下滑很長一段時期。隨著生產力成長消失,所謂亞洲效率的神奇力量也隨之消散。正當日本即將與美國並駕齊驅之際,日本的前進步伐卻開始反轉。雖然日本仍然是個富裕國家,但它擁有可供效法的成長模型的神祕傳說已永久消失。

成長引力如何對日本發威

圖 6-2

日本GDP成長分析
五年期移動平均

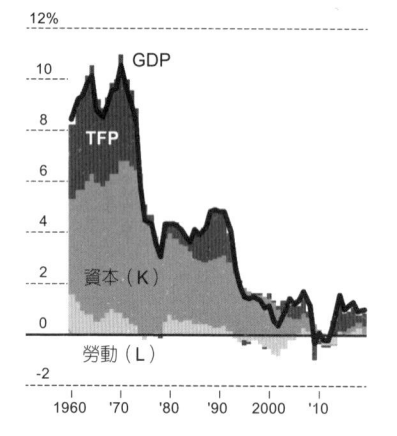

（圖表：顯示1960年至2010年代日本GDP、TFP、資本(K)、勞動(L)的變化，GDP與TFP從1960年代約10%下降至近年約0-2%）

- 註:TFP = 總要素生產力(total factor productivity);總實質 GDP 統計至 2019 年止。
- 資料來源:Penn World Table 10.01;波士頓顧問公司總體經濟學研究中心分析。

日本的總GDP及人均GDP
美國等值比

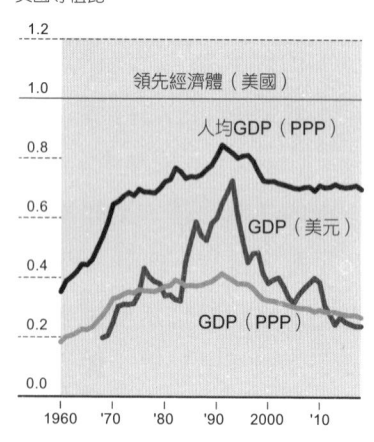

（圖表：顯示1960年至2010年代日本相對於美國(領先經濟體)的人均GDP(PPP)、GDP(美元)、GDP(PPP)的比值變化）

- 註:PPP = 購買力平價(purchasing power parity);以 2011 年美元幣值計算;資料統計至 2018 年止。
- 資料來源:Maddison Projec、OECD;波士頓顧問公司總體經濟學研究中心分析。

中國：不只是「小康社會」？

自2000年代初期開始，中國崛起成為持續高成長的新代表。這種看法一直持續，直到最近才因為新冠疫情後不穩定的復甦而受到衝擊。

中國確實具有獨特性，這讓中國的經濟成長經驗顯得特別亮眼。中國想建設「全面小康社會」的抱負看起來已經實現，甚至它還低估了自己的成長軌跡和潛力。[14]但縱使是對中國前景最樂觀的觀點，也不能忽視成長引力，中國的領導層清楚了解、也闡明這一點。

雖然與其他東亞經濟體（所謂的「亞洲四小龍」）的經濟成長經驗相似，但中國的經濟規模與持續的高水準成長使其表現相當突出。為了保持經濟成長，中國一再巧妙的調整成長模型。2008年之前，西方經濟體景氣蓬勃，中國採取出口導向、控管貨幣、資本密集型發展模型；但當西方經濟體在2008年陷入困境之後，西方國家的經濟成長看起來風險太高、太脆弱、太舉債導向時，中國成功的轉為更大規模內部投資主導的成長模型，快速推動基礎建設，建立資本存量，這使得中國經濟在富有國家經濟嚴重緊縮的狀況下，仍然可以持續前進。近年，中國做出第三次轉型，改以消費為主導的發展模式前進，目標是在維持較快成長速度的同時尋求經濟的再平衡。

然而，自全球金融危機之後採行刺激措施以來，中國的經濟成長已經減緩，成長引力開始發威。來看看中國的供給面驅動因素（參見圖6-3）：由於人口成長減緩，勞動力的貢獻度長

期下滑，人口成長高峰已過，這將形成一股逆風，不利於中國未來的經濟成長。高額的總投資，讓資本成長仍然是經濟的主要驅動力；但是與所有成熟經濟體一樣，隨著資本存量增加，大規模有效的資本分配變得更加困難。生產力成長的各項指標也開始趨緩。

中國共產黨充分理解經濟減速的狀況。中共第二十次全國代表大會新聞發言人孫業禮在2022年10月表示：「中國經濟已進入新常態，由高速成長轉向高品質發展。」[15] 上文提到中國經

成長引力開始對中國發威

圖6-3

中國GDP成長分析
五年期移動平均

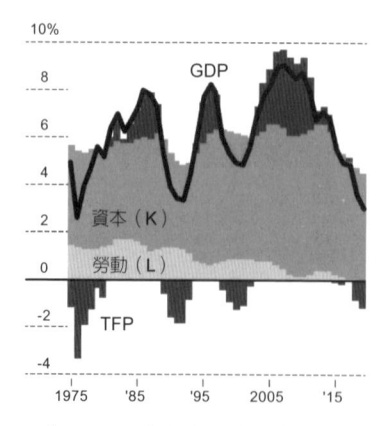

中國的總GDP及人均GDP
美國等值比

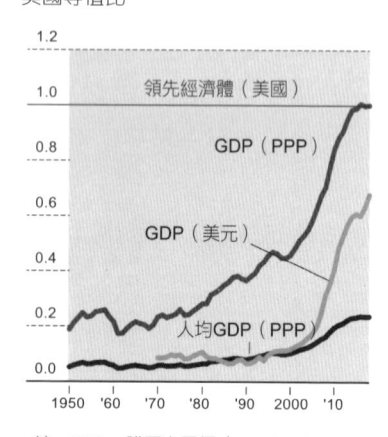

- 註：TFP＝總要素生產力（total factor productivity）；總實質GDP統計至2019年止。
- 資料來源：Penn World Table 10.01；波士頓顧問公司總體經濟學研究中心分析。

- 註：PPP＝購買力平價（purchasing power parity）；以2011年美元幣值計算；統計至2018年止。
- 資料來源：Maddison Project；OECD；波士頓顧問公司總體經濟學研究中心分析。

濟轉向以消費為主導,是試圖擺脫對資本及債務高度依賴的一種嘗試,但這種策略會削弱由上而下的管理機會,如果經濟成長變得過於緩慢而令人不安,中國領導人仍會傾向使用投資槓桿。[16]

中國非凡的經濟成長值得讚揚,數十年的持續高成長,讓幾億人脫離赤貧,創造一個新的全球經濟成長源頭,這是了不起的成就。中國的方法創造出一個經濟強權,其總體規模如果以購買力平價計算與美國經濟相當,以美元計值則約為美國GDP的65%,按照購買力平價計算的人均GDP則約當美國的25%(參見圖6-3中的右圖)。但是,很顯然的,中國的非凡發展側重資本存量成長。如今資本存量已經大幅累積,未來將難以依賴資本存量驅動經濟成長。這凸顯了中國生產力成長薄弱的問題,因為未來,中國經濟將更加仰賴生產力成長這項要素(參見圖6-3中的左圖)。

儘管中國的總體經濟規模龐大,但人均GDP依舊不高,表示與領先國家相比,中國仍然有巨大的補償性成長機會,為此,將需要比以往更強勁的生產力成長。基於中國的規模以及將影響力導向投資的意願,再加上中國經濟在某些特定領域已經躋身世界領導地位,中國或許能夠藉由採行最佳做法,或透過創新來制定最佳實務標準,以提高生產力成長。這相當具有挑戰性,但並非不可能。

中國經驗曾經是一個不受質疑的長期高成長故事,但成長引力已經在中國發威。依靠要素累積來驅動經濟的補償性成長正在消退,未來將進入更艱難、成長更慢、風險更大的新階

段。成長要素分析早已揭示這現實，如今，這現實正開始被廣泛接受。

切記，成熟經濟體更難成長

我們在第五章向讀者闡釋，應該對失敗主義和驕傲自負的成長敘事進行壓力測試，我們也提供這麼做的工具。這一章，我們提出這樣的觀點：將成熟經濟體與補償性成長經濟體相比會產生錯覺。

- **沒有神奇成長模式。**企業主管在補償性成長經濟體的成長中追求機會是合理的，但他們應該評估供給面成長要素（勞動、資本、生產力），避免做出過度推測。關於經濟成長的論述經常高估供給面驅動因素的潛力。對於任何聲稱有更佳成長模型的說法，我們都應該抱持懷疑態度。不要忘了，即使成長放緩的時間點不確定，但沒有任何一個經濟體能避開成長引力。
- **成長模式很難改變。**新興經濟體不應被成功矇蔽，進軍快速成長市場的企業也應該評估市場的高速成長是否能持續。推動新興經濟體取得現在成就的發展模式必須再進化。挑戰在於判斷快速累積生產要素（尤其是資本）能維持多久的高成長，同時避免因為依賴過多債務導致的經濟失衡與資產低回報。能夠並願意調整成長模式是成敗的關鍵，但過程充滿風險。

- **保持信心**。對領先國家來說,這代表別害怕處於補償性成長的經濟體。富裕國家應該聚焦在自己面臨的諸多挑戰,而不是去羨慕在成熟經濟體當中難以實現的成長模式。與其說領先經濟體成長趨緩代表失敗,不如說這是成功的標誌。

對成熟經濟體來說,獲得更高品質成長的關鍵主要在於生產力的提升,而不是勞動力或資本的增加。這是接下來兩章要探討的主題。

第七章

科技成長

　　科技進步是推動經濟成長的重要引擎，但我們可以從圖表7-1得知，兩者之間的關係並不簡單。[1] 過去五十年，縱使科技投資（尤其是軟體等無形資產）穩定成長，美國的生產力成長仍明顯放緩。令人沮喪的是，從科技的驚人進步來推測經濟會強勁成長過去行不通，未來也不會奏效。

　　在人工智慧把我們推向新科技時代的開端之際，這種科技與生產力成長脫節的情形更加引人關切。幾個重要的問題浮現：科技何時能推升成長，何時不行？面對新一代科技，我們應該預期更高的趨勢成長嗎，抑或成長悖論（growth parad-ox）* 仍然會繼續？生產力放緩，代表科技投資無用嗎？

　　多元計程車的故事，直觀反映出我們在本章提出的許多論

---

* 譯注：本書所謂的成長悖論，指的是生產力成長悖論，一般簡稱為生產力悖論（productivity paradox）。

點。優步（Uber）、Lyft以及其他類似服務供應商的興起，是科技與成長悖論的一個好例子。多元計程車時髦的行動應用程式提供更好的使用者體驗，在許多人看來，這些公司代表驅動我們前進的力量，無論是字面上的意思，還是一種比喻。但是，這些創新其實並沒有改變生產力，也就是投入要素與產出的比率。資本和勞動力這兩項投入要素（車子和司機）沒有改變，雖然司機與乘客之間的媒合變得更好，[2] 但是由於服務價格通常

圖 7-1

成長悖論

科技投資激增，生產力成長依然不振

生產力成長與軟體投資

生產力成長為二十年期移動平均；每年軟體投資占GDP的比重

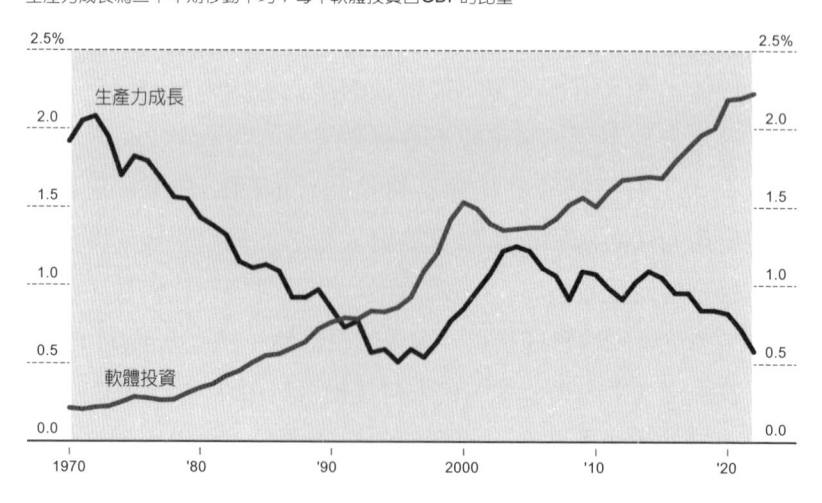

- 註：此處以軟體投資為例。生產力成長＝利用率－調整後的總要素生產力（每年成長率）；資料統計至 2022 年止。
- 資料來源：BEA、FBR of San Francisco；波士頓顧問公司總體經濟學研究中心分析。

更高,因此幾乎沒有證據顯示實際的生產力發生了變化。[3]

我們不該對此感到驚訝。如同我們在本章所闡釋的,真正推動生產力大幅提升的,不是因為產品創新,而是因為勞動成本大幅減少,進而壓低價格,提高消費者的實質所得,促使消費者在其他領域增加消費。(如同我們將在下一章闡釋的,這個過程也會帶動新的就業。)在真正取代計程車司機之前,優步和其他類似的服務供應商提供的是令人眼睛一亮的產品創新,許多人願意為此付錢,但這不是有意義的生產力成長。

對企業領導階層而言,我們在本章分析的技術—成本—價格動態是一項艱巨的策略性挑戰。雖然生產力成長絕對有利於消費者(因為生產力提升促使價格下跌,讓消費者的實質所得提高)與總體經濟(更強勁的成長),卻可能為企業和整體產業帶來威脅。企業別無選擇,只能投入技術驅動的成本競爭,在這種競爭當中,只有相對優勢能帶來好處。市場結構不斷改變,當具有影響力的技術普及時,整個產業可能因為競爭而變得無利可圖。當我們從產品創新帶來的新穎驚奇來看待科技時,科技總是令人目眩神迷;但當我們從總體經濟的成本角度來看待科技時,我們看到的是科技對企業而言是福、也是禍。

為何科技無法推升成長?

什麼原因造成圖7-1中呈現的科技與成長悖論?美國的總體生產力成長下滑,其實反映的是經濟體內部結構性變化的故事。過去七十年,消費漸漸從生產力成長相對較高的商品生

產,轉向生產力成長相對較低的服務業。圖 7-2 呈現出這種轉變:自 1950 年以來,商品在總消費中的占比減少了 20 個百分點,同時,許多商品相關產業經歷了強勁的生產力成長。與此同時,服務業在總消費中的占比增加 20 個百分點,但主要增加在生產力成長較低的服務行業,例如醫療、教育、運輸。

　　換句話說,整體而言,科技並非無法推升生產力成長,只不過科技在商品經濟領域成功提升生產力,但在服務經濟的表現卻令人失望。由於服務業的經濟占比持續提高,因此總體生

服務業主導經濟,卻拖累總生產力

圖 7-2

服務與商品的總消費占比

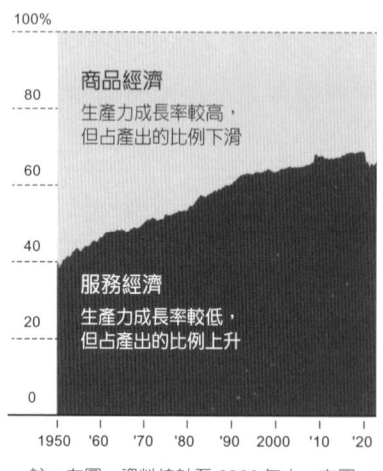

商品經濟
生產力成長率較高,
但占產出的比例下滑

服務經濟
生產力成長率較低,
但占產出的比例上升

年均生產力成長率
1950-2021年

商品項目	2.1%
農業	3.8
製造業(耐久財)	3.5
批發貿易	3.2
製造業(非耐久財)	2.6
零售貿易	1.2
建築	-0.1

服務項目	1.3%
資訊	4.4
專業服務	1.6
金融	1.4
休閒/餐旅	0.0
教育與保健	-0.1
其他服務	-0.9

● 註:左圖:資料統計至 2022 年止;右圖:由於產業生產力的資料有限,因此使用平均每工作者的附加價值毛額成長率來衡量生產力成長率。
● 資料來源:BEA、BLS;波士頓顧問公司總體經濟學研究中心分析。

產力成長趨於疲軟。曾經有一些時期,例如1990年代末期,生產力的成長高到足以彌補服務業占比提升帶來的扯後腿作用,但這些時期是例外,不是常態。[4] 長期趨勢是服務業的經濟占比持續上升,生產力成長卻持續下滑。

這些總體經濟觀察需要解釋。如果我們想解釋為何生產力成長出現明顯變化,就必須關注勞動成本下滑,也就是大量勞動力被取代的情形。回顧過去幾十年的技術發展,很顯然的,技術確實能取代商品實體生產裡的機械及線性活動(例如組裝線上的機器人),但無法取代服務經濟領域的工作者(例如教師、電話客服中心員工、護士、司機等等)。這些是左右生產力成長的總體經濟線索,我們必須更詳細檢視科技、勞動成本與生產力成長之間的關係。

殘酷的成本世界

把生產力成長歸因於大幅度的成本節省,這種概念並非總是受到歡迎。但我們認為,科技與成長之間的悖論現象之所以常被誤解,是因為眩目的技術應用總是搶盡風頭:人們過度傾向透過產品創新這個角度來看科技的影響力,心想:我們周遭有那麼多看得見的創新,經濟成長怎麼可能如此緩慢?技術專家常對低迷成長率的證據置之不理,反而認為生產力的統計數據沒有正確的考量與計算科技對總體經濟的影響(下文會繼續討論這種看法)。

長期以來我們一直認為生產力的變化與殘酷的成本世界有

關，與炫目的科技應用無關。[5]我們還認為，光有節省成本的新技術，不足以驅動生產力成長，只有當企業被推動或被迫擁抱技術以降低成本時，生產率才會提升。所以，強勁的生產力成長與勞動力市場緊縮同時出現並非巧合，當雇用人員成本高昂時，以資本取代人力才會變得更有吸引力。近年來，這種以成本為導向的技術觀點被視為是逆向思維，但隨著生成式AI（generative AI）在服務經濟中漸趨成熟，成為節省勞動力的可靠技術，這樣的觀點才重新獲得關注。

從以往的生產力變化可以看出勞動成本的作用。在圖7-3中，我們用製造業歷史來展示勞動投入（成本）下降與生產力成長之間的關係。如圖7-3上圖所示，過去七十年間，製造業生產10億美元的產出所需要的勞工數量不斷減少，勞力密集度大幅下滑。圖7-3下圖顯示勞動人數（投入要素）成本與附加價值（產出）的變化情形。

當然，技術取代勞動力不一定代表勞工人數減少。仔細檢視不同年代，可以看出生產力成長有許多方式。1970年以前，總產出增加，勞工人數也增加，這是一種「以多換多」的生產力成長模式，因為產出成長速度比勞工人數的成長快。1970年至2000年間，總產出增加，勞工人數大致維持相同（或略有下滑趨勢），這是「以平換多」的成長模式。約2000年之後，製造業勞工數明顯下滑，帶動平均每位勞工產出水準大幅提升，這是「以少換多」的成長模式。最後一種形式的變化比較複雜，因為這種成長模式與低生產力工作外包至海外的情況同時發生。不過，由於這段期間的實質國內製造業產出持續成長，

製造業勞力密集度不斷下滑

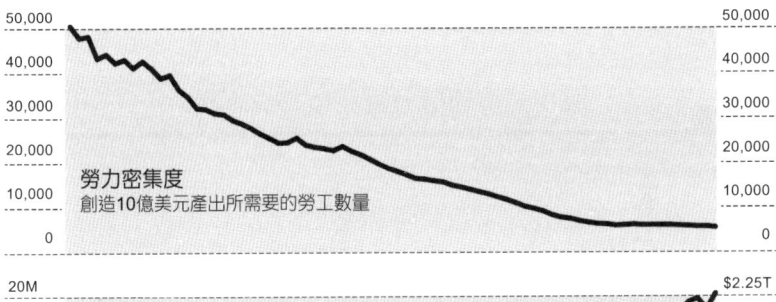

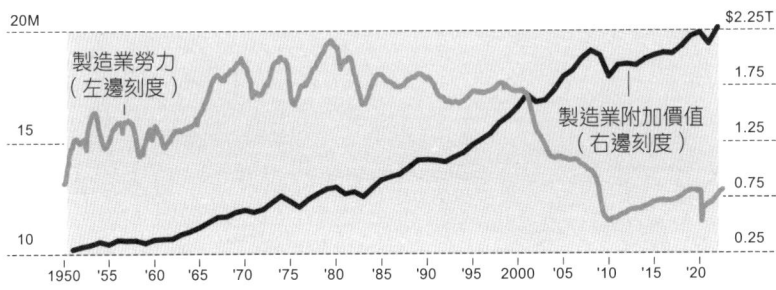

圖 7-3

製造業勞力密集度，產出與投入

勞力密集度
創造10億美元產出所需要的勞工數量

製造業勞力
（左邊刻度）

製造業附加價值
（右邊刻度）

- 註：以2012年美元計算的實質總增加值；勞工數量每月資料統計至2022年8月止；製造業附加價值和勞力密集度年度資料統計至2021年止。
- 資料來源：BEA、BLS，波士頓顧問公司總體經濟學研究中心分析。

外包並未改變勞力密集度整體下滑的趨勢。因此可以合理的結論，大規模替代勞動力的投入，是形塑商品生產領域生產力變化的重要關鍵。

可惜的是，大多數服務業並未經歷類似的生產力提升變化。圖7-4比較各產業為創造10億美元的實質產出所需的勞工數量。不同於製造業，服務業整體勞工總數需求下降的幅度不大，在部分行業中，需求勞工數甚至持平或上升（參見圖7-4中

的左圖）。雖然並非所有服務業的表現都令人失望（例如資訊業就呈現下滑趨勢），但教育和醫療產業由於規模龐大，表現特別令人失望，對整體表現的影響也更加明顯。

圖 7-4　服務經濟的勞力密集度不見下滑

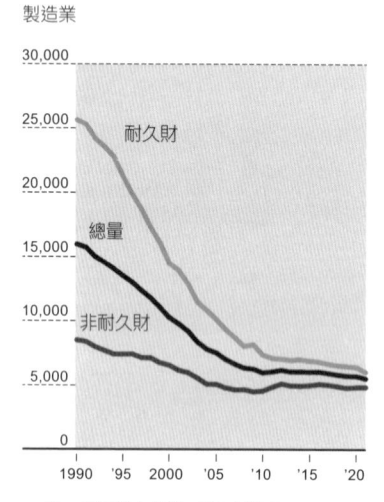

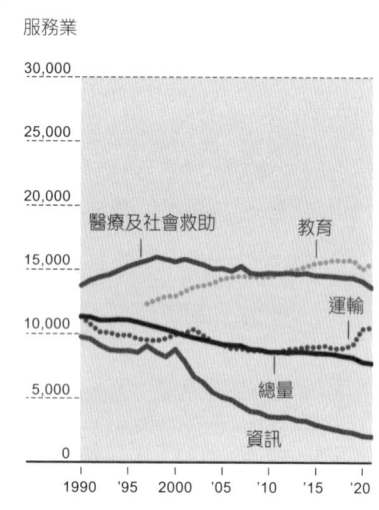

創造 10 億美元附加價值毛額所需的勞工數量

製造業

- 耐久財
- 總量
- 非耐久財

服務業

- 醫療及社會救助
- 教育
- 運輸
- 總量
- 資訊

- 註：實質附加價值毛額（使用 2012 年美元幣值）；統計至 2021 年止。
- 資料來源：BEA、BLS，波士頓顧問公司總體經濟學研究中心分析。

生產力成長的真相

有些人可能會對我們使用的生產力定義（是的，每位勞工的附加價值毛額是衡量生產力的一種間接指標，但堪稱是一個好指標），或是對外包的實際影響性（這難以充分分辨）產生

質疑。但如果我們需要對生產力成長或缺乏成長的變化提出更多證據，我們可以檢視價格，這是一個強而有力的交叉驗證方式。[6]

為什麼？當一項商品（或服務）歷經明顯的生產力成長時，每單位成本會大幅下滑，這通常會拉低商品售價，因為企業能夠以比較低的價格來爭奪市占率[7]，我們稱此為技術—成本—價格連鎖效應（tech-cost-price cascade）。雖然價格下跌不是生產力提升的必要條件，但卻是生產力成長的證據，這點難以反駁。

讓我們檢視消費者價格的變化來驗證這一點。圖 7-5 顯示，更高的生產力和全球貿易驅動製造業產品價格下滑[8]。與此相反，服務業價格穩定上升，特別是生產力成長最薄弱的領域，例如教育業和醫療業[9]；但在生產力成長的服務業領域（例如資訊業），價格卻呈現下滑趨勢。

同樣，一些熱情的技術專家大概又會提出異議，認為服務業中的生產力提升並沒有被正確衡量，如果正確衡量的話，服務業的生產力成長會顯得相當強勁。該如何看待這樣的說法呢？生產力統計數字真的低估了那些酷炫的科技應用嗎？

不可否認，「誤測」的爭議確實存在，而且非常複雜。有人認為，服務業的生產力遠比表面上看起來高，因為統計數字無法完整反映產品與服務在品質上的變化所帶來的價值，如果能正確反映價值，物價指數會更低、實質產出會更高，生產力悖論就不會存在。為什麼？首先來看一個容易計算的例子：如果運算力增加一倍，價格維持不變，就等於運算力的價格降低

第七章 科技成長

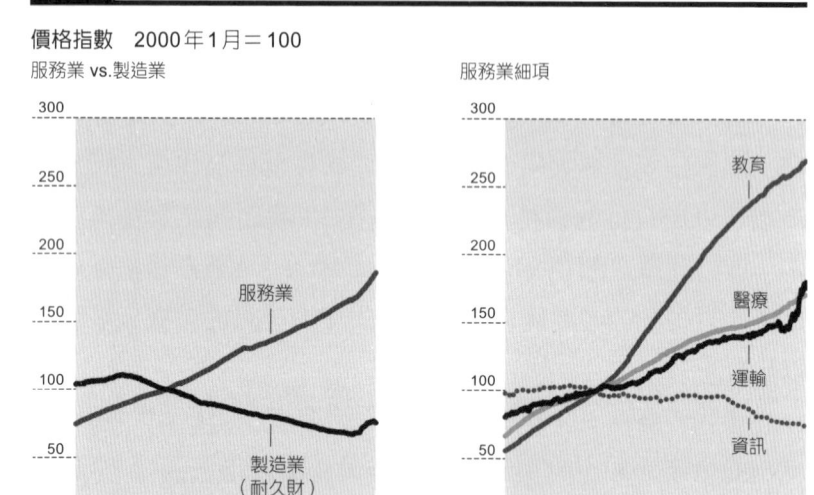

價格下跌是生產力成長的有力證據
圖 7-5

價格指數　2000年1月＝100

服務業 vs.製造業

服務業細項（教育、醫療、運輸、資訊）

- 註：消費者價格來自個人消費支出物價指數資料；統計至 2022 年止；資訊業價格是通訊類的個人消費支出價格指數。
- 資料來源：BEA、BLS，波士頓顧問公司總體經濟學研究中心分析。

一半；換言之，如果你在運算方面的名目支出維持相同，你現在就能買到兩倍的產出。在這個例子當中，對產出性質變化的計算（即國家統計機構所做的「品質效益調整」〔hedonic adjustements〕），以及生產力成長的計算其實相對簡單。但是在其他方面，尤其是服務業，從醫生約診的數位化到透過行動應用程式來訂餐，或是個人化串流音樂的消費，要了解實質產出的真實變化非常困難。

不過，這種敘事沒有搞對重點。沒錯，用來計算實質產出

水準（以及生產力成長率）的物價平減指數確實不夠精確，絕大多數的總體經濟變數都不精準，但真正重要的問題是，這種「誤測」是否大到足以改變整體敘事的方向？我們認為不可能。

來看看技術專家經常犯的兩個錯誤，以及一個交叉驗證。第一個錯誤是鬧鐘謬誤。確實，一支iPhone的成本確實可能低於它能取代的元件（鬧鐘、相機、計算機等等）的總成本，因此人們會認為iPhone能為我們省錢。但是，把一次性成本等同於重複成本是粗糙的經濟會計：iPhone的汰換週期遠比傳統鬧鐘的使用壽命還要短。如果售價800美元的iPhone，有2%的價值是鬧鐘，那就等於你每次購買一支新的iPhone時，都花16美元購買鬧鐘功能。但你多久才會汰換一個10美元的鬧鐘？

第二個錯誤是品質效益調整陷阱。商品及服務的品質調整確實必要，因為這會影響通膨、實質產出及生產力的計算，但是當產品發生根本性變化時，該如何調整？一些技術專家想要將**生活品質**的提升納入計算（例如，透過應用程式叫優步比在街上攔一輛計程車更舒適愉快），而不僅僅只是從**所得**變化來調整指標，但是這超出總體經濟和生產力測量的範圍。小兒麻痺疫苗無疑改善了人們的生活品質，但是，如果將小兒麻痺疫苗視為國民會計帳中一個不連續現象，或是生產力成長的躍進，這樣的論點就相當奇特了（也沒有人提出這樣的論點）。重點在於所得是否發生變化，而不是生活品質是否改變。[10]

最後，我們來看一個簡單的計算。假設生產力成長的誤測是一個重大且影響深遠的問題，有人甚至認為誤差可能高達1.4%。[11]如果這發生在2010年代，那麼實質年均GDP成長率

就不是2.3%,而是3.7%,同樣的,年均通膨率也不是偏低的1.7%,而是接近通縮的0.3%。然而,這些數據顯然不可信。誤測是有可能的,但不會大到足以改寫2010年代實質所得成長乏力的事實,也不會大到足以說服我們相信2010年代接近通縮,這與我們所知道的2010年代經濟事實完全相悖。

切記,機會與風險並存

結合本章中的論述,我們可以闡釋一個生產力成長的策略性架構。當科技能夠明顯降低生產成本(尤其是勞動力成本)時,科技就能推升經濟體的生產力成長。當然,產品及消費者體驗的創新將繼續永不止歇的向前發展,但總體經濟的生產力成長將主要取決於服務經濟的勞動力成本。

這代表的是機會還是風險,端看我們從哪一個角度來觀察。我們認為,科技絕對對消費者及總體經濟有利,但對企業而言卻是機會**與**風險並存。

先說科技帶來的「機會」:

- **生產力成長取決於服務業**。服務經濟一直呈現低生產力成長,但服務業占總產出的比重持續提高,這拖累了總生產力成長。如果服務業能仿效實體商品的生產方式,以科技成功取代大量勞動力,那麼服務經濟將可望迎來一波生產力成長。
- **聚焦於技術—成本—價格連鎖效應**。當技術能夠大規模

降低勞動成本時,就會產生連鎖效應:勞動成本降低使得生產成本降低,進而促使產品價格降低,因為企業會試圖用成本優勢來爭奪市占率。生產力的統計數字只是確認已經發生轉變,而成本和價格的下滑趨勢是轉變的重要訊號。這個過程大致上與產品的創新速度無關。

- **消費者是贏家**。技術—成本—價格的連鎖效應將提高消費者的實質所得,科技促成價格下滑最終受益的是消費者。消費者實質所得提高之後,將會消費更多相同或新的產品及服務,同時也將創造新的就業機會(參見下一章)。

- **務實看待趨勢成長**。在歷經多年總體生產力持續低迷之後,服務經濟可望大規模削減勞動力成本,加速美國的經濟成長趨勢,這也對我們在第五章提到的失敗主義論調提出質疑。話雖如此,我們仍然必須務實看待這種成長動能的規模與發生時間。

科技對總體經濟和消費者絕對有利,但對企業和整體產業而言卻充滿風險。在科技對生產力成長帶來的影響方面,企業應該審慎思考期望與策略:

- **成本領先是必要條件**。一旦以成本驅動的生產力變革開始推動時,產業將重新洗牌,技術、成本、價格、獲利及市占率的連鎖效應將會壓迫所有尚未轉型至新生產力曲線的企業。

- **具有相對成本優勢才有意義**。尋找以更少資源創造更多價值的新方法，聽起來像是在競爭激烈的市場中勝出的鐵律，但這一點只有在收益具有相對優勢時才成立。當產業生產力整體提升時，企業可能會陷入價格戰，沒有人能倖免，但企業如果能站在成本學習曲線的前端，就能確保自己處於爭取成功的最佳位置。
- **產品創新仍然是競爭的基本門檻**。儘管我們的分析發現，生產力成長發生於成本端的改善，但企業仍然別無選擇，必須大力投資於產品及使用者體驗。這些投資只是加入競爭的基本門檻。不過隨著企業感受到為了保持競爭優勢而面臨的投資壓力時，企業很可能會放棄能提升生產力的成本領先策略，畢竟這些策略的吸引力不如時髦的科技應用。
- **生產力成長未必等同於獲利成長**。生產力能驅動獲利，但兩者不能劃上等號。如果生產力普遍提升的話，反而可能會使市場競爭加劇，導致大多數、甚至所有企業因競爭犧牲利潤空間，讓情況變得更糟。在零售業，導入IT系統的庫存管理技術使得生產力大幅提升，但真正獲益的公司不多。但所有公司都不能選擇袖手旁觀。
- **匱乏是朋友**。生產力成長通常不會發生在新技術出現時，而是會出現在勞動力供應緊張、企業被迫考慮技術性替代時（參見下一章）。出乎意料的是，想要採用新技術的企業，可能會從資源匱乏的環境以及這種環境帶來的刺激而受益。願意持續進行轉型的企業，最有機會

站在生產力曲線的前沿,保持競爭優勢。

　　長遠來看,生產力成長才是經濟發展的關鍵。生產力成長以技術為基礎,但不是所有技術都能促進生產力成長,優步的例子就是很好的證明。真正能促成生產力成長的技術會降低生產成本,因此在尋求技術革命時,不要只是關注技術華麗的外表,應該聚焦在技術的長期實用性。

第八章

下一波成長加速

　　我們在前幾章論述失敗主義的成長敘事忽視了生產力變化的潛力（第五章），闡釋這種總體經濟成長是因為勞動成本的變化（第七章），也預期新的技術潮流將為服務經濟的勞動成本降低帶來可靠前景（第七章）。

　　但是，生產力成長能為經濟帶來多少成長？多快發生呢？過去二十年，數位科技對經濟成長的影響有限，令人失望，也難怪讀者對科技先鋒口中的樂觀預期抱持懷疑。

　　本章對評估下一波成長動能的時間與規模提供一個指引。雖然我們認為經濟成長會加速，我們也慎防過於樂觀與自負。有人預期人工智慧的應用就像為經濟按下開關，會立刻帶來生產力成長的飛躍進步，在我們看來，這種預期是一種錯誤。

　　經濟成長動能提升的時間點不僅取決於技術是否可用。我們把技術視為燃料，而緊張的勞動力市場是迫使企業採用技術的導火線。技術的實行也必須歷經時日、克服障礙：逐步累

積、漸進式成長，最終帶來顯著影響，而不是突然的大躍進。

在規模方面，我們也要慎防那些太樂觀的預期。在評估及預測時，與其從個案研究的結論往外推，我們更應該回顧以往的變革是如何開展的。我們認為未來十年，經濟成長趨勢提高0.25至0.5個百分點遠比提升1.5個百分點更務實。我們應該記住，在總體經濟學當中，小數字也可能會產生巨大的影響，長期累積下來，就算只成長0.25個百分點也有重要意義。

我們也不接受所謂「技術性失業」（technological unemployment）即將來臨的末日預言，長久以來，這種敘事都不成立，在過去二十年的自動化潮流中沒有得到驗證，我們也不認為這種說法現在能站得住腳。這種流行的看法高度忽略我們在上一章提到的技術造成物價下滑，因為技術能節省成本，進一步驅動價格下跌，提升實質所得，帶動新領域的消費與就業。勞力會被取代，被緊張的勞動力市場再吸收，這個過程可能充滿破壞性與挑戰，但我們不相信工作機會會從世界上消失。

生產力成長的四種障礙

如同我們在上一章看到的，大眾談論科技時，總是聚焦在看得見的科技產品創新。但是這種觀點忽略了節省勞動成本對總體經濟表現的影響，比產品創新對總體經濟表現的影響還大，同樣的，過度聚焦產品創新，也對我們評估生產力提升的時機沒有幫助。

我們認為，節省成本的技術是生產力成長的燃料，而導火

線則取決於總體經濟環境,也就是緊張的勞動市場。[1]技術的採用還有其他驅動因素,但當勞動市場緊張時,企業會先受到刺激,最終才被迫採用技術(新技術與舊技術),設法在勞動力短缺的情況下維持相同或更高水準的產出。當勞動市場供給寬鬆時,企業通常會繼續沿用經過驗證的傳統生產方式,以線性的方式擴大營運規模,而不是追求生產力的提升。但一旦這個選項不可行,企業就會開始加速轉型。

圖8-1提供了實證支持。左圖顯示投資強度(X軸)和生產力成長(Y軸)之間的相關性。從點的分散可以看出,投資強度與生產力成長之間的關連性薄弱。右圖是勞動市場緊俏程度(X軸)與生產力成長(Y軸)的相關性,可以看出勞動力與生產力成長之間有強烈的關聯。當企業被迫改造生產流程或面對轉型時,技術這把燃料加上緊俏的勞動力市場這條導火線,就會讓生產力大幅成長。

我們認為這種發展趨勢是好消息,因為如同本書所述,美國經濟已經處於勞動市場緊俏的年代,我們認為這種狀況會持續下去(參見第十三章和第二十一章),並激發企業改造生產流程。近年來,不論是新冠疫情爆發之後,或是疫情爆發前幾年,隨著勞動市場持續緊縮,我們已經明顯看到企業的改造與轉型。與企業主管們交談時,我們發現企業主管最困難的挑戰之一是,擺脫2010年代寬鬆勞動市場狀況的營運策略,因為如今勞動力市場轉為緊縮,企業的資本支出及企業再造的需求更大。企業正在行動。再加上生成式AI這項更有前景的新技術,不難看出為何2020年代應該能迎來一波成長動能的提升。

第八章 下一波成長加速

圖 8-1 技術是燃料，緊俏的勞動市場是導火線

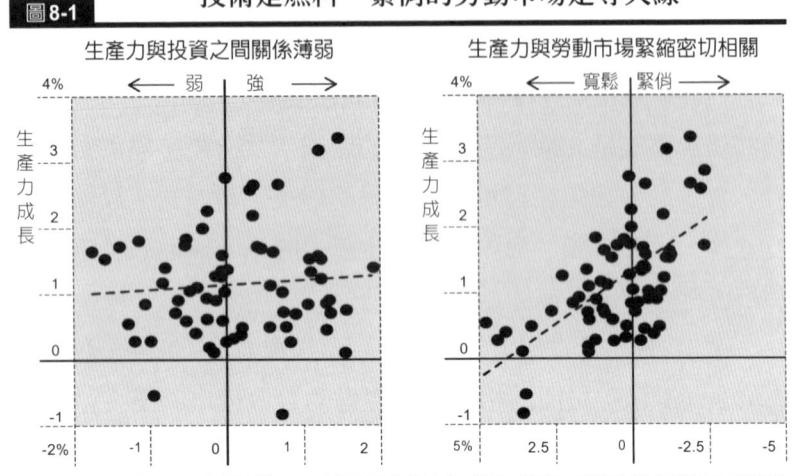

生產力與投資之間關係薄弱

生產力與勞動市場緊縮密切相關

- 註：生產力成長＝五年期平均 TFP（總要素生產力）成長；投資＝非住宅固定投資占 GDP 比重減去五年期平均；經濟週期性緊縮以失業缺口（unemployment gap，失業率減去自然失業率 U*，其倒數顯示於 X 軸上）；資料自 1963 年起。
- 資料來源：CBO、BLS、BEA、World Economic Forum；波士頓顧問公司總體經濟學研究中心分析。

儘管如此，我們不該被生產力成長突然躍進的說法迷惑，而是應該考慮影響生產力成長的四個因素：

技術成熟度。技術是否已經就緒，而且能產生大規模影響？雖然技術性突破似乎常讓人覺得指日可待，但發展時間表卻往往過度樂觀。以無人駕駛技術為例，無人車的發展落後原訂時程多年。2016 年 10 月，伊隆・馬斯克（Elon Musk）公開聲稱特斯拉的自駕能力，但截至 2023 年，這些預測不僅未能實現，還導致聯邦法院的民事與刑事調查。[2] 無人駕駛計程車目前在舊金山及一些城市營運，但真正普及的時間還不明朗。

社會摩擦。新的生產模式是否能被社會接受？有人可能覺

得沒有問題,但其實回顧歷史,從電梯到電力,人們往往會對新事物感到抗拒。[3] 舉例而言,教育領域的科技具有顛覆潛力,尤其是在成人教育方面,但是知名大學的名氣與社會期待卻讓新技術難以打破市場現狀,儘管新科技能帶來差不多的教育品質。隨著時間推移,社會規範與觀念可能大幅改變(想想女性加入勞動力的例子),但很難預測這種轉變會如何展開,而且改變帶來的影響通常必須隨著時間慢慢累積。

法規的摩擦與延遲。通常,新技術需要相對應的法規來推廣。例如無人機的應用範圍涵蓋農業、建築、貨物遞送等等,但如果沒有明確的指導方針及標準,企業就很難有足夠的信心對新技術做出重大投資。[4] 反過來說,如果法規促進了技術的互通性(interoperability),企業擔心投資於錯誤標準的害怕心理消失,投資就可能急速成長。沒有明確的規範,就不太可能會有重大的投資。雖然法規可能是讓技術普及的強大力量,但法規通常遠遠落後於技術,需要企業不斷推動法規前進。此外,雖然發生的可能性較小,但是當輿論反對市場行為時,監理機關可能會快速祭出強烈的法規干預。[5]

技術成本。新技術可能導致高成本,尤其是當企業在不改變舊有系統,而只是在系統上增加數位功能時。例如醫生繼續在診所看診,有相關的固定成本,但醫師如今也在線上為病人看診,就會增加額外的成本負擔(包括整合線上、線下流程的成本)。最糟的情況是,技術不但沒有提高生產力,反而導致生產力下降,即便採用新產品及平台是保持競爭力、並迎合消費者期望及需求的必要措施。即使新技術提高了使用者效率,

但如果無法彌補投資的資金成本，那麼實際上使用新技術是在降低生產力，而非改善生產力。

未來幾年，技術對總體經濟帶來的影響可能是近二、三十年來最有利的狀況，但我們仍然預期這會是一個緩慢、漸進的過程，不是突然的轉折上升。因此，要慎防科技會產生立即影響的樂觀預測。

生產力成長的合理規模

科技專家的樂觀預期不僅影響人們對時間進程的看法，也影響對規模大小的判斷。新冠疫情期間流行的論點是，更高的數位滲透率將轉化為亮眼的生產力成長。這種論點認為，由於我們在Zoom上學習，在遠距醫療服務平台Teladoc上與醫師交談，經濟會在更高的生產力模式下重生。許多人興沖沖的宣稱生產力成長將大幅上升，例如聲稱：「2019年至2024年間的勞動生產力將驚人的提高一個百分點。」[6]

但這樣樂觀的預期並沒有發生。總體經濟根本不是這樣運作的，我們分別在2020年及2021年發表我們的看法，解釋為什麼我們不該誇大疫情對生產力成長的影響。[7]我們了解，人們喜歡研究個別企業如何提升生產力，從研究結果開始推論，再把一切推論都加總起來：這是一種由下而上的方法，很像在一個大型組織中拆解營運流程、找出節省開支的方法一樣。但是這種從個體推測到總體的做法非常危險。當不確定的變化來自無數的細微調整、而且調整的性質差異很大時，影響的規模和

時間就會有很大的不同。技術會在某些地方奏效，某些地方卻可能不管用；有些領域會快速推廣，有些領域進展緩慢，有些領域則是會遭遇阻礙。因此，技術的整體影響將會比由下而上加總法得出的預期還小。

我們不採用由下而上的加總法，我們偏好從總體經濟的角度出發，看看當一種通用技術在勞動力市場持續緊縮的經濟體當中普及時，會發生什麼事。1990年代的資通訊科技（ICT）迅速發展促使美國生產力躍升，就是一個很好的案例。這段歷史帶來了三個重要的啟示，如圖8-2所示，我們可以用三個數字：30、100、10來說明。

1990年代ICT榮景的醞釀時間達30年。以電腦為例，只有在使用者人數達到臨界數量、能夠有效形成網絡之後，才能提升生產力。1990年代，電腦已經稱不上是新東西，但得歷經時日（網際網路是催化劑），電腦的系統性影響才會出現。圖表8-2顯示，1970年代就已經開始對ICT進行龐大投資，但生產力的成長一直是一條直線，直到1990年代中期才開始上升。經濟學家羅伯·梭羅（Robert Solow）在1987年說過一句經常被引用的諷刺名言：「到處都能看到電腦年代的到來，就是在生產力的統計數字裡看不到。」[8]是的，1987年就能看到現在所說的「梭羅悖論」（Solow paradox）*，一直要到十年後，生產力才真的開始大幅激增。

生產力成長提升100個基點。相較於1990年代前後的長

---

* 譯注：又稱為「生產力悖論」，也是本書中所稱的「成長悖論」。

圖 8-2　1990年代的生產力提升概況

30年醞釀，提升100個基點，持續10年

生產力成長
潛在總要素生產力（年變化率）

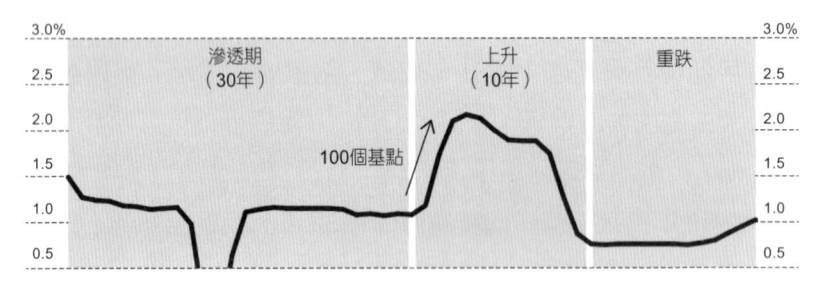

滲透期（30年）｜上升（10年）｜重跌
100個基點

資訊處理設備投資
GDP占比

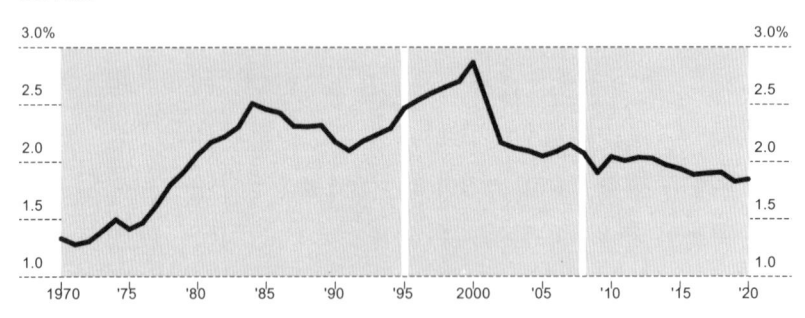

1970　'75　'80　'85　'90　'95　2000　'05　'10　'15　'20

- 註：非農業商業部門的生產力成長率；資料統計至2021年止。
- 資料來源：BEA、CBO、World Economic Forum；波士頓顧問公司總體經濟學研究中心分析。

期趨勢，1990年代生產力成長100個基點，是一個很明顯的轉折。這樣的成長讓人印象深刻，不但改變1990年代的政策辯論，強化高成長經濟將持續的信念，同時也促使貨幣政策當局延遲升息，並導致股市異常樂觀。

生產力激增持續10年。生產力提升通常會隨著時間自然的消失，人們很容易忘記生產力成長是一種變化的概念，而不是一個絕對的數值。創新促成生產力提升之後，如果後續沒有同樣有影響力的創新跟進，生產力的成長速度就會下滑。

那麼，緊俏的勞動力市場這個導火線加上新技術（尤其是人工智慧）燃料，將在未來十年激發出多少的生產力成長呢？當然，我們無法知道技術將為服務業帶來多少顛覆，這涉及太多的未知數，但是以往的樂觀預期（例如疫情期間的生產力敘事）提醒我們，保守預測才是明智之舉，特別是當這些預測與上一次實際發生的生產力變化相對照時。基於這個理由，我們預期生成式AI帶來的生產力成長，可能額外帶來25到50個基點的成長，而不是150個基點。

這會讓人失望，還是應該期待這樣的預測會帶來有意義的影響？有些人認為這種預測很悲觀，懷疑我們是否花了足夠的時間去鑽研ChatGPT和所有其他類似的生成式AI。我們向讀者保證，我們花了不少時間鑽研生成式AI，也驚豔於它們的表現，但是我們仍然相信上文提到的四種障礙：技術成熟度（我們全都看到了AI幻覺〔AI hallucination〕[*]）；社會摩擦（我不希

---

[*] 譯注：指AI產生虛假訊息或誤導性內容。

望這些玩意兒出現在我女兒的教室）；法規的摩擦（新標準會是什麼？），以及技術成本。雖然這些新技術看起來的確有取代人力的潛力，但勞動力的取代似乎會針對某些族群，而不是普遍取代所有勞工。AI取代人力的情形可能發生在例如電話客服中心、圖形設計師等領域，但更普遍、更廣泛的生產力提升必須經過一段時間才會顯現。

另一方面，即使是年均50個基點的成長，也是相當大的成長幅度。以美元計算，GDP超過26兆元的經濟成長50個基點，那就是成長超過1,300億美元，這大約等同於每年增加一個新墨西哥州（或摩洛哥）的GDP。或者，來看看累積的影響：如果趨勢成長率為2%，那麼美國經濟將在三十年間成長81%。但如果生成式AI能夠持續將趨勢成長率提升0.5個百分點，經濟就會成長110%；換個方式來說，這相當於提前實現了大約十年的經濟成長。重要的是，這些經濟成長將以人均為基礎，亦即個人所得將大幅增加。所以千萬別瞧不起50個基點的成長。

沒有工作的世界？

如果我們的判斷錯誤呢？如果生成式AI和新一波的技術與以往的技術不同，與人類勞工相比有絕對的優勢呢？如果技術潮流發生的速度遠比體現在實體資本上的創新還快呢？如果生產力躍升得更高，並在過程中大量取代人力呢？如果我們正在進入一個沒有工作的世界呢？

2020年秋季，我們和《不工作的世界》（*A World without*

Work）一書作者丹尼爾・薩斯金（Daniel Susskind）以此為主題展開一場辯論[9]，我們很訝異薩斯金聚焦於所謂的「技術性失業」，卻沒有認知到技術取代人力的必然結果：技術取代人力將使物價下跌，人們的實質所得提高，因而創造新需求和新工作。我們認為，「沒有工作的世界」這種說法是一個假警報。[10]

技術性失業並不是最近才出現的恐懼，數十年前，一個可能是杜撰的、但仍然具有啟發性的談話就點出了這種疑慮。這是亨利・福特二世（Henry Ford II）與美國汽車工人聯合會（United Auto Workers，簡稱UAW）會長之間的對話。看著新的工業機器人，福特問道：「你打算怎麼叫那些機器人支付你的工會會費啊？」，UAW會長回答：「亨利，你打算如何叫機器人買你的車呢？」[11]

沒有工作、沒有需求這種令人害怕的結果很容易想像，但兩者都忽略了重點。技術促使生產力提高，成本降低，價格下跌，使得人們的實質所得提高，讓人們的資金可以用在其他地方，進而為其他產業創造更多的就業與更多所得。每一次的技術創新都伴隨著新工作誕生，這並非運氣使然，而是一種因果關係，是我們在上一章談到的生產力成長技術—成本—價格—所得連鎖效應，驅動了新工作出現。[12]

悠久的就業史說明了這種動態。如圖8-3所示，美國曾有很大一部分人口務農，但隨著農業的生產力提高，在農場上工作的人愈來愈少，如今只剩下極少數的勞動人口務農。但我們知道，過去一個世紀並未發生結構性升高的失業，在我們看來，這種結果並非運氣，而是合乎邏輯。生產力成長使產品變得便

宜,為人們帶來更多可支配所得,如圖8-3中的左圖所示,家戶所得花在食物上的比重下滑,增加的可支配所得被用於其他方面,創造了新就業和新所得。圖8-3中的右圖顯示,在經歷多次技術變革期間(不只是農業衰退時期),美國增加了將近1億5000萬個工作。新所得通常會被用於購買商品,但更多時候是花在服務上,這些服務在破壞性技術到來時幾乎不為人知。簡而言之,技術性失業這種說法由來已久,但從未實現過。

我們並非試著淡化挑戰及困難,特別是當顛覆性破壞快速發生時,勢必會讓許多人感到痛苦。調整和技能的再訓練有其必要,但我們認為,沒有必要害怕會發生崩潰性的技術性失業。只要想想過去幾十年間的生產自動化與自2010年末期以來

圖 8-3　技術性失業?其實技術帶來新就業

務農人數與家戶食物支出下滑

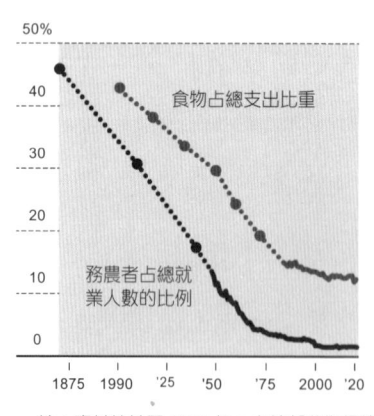

勞工與就業機會持續成長

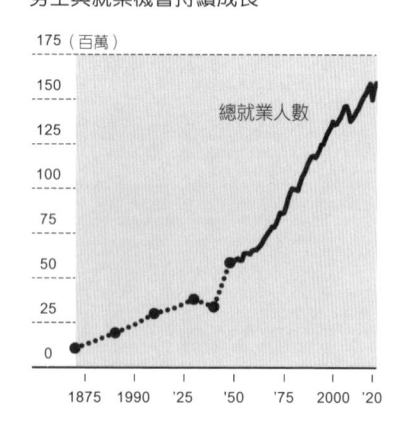

- 食物占總支出比重
- 務農者占總就業人數的比例
- 總就業人數

- 註:資料統計至2021年;虛線部分為根據過去資料所得的預測值。
- 資料來源:NBER、Census、BLS、Robert Gordon;波士頓顧問公司總體經濟學研究中心分析。

的低失業率並存,就能明白這一點。

一個思考實驗可以凸顯「技術性失業」這個觀點的問題。如果我們錯了,技術的衝擊比我們設想的更大、更快,迎來一個勞動力供給寬鬆的時代呢?如果發生這種情形,前文描述的物價下滑連鎖效應會更強烈:成本與物價將會急遽下滑,實質所得及支出將上升。這將催生出一個由生產力激增驅動的高度通縮時代。社會挑戰隨之出現,但這將是繁榮的危機[*],不是總體經濟的危機。我們預期,隨著市場調整,這種繁榮終將消除寬鬆的勞動供給。

把這個思考實驗推到極端,如果技術真的在所有生產領域都取得相對於人力的絕對優勢(這是我們更難以相信的境界),那麼,技術—成本—價格—所得—就業之間的連鎖效應將會瓦解,因為所有新工作機會都會被機器取代。這將是一個超級過剩(superabundance)的世界,使經濟學的傳統角色(即配置稀缺資源)失去意義,必須轉向尋找新任務。我們從來沒有考慮過,當所有東西(至少是所有生產出來的商品)基本上形同免費時,一個經濟體要如何運行。這將是一個新挑戰,但很難被視為是壞事,但事實上,這將是一個了不起的世界。

從另一個比較不那麼極端的角度來看這個思考實驗:如果我們需要推出「全民基本所得」(universal basic income)[**]來解

---

[*] 注:指景氣循環繁榮期的危機。

[**] 注:指沒有條件、資格限制,不做資格審查,每個國民或成員皆可定期領取一定金額的金錢,由政府或團體組織發放給全體成員,以滿足人民的基本生活條件。

決大規模失業問題的話,就表示我們的經濟能負擔得起這筆開支;如果我們負擔不起,那就代表我們並非真的需要它。

切記,小數字帶來的大影響

我們特別關注生產力的角色,原因在於,生產率成長是經濟成長潛力最明顯的來源,而且生產力以特定的方式產生影響。如同我們在第五章所說的,其他經濟成長要素較昂貴、也較受限:我們可以增加勞工,但這不會提高人均繁榮;我們可以大量投資,提高資本存量,但其影響力會愈來愈小。生產力是以更少的投入做更多的事,它才是經濟成長真正的神奇力量。當你把技術交到各行各業工作者的手上,尤其是在勞動力不足的情況下,促使他們去尋找更好的做事方法時,這神奇的力量就會展現。

那麼,我們應該留意什麼?

- **注意勞動市場,別只關注技術**。切記,生產力不只是技術而已,還與生產流程中如何使用技術有關。當生產流程當中勞力短缺時,技術的應用最能發揮效果。勞動力市場緊張的年代,有助於推動生產力快速提升。
- **所謂「很快」,指的是年,不是季**。緊張的勞動市場促使企業採用新技術,因此生產力成長是一個可信的前景,但這是一個必須歷經多年才會出現明顯影響的過程,而非只是短短幾季。在評估生產力成長的時間點時,別忽

視技術必須克服（終將克服）的許多障礙。生產力的提升一開始可能很平緩，但如果能夠持續成長，長期下來將會累積巨大的成果。

- **保持對成長規模的務實預期。**人們會從令人驚豔的生產力成長個案去推測總體經濟。切記，在評估生產力成長的提升規模時，大幅且持續的趨勢成長提升是一個很高的門檻。即使生產力成長提升50個基點，效果也已經非常顯著。

- **對技術性失業的說法抱持懷疑。**「技術發展與進步將造成大量失業」的說法由來已久，但一直沒有成真。回想一下，技術會使成本與價格降低，這會使人們的實質所得提高，增加新消費，最終創造新的就業。這個過程需要時間，也會面臨各種挑戰，但「沒有工作的世界」是一個脫離歷史現實的論點。

在嘗試預測下一波由科技推動的生產力成長時間點與規模時，我們必須保持理智務實。我們認為，在美國，科技能夠、也將會帶動一波新的生產力動能增長。雖然宏大的展望看起來太過樂觀，但切記，在總體經濟學裡，小數字意味著大影響。

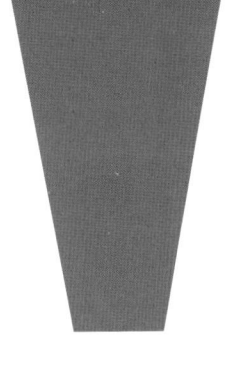

第二篇　金融經濟
良性限制與系統性風險

刺激措施
第 九 章　強制性刺激機制
第 十 章　生存性刺激措施會失靈嗎？
第十一章　戰術性刺激措施為何難以奏效？

通貨膨脹
第十二章　通膨環境很難轉變
第十三章　與通膨上升趨勢共處

其他金融風險
第十四章　健康的高利率水準
第十五章　想像與真實的債務威脅
第十六章　學習接受泡沫

第九章
強制性刺激機制

遺憾的是,我們永遠無法排除系統性總體經濟崩潰的風險。在不到二十年的時間裡,美國經濟兩度瀕臨總體經濟災難邊緣,甚至一度有可能陷入類似1930年代的經濟蕭條危機,但是在2008年全球金融危機和2020年新冠疫情的衝擊中,強而有力的生存性刺激(existential stimulus)措施卻發揮作用,成功的化險為夷。

刺激政策不僅限於危機時才會採用。事實上,刺激措施經常被使用。當經濟衰退逼近、或經濟復甦乏力時,政府就會採取戰術性刺激措施,例如央行降息、財政當局擴大赤字開支來減輕或消除週期性風險。甚至是經濟強勁時,刺激措施也會被機動的用來促進經濟成長。

不論是做為維持經濟的必要手段,還是因應危機的短期工具,我們已經對刺激措施上癮。沒有現代的刺激機制,就無法化解系統性風險,也難以管理週期性風險,良好的總體經濟

將無法繼續維持。但刺激措施也創造出風險，為了刺激經濟成長而容忍甚至助長經濟泡沫，就是一個例子。如果刺激措施失靈，就無法有效阻擋未來的外部衝擊（類似新冠肺炎疫情）和內部危機（類似全球金融危機）帶來的重大影響。

企業主管和投資人如果想成功應對系統性風險及週期性波動，就必須徹底了解刺激機制，包括刺激機制如何運作、何時可能失效，以及在什麼情況下會徹底失靈。如果不考慮刺激措施的作用，就無法有效評估許多總體經濟風險。

本章詳細介紹現代的刺激機制（後續兩章將分別討論生存性刺激和戰術性刺激）。我們認為，分析刺激機制的最佳方法是追溯它在過去約五十年間如何興起，因為追溯其興起，可以揭露刺激措施的目標，包括防止系統性崩潰、戰術性的保護措施，或出於短期考量的機會性刺激，也可以看出刺激措施的限制。我們將看到，刺激措施取決於政治人物和政策當局執行策略的意願與能力。

我們將追溯刺激機制起源於1980年代的雷根赤字（Reagan deficits），接著了解刺激機制如何助長1990年代網路泡沫、2000年代房市泡沫，以及2010年代在聯邦政府量化寬鬆政策推動下產生的政府債務泡沫。強制性刺激機制的故事在新冠肺炎疫情衝擊時達到高潮，全方位的刺激措施為美國經濟注入驚人的5兆美元，這數字還僅僅只是財政方面的行動。

我們對刺激機制的討論以一個簡明的架構總結，引導讀者區別生存性和戰術性刺激措施，並著重於分析每種刺激措施背後呈現出政策當局的能力及意願。這是後續兩章的基礎：生存

性刺激措施失敗的風險為何？不費力就能實施戰術性刺激措施的年代是否已經終結？了解刺激機制的基礎，將有助於回答這些有關總體經濟風險合理、嚇人但重要的疑問。

刺激措施發展史

在現代生活中，刺激措施是如此無所不在而且自然，以至於人們很容易忘了，其實刺激措施是歷史上的異常現象，而非常態。以現代的標準來看，二戰至1980年代初這段期間的刺激措施相對溫和。例如，1960年代初期雖然減稅，但這種財政措施伴隨著公共債務占GDP比重的下滑，如圖9-1B所示。圖9-1總結七十年來強制性刺激政策的興起。[1]

但在這期間開始出現兩個變化，形塑出至今的刺激措施，未來仍將如此。

首先是舉債的意願開始改變。儘管大蕭條使得堅持反對刺激措施的想法鬆動，但普遍及強烈的看法仍然認為只有戰爭時期才能採行公共赤字，之後就必須償還債務。[2]但是，凱因斯革命漸漸的把使用赤字對抗經濟衰退的做法合理化，民主黨與共和黨陣營的政治人物也很快看出，撒錢政策對競選有益。甘迺迪總統的減稅政策就是典型的例子，據說後來連尼克森總統都說：「我們現在全都是凱因斯了。」

第二個改變是採用刺激措施的能力提升。1971年之前，美國採行固定匯率制，外幣釘住美元，美元與黃金掛鉤。雖然這不是典型的金本位制，不過仍然對財政政策及赤字構成限制。

154 | 第九章　強制性刺激機制

我們如何對刺激措施上癮

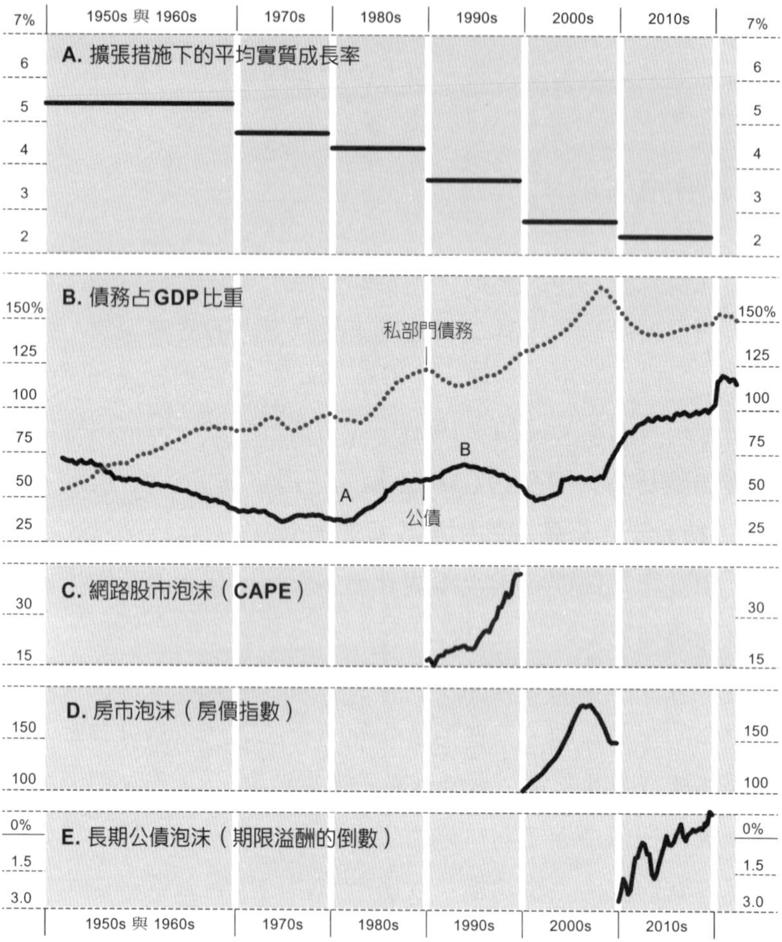

圖 9-1

A. 擴張措施下的平均實質成長率

B. 債務占 GDP 比重
私部門債務
公債
A
B

C. 網路股市泡沫（CAPE）

D. 房市泡沫（房價指數）

E. 長期公債泡沫（期限溢酬的倒數）

- 註：債務統計至 2022 年第二季；非金融部門（家戶、企業、政府）債務＝債務證券＋國內非金融業貸款。債務占 GDP 比重以潛在 GDP 計算，以平滑週期性波動。CAPE（股市評估值指標）：席勒週期性調整後本益比（Shiller Cyclically Adjusted S&P Price to Earnigs ratio）。房價指數＝ S&P CoreLogic Case-Shiller Home Price Index: United States。期限溢酬（term premium，債券評價指標）＝ 10 年期公債 ACM 期限溢酬。

- 資料來源：Federal Rewerve Board、BEA、Robert Shiller、Standard & Poor's、Federal Reserve Bank of New York、Sanford C. Berstein；波士頓顧問公司總體經濟學研究中心分析。

但尼克森總統暫停美元兌換黃金,這麼做的部分原因是為了刺激經濟。

1970年代總體經濟表現不佳,失業率上升至大蕭條以來的最高水準,通膨率高,經濟多次衰退,成長低迷,但這個時期訴諸刺激措施的意願及能力也發生明顯變化。在這種總體經濟環境下,刺激措施是誘人的政策工具,但時機還不完全成熟。雖然尼克森暫停準金本位制,但現在反而是結構性高通膨限制政府推出刺激政策的能力,因為債券市場對財政擴張政策做出負面反應:被稱為「債券衛士」(bond vigilantes)的債券交易者在面對財政擴張政策時拋售債券,推高利率,從而抵消政府增加支出以刺激經濟的效果。

1980年,卡特總統的經歷,完美的體現出需求、意願與能力之間複雜的關係。[3]當時需要刺激措施,政府也有意願,但因為債券市場反對任何的財政擴張,使政府釋出刺激措施的能力受限。

雷根開啟刺激措施新時代

卡特總統在1979年任命經濟學家保羅・沃克(Paul Volcker)為聯準會主席,朝積極採取貨幣政策之路邁進,成功遏制1980年代初期的結構性高通膨。[4]「沃克遺產」(Volcker inheritance)一詞正是我們用來描述後續的通膨率及利率結構性下滑的術語。由於這個趨勢,政策當局訴諸刺激措施的能力快速成長,再加上雷根政府也展現出透過舉債來戰術性刺激景氣的意

願,從而開啟了引進刺激措施的現代紀元。

許多讀者可能本能的質疑上述的說法,因為提到財政嚴謹,通常讓人聯想到共和黨,直到今天都是如此。但是,事實勝於雄辯,雷根總統在減稅的同時增加國防支出,刺激措施的成本也隨之大增[5]。圖9-2顯示,雷根時代的赤字遠高於二戰後其他總統時代。雷根是艾森豪之後第一位當滿八年任期的美國總統,也許他採取刺激措施的意願及能力,為他的成功連任做出了一點貢獻。

雷根後來仍然展現更高的財政紀律,推出一系列加稅措

雷根時代開啟舉債驅動成長的新時代

圖 9-2

各屆總統任內的聯邦預算餘額占GDP比重

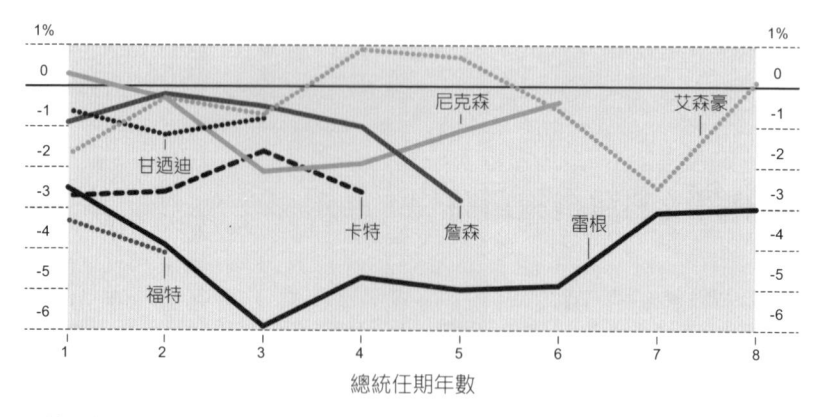

- 註:總統任期期間,艾森豪(1953年1月—1961年1月);甘迺迪(1961年1月—1963年11月);詹森(1963年11月—1969年1月);尼克森(1969年1月—1974年8月);福特(1974年8月—1977年1月);卡特(1977年1月—1981年1月);雷根(1981年1月—1989年1月)。
- 資料來源:OMB;波士頓顧問公司總體經濟學研究中心分析。

施，縮減赤字。但這改變不了一個事實：雷根革命時期，美國公共債務占GDP比重發生結構性改變，在1980年代初期觸底（圖9-1B中的A點）之後，開始一路上升。雷根總統被讚揚帶來「美國的晨曦」（Morning in America），但這光輝是他用舉債換來的。[6]

雖然雷根開啟刺激措施的新時代，但與之後美國政府端出的刺激措施相比，雷根的刺激措施是戰術性的，而且相對溫和。

不只舉債，還有泡沫

建立了舉債刺激（debt stimulus）的意願及能力之後，強制性刺激機制的下一個引擎來自泡沫型刺激（bubble stimulus），這是政策當局想促進景氣時擁抱的一種刺激形式（關於泡沫型刺激，參見第十六章）。[7]

必須釐清一點：泡沫型刺激並不是與舉債刺激同時出現的。在1990年代末期以前，公共債務仍然是政治敏感議題，政策制定者依然擔憂債市會對政策有何反應。柯林頓執政時期，美國經濟繁榮，在順風順水之下，柯林頓政府努力控制赤字，以穩定美國公共債務在GDP中的占比（圖9-1B中的B點）。政治上，這有助於吸引仍然將赤字視為重大問題的選民，並降低曾經影響卡特政府的市場排斥風險。[8]經濟上，有觀點認為減少財政赤字可以壓低利率水準，進而發揮刺激經濟的作用。[9]這種看似矛盾的減債型刺激（降低赤字）確實奏效，利率水準在1990年代確實下滑了。

但是利率下滑,資金變得更便宜,資產市場開始快速的瘋狂上漲,網路泡沫(參見圖9-1C)變成一種新形式的刺激。儘管貨幣政策當局口頭上說會試圖降溫,但實際上政策當局不僅容忍、甚至助長泡沫的擴大。[10] 從股市繁榮帶來的財富效應就可以看出泡沫的刺激性質。圖9-3顯示,1990年代開始,美國家計股票財富總值為2兆美元,到1990年代結束時,已經增加到接近11兆美元。雖然這是名目價值,而且高度集中於富裕階級,但財富增長確實提高家庭消費。對一個強勁的經濟體來說,這成為一個全新的經濟刺激來源。

網路泡沫於2000年至2001年間破滅時,擔心經濟嚴重衰退

圖9-3　網路泡沫帶動財富成長,刺激經濟

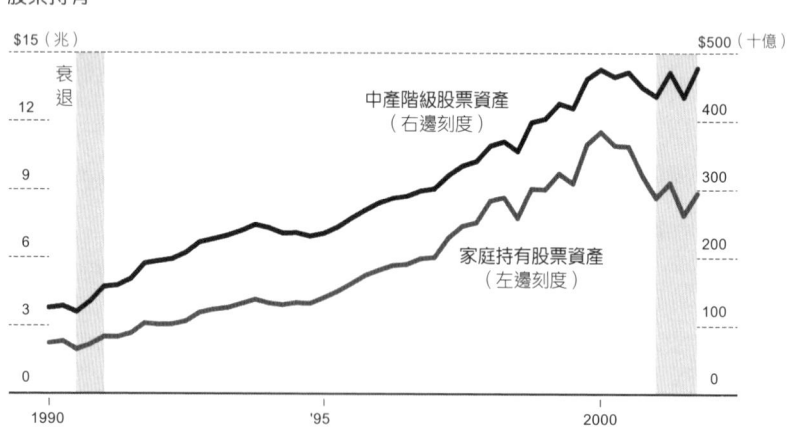

股票持有

- 註:家計單位包含非營利單位;持有股票價值是指直接持有公司股票與共同基金持分;中產階級指所得分配介於第40到第60個百分位之間者;資料統計至2001年。
- 資料來源:FRB、NBER;波士頓顧問公司總體經濟學研究中心分析。

的政策當局再度轉向舉債刺激。小布希總統實施兩次大規模減稅，據說副總統錢尼（Dick Cheney）當時說：「赤字不要緊。」[11] 此外，聯準會把短期利率降低至1％，使得房貸成本達到了最低點，導致房市大熱。在全球儲蓄過剩進一步壓低長期利率的背景之下，過熱的房市最後演變成泡沫[12]（參見圖9-1D）。

這並非巧合，有些人甚至認為，為了抵消網路泡沫破滅後留下的財富效應後遺症，新泡沫的出現是必要的。[13] 雖然這並非官方觀點，但這個新泡沫的確受到貨幣政策當局的支持，他們擔心財富大幅縮水會導致經濟長期衰退，因此讓低利率水準維持一段很長的時間。[14]

房市泡沫不僅來自國內因素。縱使聯準會祭出貨幣緊縮政策，全球儲蓄過剩仍然使美國長期利率維持極低水準。2000年代，全球資金尋求收益及流動性，發現由寬鬆信用規範催生出的新金融商品可以滿足投資需求。對美國債券的需求壓低了利率，讓科技泡沫破滅後僅數年又出現新的房地產泡沫。

刺激措施對經濟的影響很大。圖9-4顯示，房屋財富從約4兆美元激增至約14兆美元（右軸）。伴隨房屋淨值快速攀升，家計單位可以透過房屋淨值貸款，將這筆財富拿來消費。圖9-4也顯示房屋淨值提領金額（左軸）每季增加1,000億美元，在2002年至2007年這六年累計增加了3兆美元。房市大熱不僅催生住宅建設熱潮，更涉及由房市泡沫推動的消費、房地產交易及金融活動。

當房屋貸款泡沫破滅時，系統性危機年代隨之開始，促使新一輪刺激政策時代的到來。

圖 9-4 房市泡沫助長經濟，住房變成提款機

住房資產與房屋增值抵押貸款

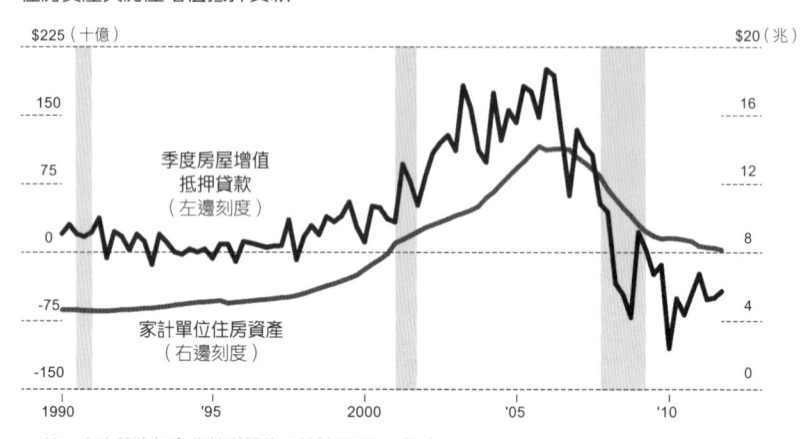

- 註：家庭單位包含非營利單位；統計至 2011 年止。
- 資料來源：FRB、NBER；波士頓顧問公司總體經濟學研究中心分析。

系統性風險為強力政策鋪路

　　從許多方面來看，房市泡沫破滅是美國及全球經濟的轉折點。全球金融危機大幅提高政府推出刺激措施的意願與能力，鞏固並擴大刺激政策的應用範圍、政策工具與方法。

　　隨著房市泡沫破滅，當時需要空前的生存性刺激措施，以防止金融體系和經濟全面崩潰（參見第三及第四章）。從託管房貸機構房地美（Freddie Mac）和房利美（Fannie Mae），到支持貨幣市場基金、救助汽車製造商，尤其是對銀行的資本結構調整，刺激措施的驚人力量盡出，成功遏止有史以來最嚴重的金

融危機。[15]

但是隨著經濟復甦持續疲弱,這是金融衰退削弱資產負債表導致的結果(參見第三及第四章),政策當局不得不再次採取更多刺激措施,並在過程中發展出新的刺激機制。聯準會的主要工具:短期利率(或稱政策性利率),已經被砍到零,因此央行轉向實施量化寬鬆政策(Quantitative Easing, QE),買進長期債券(包括公債和機構債券),以壓低長期利率。

如果說量化寬鬆的目標之一是形成一個涵蓋各類資產的泡沫,其實並不誇張。全球金融危機後,經濟苦於結構性需求不足,需要用更低的利率來刺激經濟活動。量化寬鬆確實取得成效,公債的估值(如圖表9-1E中期限溢酬〔term premium〕的倒數所示)大幅飆升。

如果政策當局的目標是創造任何形式的需求,那麼結果可說好壞參半。量化寬鬆提升資產價值,推高財富水準,某種程度上幫助刺激需求。但是雖然家計單位的財富成長35兆美元(如圖9-5所示),經濟復甦卻很緩慢。為此,政策當局又端出更多刺激措施。川普政府在2018年實行減稅,隨後,聯準會在2019年決定降低政策利率*,儘管當時美國正處於數十年來最佳的勞動市場,和史上最長的經濟擴張期(當時主要的政策擔憂是通膨率太低)。

然後,新冠疫情來襲,政策當局執行刺激政策的意願與能力達到前所未有的新高。2008年時,用納稅人的7,000億美

---

* 譯注:政策利率是央行向銀行提供融資的利率。

圖 9-5　量化寬鬆推升家庭財富，刺激經濟發展

家庭淨資產，自 2011 年第 4 季以來的變化

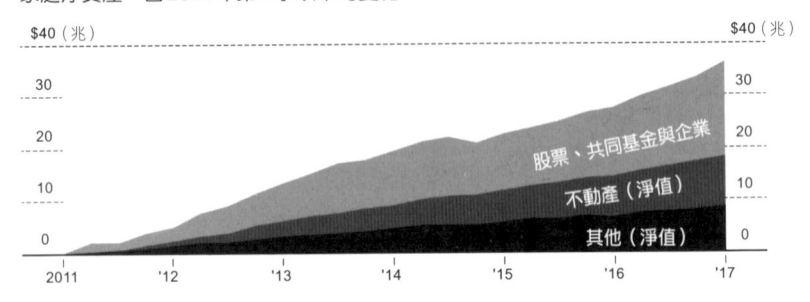

（圖表內容：2011 年至 2017 年家庭淨資產變化，分為股票、共同基金與企業；不動產（淨值）；其他（淨值）三類，縱軸為 $40 兆）

- 註：家計單位包含非營利單位；資料統計至 2017 年止。
- 資料來源：FRB；波士頓顧問公司總體經濟學研究中心分析。

元推出的財政刺激措施已經引發爭議，但是在疫情期間，超過 5 兆美元的財政刺激資金被挹注到經濟體系裡，貨幣政策資產負債表再次大幅擴張，政策利率重新歸零。這波刺激衝擊來自兩個政府：川普總統簽署「新冠病毒援助、救濟暨經濟安全法案」（Coronavirus Aid, Relief, and Economic Security Act，簡稱 CARES Act），推出 2.2 兆美元的財政刺激；接著拜登總統推動「美國救援計畫」（American Rescue Plan），又追加 1.9 兆美元的赤字支出。

　　財政及貨幣政策創新，從助學貸款及房貸延期還款，到各種特殊信用額度，在刺激需求的壓力下迅速推出。這波刺激政策的規模與執行速度無與倫比，涵蓋一次性救助金、薪資保護貸款計畫、企業紓困、孩童扶貧方案等。圖 9-6 顯示財政成長動能，但龐大的政策規模也帶來代價。隨著之後財政刺激未再延

續，接下來幾年，這股財政成長動能迅速轉為負值。

圖9-6 疫情期間，財政刺激力度前所未有

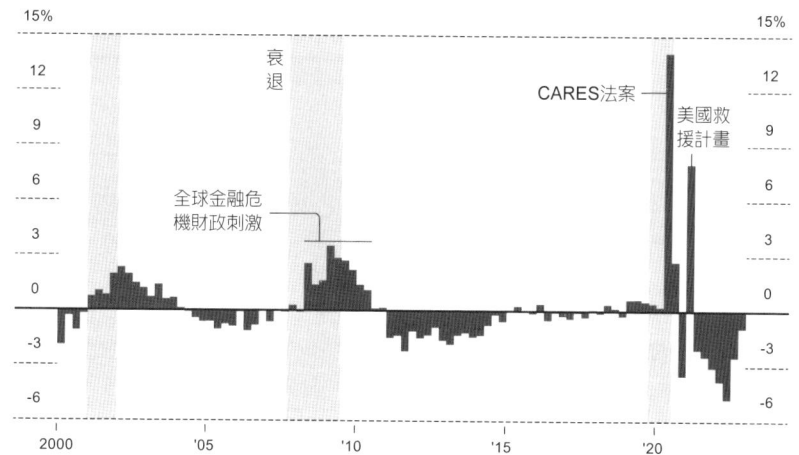

財政影響指標
財政政策對實質GDP成長的貢獻（百分點）

圖中標註：衰退、全球金融危機財政刺激、CARES法案、美國救援計畫

- 註：GDP 成長為經季節調整後的季度年成長率；統計至 2022 年止。
- 資料來源：Hutchins Center、BEA、NBER；波士頓顧問公司總體經濟學研究中心分析。

切記，刺激關乎意願與能力

　　強制性刺激機制的興起讓我們將注意力聚焦於兩個面向，這兩個面向在表9-7以表格的形式進行了總結。表格提供了一個簡明架構，可用於分析以往、現在及未來所有的經濟刺激情境。

表9-7　如何分析經濟刺激：目標與驅動因素

		刺激目標	
		生存性 （結構性）	戰術性 （機動性）
刺激驅動因素	意願 （政治、文化）	政策當局是否認為支撐經濟體系是他們的責任？	政策當局是否認為刺激經濟是有益的？
	能力 （金融市場）	金融市場是否容許政策當局支撐經濟體系？	財務限制如何影響刺激措施的淨效應？

● 資料來源：波士頓顧問公司總體經濟學研究中心分析。

- **區別刺激政策的不同目標。**生存性刺激基本上是為了阻擋經濟的系統性與結構性風險，例如2008年和2020年時的情形。這與戰術性刺激完全不同，戰術性刺激是用於機動性的支撐或推升景氣，例如延長景氣擴張、加速景氣復甦或提升經濟成長率（但有時可能會增加風險）。在景氣週期中期實施的減稅和降息，是兩種常見的戰術性刺激策略。

- **留意刺激政策的驅動因素。**未來所有刺激政策都將取決於政策當局和政治人物是否有意願推出刺激措施，但意願可能會改變。同樣的，未來所有刺激政策都將取決於政府是否有能力落實政策，這又取決於金融市場的接受度。市場接受度可能會以顯著或微妙的方式發生變化。

我們回顧經濟刺激政策的歷史，看見經濟刺激政策在應對生存性風險和週期性風險時扮演不可或缺的角色，但同時也被

輕率的用於推升週期性成長,可能讓其本身成為風險來源。這些觀察引出兩個重要問題:政府是否可能喪失推出生存性刺激措施的能力,讓我們失去一直視為理所當然的安全網?以及戰術性刺激能力是否已經減弱,進而破壞管理經濟週期的能力?後續兩章將分別探討這兩個問題。

第十章
生存性刺激措施會失靈嗎？

回顧2008年秋季一場戲劇性的情勢發展。美國經濟如自由落體運動般急速下墜，銀行體系瀕臨瓦解，布希政府向國會提出「問題資產救助計畫」(Troubled Asset Relief Program, TARP)，這是一項高達7,000億美元的刺激方案。但國會投票否決刺激方案，股市應聲重挫（參見圖10-1），大盤在十分鐘內跌了3％，當天下跌9％。美國經濟已經來到自大蕭條以來最危急的時刻，戲劇性的向政治人物展示系統性風險震撼威力。

受到市場懲罰後，國會快速改變心意，通過TARP。我們已經在上一章說明，TARP的刺激措施稱得上是經濟刺激史的一次成功。但是這次插曲也凸顯出許多領導者心中重要而且合理的疑問：未來的危機是否也能透過刺激措施來解決？我們真的能仰賴刺激措施嗎？

企業主管及投資人需要可靠的分析工具來有效評估這類風險，因為輿論經常會偏好災難性的預言。本章會延續上一章

第十章 生存性刺激措施會失靈嗎？

討論經濟刺激的意願與能力，討論生存性刺激措施所面臨的風險。我們將討論可能會使生存性刺激措施失靈和經濟崩潰的三種情境，並解釋為何這三種危險在美國發生的可能性極低。我們把生存性刺激措施的風險（本章）與戰術性刺激措施的風險（下一章）分開來討論。

圖 10-1　政治錯誤差點引發經濟大蕭條

國會否決TARP，股市大崩跌

2008年9月29日的標普500指數表現
（以2008年9月26日下午4點為基準點）

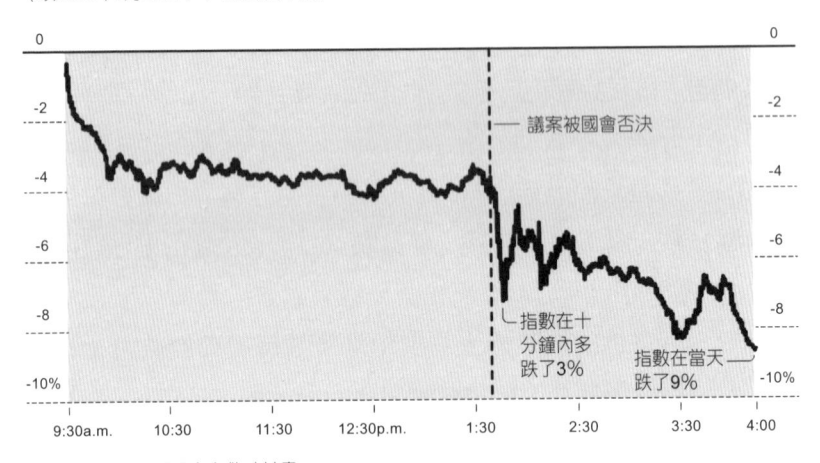

- 議案被國會否決
- 指數在十分鐘內多跌了3%
- 指數在當天跌了9%

- 註：TARP ＝問題資產救助計畫。
- 資料來源：Bloomberg；波士頓顧問公司總體經濟學研究中心分析。

生存性刺激失靈的三條路徑

儘管現代歷史上曾多次避免經濟崩盤，系統性崩潰的陰影仍然是總體經濟討論中的熱門話題。危機時，恐懼情緒達到頂點，但就連在經濟平穩時期也經常能聽到關於恐懼的沉吟。雖然我們在本書中強調風險經常被誇大，但我們也承認恐懼是天性，風險的確真實存在。真正令人焦慮的原因在於風險的不對稱性：雖然發生風險的機率很低，但攸關企業、投資人、勞工及政府的生存，因此感到焦慮是可以理解的。

當我們在新冠疫情危機中感受到市場的負面偏見時，身為評論者，我們盡力提供安定人心的分析。疫情之初，擔心經濟陷入蕭條的恐懼情緒蔓延，我們主張快速的政策干預將會拯救經濟免於結構性損害（參見第四章）。[1]但是，儘管刺激措施在接下來幾週內上路，災難預言仍未平息。我們隨後又系統性的討論可能使政策當局無法推出生存性刺激措施的情境，並說明要走到這樣的情境，門檻非常高。在疫情危機初期，我們就已經明確指出美國不會走向新的大蕭條。[2]

根據我們在上一章提出的基本架構，表10-2概述了生存性刺激失靈的三條路徑。面對總體經濟崩潰風險時，如果政策當局具備「意願」與「能力」，就能控制風險，防止災難發生。只有在缺乏意願或能力的情況下，經濟才有可能崩潰。這個架構能廣泛應用，不只適用於疫情危機，也適用於各種情境。

從這個角度來看，我們可以將生存性刺激措施的失敗歸納為三條路徑：

- **政策錯誤**：第一個與意願相關的問題是，政策當局錯誤的認為正確的政策已經到位，或是認為自己沒有可用的政策工具，因此沒有採取行動。
- **政治失靈**：第二種與意願相關的問題是政治人物阻礙政策推行。他們知道必須做點什麼，但儘管經濟正持續陷入蕭條，他們卻仍然沒有共識。
- **市場排斥**：第三個是與能力有關的問題，出現在市場不願意接受金融性刺激措施時。一個國家是否具有貨幣主

生存性刺激失靈的三條路徑

表10-2

觸發原因	刺激風險		結果	危機類型	案例
系統性衝擊或危機	意願	無	政策錯誤 持續誤解問題	通縮蕭條	大蕭條
		有	政治失靈 持續缺乏行動意願		想像沒有TARP的2008年
	能力	有	成功干預 政策當局支撐經濟體系		2008年及2020年的美國
		無	市場排斥 投資人認為負擔不起刺激措施	債務／貨幣危機	2001年阿根廷危機

- 資料來源：波士頓顧問公司總體經濟學研究中心分析。

權,將決定金融市場的反彈可能導致通膨性或是通縮性經濟崩潰。

下文逐一詳細討論這三種路徑。

政策錯誤的風險

正如我們回顧本章開頭TARP議案的波折時強調的,認為財政與貨幣政策當局會堅持不願意處理重大危機,這種論點聽起來似乎難以置信。

雖然難以置信,但這樣的情況確實發生過,大蕭條就是一個例子。1929年華爾街股災後,財政政策上的謹慎與緊縮性貨幣政策,讓美國經濟陷入嚴重衰退。[3]1930年代初期,是否應該實施刺激措施仍然是個爭議話題,這也說明為何政策當局如此消極的坐看金融危機擴大成通縮蕭條。當考慮持續性政策錯誤的風險時,這種概念上的錯誤最有可能發生。政策當局認為他們正在做對的事、但實際上並非如此時,他們可能會持續犯錯,導致災難發生。

這樣的錯誤現在還會發生嗎,抑或政策當局已經從以往的錯誤中吸取教訓?從那時起,政策當局已經有長遠的進步,貨幣政策當局已經承認前輩在1930年代錯得離譜,並承諾不會再犯相同的錯。[4]事實上,如同我們在前文看到的,在2008年和2020年出現危機時,政策當局確實採取行動,避免通縮蕭條。[5]但是經濟學不是一門科學,政策爭論永不止歇,因此,我們不

能輕率的假設這類錯誤已經完全走入歷史。例如2010年代的政策辯論深受支持緊縮的敘事主導，歐元區危機也因此而更加惡化。想想希臘的慘況，人均GDP掉了25％，與美國1930年代大蕭條的跌幅相當，更糟的是，希臘的經濟復甦速度比當年的美國遠遠更慢。[6]

政策最終是否能成功，最關鍵的一點在於願意持續做出嘗試。正是這種「不惜一切代價」的態度，幫助政策當局避開通往蕭條之路。[7]面對生存危機，需要明確及果斷的行動時，政府願意超越細節與分歧，迅速做出反應。因此，猶豫通常只是短暫的。2008年時，美國政府未能阻止雷曼兄弟（Lehman Brothers）破產，但接下來政府就強力支撐其他的金融機構。同樣的，國會雖然一開始否決TARP議案，但很快就讓步了。

希臘的災難是一個例外，是歐洲整合不完全下的結果。富裕的歐洲北方經濟體掌握是否紓困希臘的權力，但這些國家的領導人並不需要對希臘選民負責，因此他們對於讓希臘經濟掉落懸崖並不感到為難。就那些歐洲領導人而言，這是意願問題；但對希臘領導人而言，這是能力問題。這就是加入一個貨幣同盟並放棄貨幣主權所要付出的代價。

在擁有貨幣主權的國家當中，最大的風險並非不願意採取行動，而是誤判應該採取什麼政策。在困難時期，貨幣政策可能會誤判何為寬鬆，因為央行必須在未知的經濟狀況下制定利率。[8]另一方面，財政政策也同樣容易犯錯，預算當局必須在實施有害的緊縮政策與端出龐大刺激措施之間取得平衡。不過，儘管政策永遠不會完美，但政策當局不太可能會在面對生存危

真危機與假警報

機時持續怠忽職守。所謂「健康的衰退」這種有害的信條,在大蕭條時期曾經非常盛行,現在基本上已經被淘汰了。政策或許有錯,但絕不會在經濟分崩離析時袖手旁觀。

人們很容易忘記,引發大蕭條的衰退始於1929年,經濟活動一直衰退到1933年3月,也就是羅斯福總統上任的那一個月。難以想像二十一世紀的美國政府會像當時的胡佛總統那樣,拖延那麼久才做出反應。*

政治失靈的風險

如同本章開頭以及表10-2的第二條路徑所示,欠缺意願導致的第二種政策失敗來自政治人物。對歷經過近年來政治僵局、政府停擺和債務上限危機的讀者來說,預測政治人物會帶來傷害似乎是很可能發生的事。但是感嘆民主制度的無能是一回事,預測這些情況會嚴重到阻礙政府對經濟崩潰採取行動,又是另一回事。

比較疫情危機和之前的TARP危機就可以看出這點。疫情爆發後,政治人物願意快速拯救經濟。為什麼?因為疫情是一種外部衝擊,不能怪罪到公司、金融機構及消費者頭上,但2008年的房市崩盤涉及了華爾街和商界的大量魯莽行為,導致部分政治人物不願意救助不良行為者。結果,2008年時,政治人物和政策當局分為兩個陣營:一派指出金融體系即將崩潰、

---

* 譯注:胡佛總體任期為1929年3月至1933年3月。

通縮蕭條風險迫在眉睫，另一派則是更擔心政府出手紓困會鼓勵不負責任的行為，助長道德危機。當TARP首次在國會表決時，反道德危機的陣營勝出，但這引發金融市場崩潰（參見圖10-1），第二次表決時，TARP議案才過關。

這個故事的啟示是，在處於生存危機時，政治人物拯救經濟的意願非常強烈。是否要對銀行紓困總是涉及強烈的政治分歧，但即使在這種情況下，猶豫是否伸出援手的時間也很短暫。當經濟傷害變得明顯時，政治考量也會跟著改變。面對系統性崩潰的危險，黨派間的政治亂鬥往往會被集體行動取代，危機使各方利益趨於一致，也能促進協商。生存邊緣政策（brinkmanship）*不同於戰術邊緣政策。

值得欣慰的是，政治人物不需要把事情做到最好，他們只需要採取足夠的行動就行。災難逼近，任何不作為都會大幅提升被咎責的政治風險，因此政黨考量會被擱置一邊，最終大規模的刺激措施得以實施。

市場排斥的風險

除了是否有意願推出刺激措施之外，還有能力問題（表10-2中下方）。好消息是，美國和其他大多數先進經濟體在遭遇生存性經濟威脅時，不太可能會失去干預的能力。

---

* 編注：邊緣政策是一種策略，透過將局勢推向衝突邊緣，迫使對方讓步以達成有利結果。

來看看全球金融危機時期的一個例子,當保險業者美國國際集團(American International Group, AIG)搖搖欲墜時,聯準會主席班‧柏南奇(Ben Bernanke)提議挹注850億美元的公共基金以防止美國國際集團崩潰。一位國會議員提出質疑,詢問柏南奇聯準會有那麼多錢嗎？850億美元超過聯邦政府每年的運輸支出。柏南奇回答,他有8,000億美元。⁹柏南奇這麼說,指的是在法定貨幣制度下,央行可以憑空創造出它需要的資金。*

儘管理論上柏南奇的說法沒有錯,但仍然有兩條路徑可能導致刺激措施失靈,而且兩者都是市場排斥政策計畫之下的副產物。

第一條失靈路徑是市場對刺激措施做出負面反應,因而抵消刺激措施的效果。如果投資人撤資,導致股市、債市或貨幣崩盤,再多的政府支出都無法彌補私人資本的外逃。這種災難發生在1990年代多個新興經濟體,當時的政策當局在測試市場耐心時特別魯莽。墨西哥在1995年發生貨幣危機,接著是泰國、印尼及南韓於1997年相繼崩盤,1998年俄羅斯危機,2001年阿根廷危機,都是案例。

第二條失靈路徑涉及更特別的狀況:當一個國家無法掌控貨幣、進而也無法掌控貨幣政策時,它可能會缺乏應對經濟衰

---

* 譯注:法定貨幣不與等值的黃金、白銀或其他有形資產掛勾,其價值基本上取決於人們對發行此貨幣政府或央行的信任,其供給量由發行當局監控,因此,理論上,貨幣發行當局可以無錨印鈔,但這往往會引發貨幣貶值及通膨。

退的政策工具。2010年代的希臘就遭遇這種情形。

美國不太可能步入這兩條路徑。第二條路徑基本上是不可能的，因為美國有自己的貨幣和央行。第一條路徑的可能性很低。事實上，當經濟體系受到衝擊時，美國政府實施刺激政策的能力會增強，因為投資人會湧向避風港，而所有避風港當中最安全的就是美國公債。以新冠肺炎為例，儘管美國為了刺激經濟導致赤字不斷擴大，但投資人仍然追捧美國公債，而不是拋售公債。因此，私人資本非但沒有抵消政府刺激政策的效果，反而發揮強化的作用。不僅美國如此，如圖10-3顯示，在G7國家，新冠危機期間各國利率普遍下滑，反而增強刺激措施

新冠疫情最熱期間，G7利率普遍下滑

圖 10-3

10年期公債殖利率

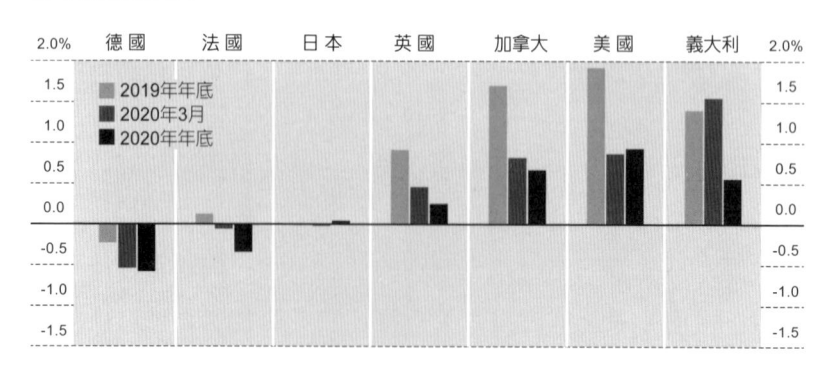

	德國	法國	日本	英國	加拿大	美國	義大利
2019年年底							
2020年3月							
2020年年底							

● 資料來源：Bloomberg；波士頓顧問公司總體經濟學研究中心分析。

力道,即便在危機最嚴重的時候也是如此。

在高利率和高債務年代,擔心市場反應難以預測是有道理的。但我們仍然應該區別戰術性刺激措施(受限於高利率、通膨以及市場相關性,參見下一章)和生存性刺激措施這兩種能力。即使是在結構性高通膨的環境下,當年卡特總統推出的輕微赤字刺激措施仍遭到市場拒絕,但如果當時他面臨的是一場系統性危機,他仍然有可能動用必要的政策工具,推出生存性刺激措施來拯救經濟。只有當美元不再是準備貨幣、甚至不具有國際貨幣地位時,才可能在面臨生存危機時遭到市場拒絕。理論上這種情形有可能發生,但既不現實、也並非迫在眉睫,而且需要總體經濟面貌出現極大的轉變才可能發生(參見第二十章)。

切記,別喊狼來了

當系統性威脅出現時,許多企業主管、投資人、政策當局以及消費者(其實就是指我們所有人)都會嚴陣以待。例如,新冠疫情爆發初期,汽車製造商取消半導體訂單(參見第四章),這種求生本能是自然的天性。

但是我們必須保持理性,記得經濟崩潰的門檻很高,如果我們在危機的每個階段都喊狼來了,不會有任何幫助。我們應該聚焦於政策當局端出刺激措施的意願及能力,以及它們會如何導致生存性刺激失敗:

- **指出失靈路徑**。如果擔心在危機時期會發生系統性崩潰，你應該要有能力知道刺激性措施失靈是因為政策當局缺乏刺激經濟的能力（以及市場排斥），或是政策當局或政治人物沒有刺激經濟的意願。一旦我們用因果敘事取代由上而下的恐懼和情緒，就能開始看出系統性崩潰的門檻有多高。
- **別低估政策當局**。現代央行官員擁抱的理念是「持續嘗試、直到奏效為止」，尤其是在經濟刺激措施方面。如果要認為政策當局會持續犯錯，最終導致系統性失靈，我們就必須相信他們失去獨立性，或是他們的思維被嚴重誤導。
- **了解刺激措施背後的政治邏輯，危機反而是助力**。沒有任何政黨想被咎責對經濟危機袖手旁觀。一場生存危機會使各方利益趨於一致，促成談判，最終推出刺激措施，哪怕是政治人物實際上不認同或不喜歡這些刺激措施。至於戰術性刺激措施，政治考量則大為不同，下章會有詳細說明。
- **務實看待市場排斥的可能性**。市場可能排斥刺激措施，但在危機時期，美國及其他先進經濟體的債券市場往往買氣佳，而不是面臨拋售潮。（參見第十二章有關結構性通膨的討論，以及第二十章有關於美元的外匯準備貨幣地位。）在極端情況下，這種情形有可能改變，但可能性很低。

生存性刺激措施不太可能失敗，領導人對於無所不在的系統性崩潰敘事應抱持審慎的態度。至於用來調節景氣週期的戰術性刺激措施，情況則完全不同。我們將會在下一章討論相關風險。

第十一章
戰術性刺激措施為何難以奏效？

如同上一章所說，生存性刺激失敗的風險很低，但戰術性刺激的效果顯然沒那麼穩定。2010年代，戰術性刺激措施如同運作良好的機器般運行，有效實施一系列減稅政策和寬鬆的利率政策（包括對經濟高度敏感的被動與預防性降息），也透過量化寬鬆來擴大央行的資產負債表。然而未來，這種機動性推動景氣週期的傾向將更受限於風險。戰術性刺激的機器雖然還沒故障，但它正在失靈。[1]

來看看2022年秋季發生於英國的危機，市場對錯誤的刺激方案做出強烈反應，迫使英國財政大臣辭職，最終連首相也被迫請辭。[2]問題不在於他們使用常規的政策工具（減稅加上增加政府支出）來對抗漸漸逼近的經濟衰退，而是他們的政策心態仍然停留於2010年代。那個年代，這種戰術性刺激措施幾乎沒有限制。英國的政治人物展現出刺激經濟的意願，但他們的能力——從金融市場借款來支應刺激措施，卻被金融市場否決。

儘管我們認為在美國發生類似情形的門檻較高，但英國的經驗顯示，無風險的戰術性刺激時代可能已經結束。未來，戰術性刺激受到限制的風險將高於2010年代。此外，如同我們將在本章看到的，市場否決只是戰術性刺激面臨的四種風險之一，每一種風險都可能比以往更具約束力。

想了解經濟週期波動的企業領導人及投資人，必須了解戰術性刺激政策的變化。這樣的理解非常迫切，因為以往高強度的戰術性刺激已經帶來一種安逸的錯覺。我們在本章中討論的戰術性刺激風險其實一直都存在，但過去因為一系列有利因素匯集，使得這些風險相對較低。但現在情況改變了。

戰術性刺激的四種風險

表11-1使用第九章討論過、並在第十章應用的「意願」與「能力」這兩種限制，描繪出戰術性刺激的四種風險。其中，意願方面存在兩種風險：

- **貨幣當局反對**：當通膨率太高時，獨立且運作良好的央行可能不願意透過戰術性的降息來刺激經濟成長。
- **政治反對**：比起受危機驅動的生存性救援行動，戰術性刺激向來較難獲得政治層面的廣泛支持。

即使消除貨幣當局的意願或政治上的阻力，戰術性刺激推動經濟成長的能力最終仍然可能被兩股力量抵消：

- **市場力量**：市場可能透過推升利率來拒絕財政刺激，進而抵消新增財政支出的影響。
- **政策力量**：如果財政刺激措施被認為有通膨風險，貨幣當局可能會採取緊縮貨幣措施（亦即提高短期利率）來抵消財政刺激的影響。

我們認為，這四種對戰術性刺激的限制力量適用於所有經濟體和各種情境，差別在於，不同的背景條件決定這些限制力量的嚴重程度與約束力。由於近代歷史上戰術性刺激很少受到

戰術性刺激風險

表 11-1

觸發原因	風險		結果	案例
景氣成長乏力	意願	無	貨幣當局反對 維持制度穩定的重要性高於應對週期性風險	2022年的高通膨促使貨幣當局採行緊縮貨幣政策
		無	政治反對 政治考量高於戰勝週期性問題	歐巴馬政府的更多財政刺激方案未獲國會通過（2010年代中期）
		有	推出戰術性刺激措施 政策當局對成長提供順風助力	2017年的美國減稅
	能力	有	市場力量 市場拒絕刺激政策	英國（2022年）；卡特政府的預算導致市場拋售債券（1980年）
		無	政策力量 貨幣與財政政策抵消景氣刺激效果	2022年美國貨幣政策抵消龐大財政支出的刺激效果

- 資料來源：波士頓顧問公司總體經濟學研究中心分析。

限制,許多人對這些約束力量的認識可能相當有限。

貨幣當局反對:聯準會賣權終結?

當通膨率較低或過低時,貨幣當局戰術性的降低政策利率,以促進或保護經濟成長,也就是所謂的「聯準會賣權」(Fed out)[*],這樣做幾乎沒有風險。[3] 降息的代價是通膨增加,但在通膨率原本就低或太低時,通膨增加其實很受歡迎。這也是為何「聯準會賣權」在2010年代成為可靠的刺激機制。在經濟成長低迷且通膨偏低(通膨率遲遲未能上升至2%的目標水準)的情況下,「聯準會賣權」的成本實際上可以說是負值。

舉例而言,2019年時,面對經濟成長減緩和股市賣壓,聯準會以連續降息做出回應。這個決定雖然有爭議,但當時經濟擴張已經來到第九年,失業率仍非常低,通膨率也低於2%的目標水準,因此連續降息的決策被認為合理且必要。基本上,當時的戰術性刺激形同是一種免費的保險。

時間快轉到2022年,美國處於不同的情況。與2019年一樣,經濟擴張步伐不穩,但通膨率已經高於目標水準,聯準會不再急於捍衛經濟成長,反而提高政策利率,以抑制物價,貨幣政策轉變成一股重要的經濟逆風。由於對通膨問題的擔憂超越對經濟成長的擔憂,貨幣當局幫助經濟成長的意願也隨之消

---

[*] 編注:指市場的一種預期,當美股大跌時,市場相信聯準會將介入並實施政策,給予市場信心。

失。

圖11-2顯示，2022年的政策將通膨考量置於成長考量之前，這與過去三十年間形成了鮮明的對比。以往，當股市大幅下跌時（Y軸），短期公債殖利率（貨幣政策的代表，X軸）幾乎總是隨之下滑，顯示聯準會透過降息來捍衛景氣。*但在2022年，縱使股市大跌，債券殖利率仍然繼續上升，因為聯準會優先捍衛通膨結構，而非捍衛景氣（圖11-2中的黑點代表2022年）。顯見貨幣當局寧願承受短期景氣衰退的風險，也不樂見通膨率持續上升。

換句話說，當通膨於2022年捲土重來時，「聯準會賣權」被「聯準會痛苦」（Fed pain）取代，央行開始利用資產價格下跌做為減緩經濟和遏制通膨的手段。這並不是因為疫情後通膨率升高代表通膨環境轉變（參見第十二章），也不是未來幾年通膨環境會改變，但它確實代表通膨風險發生變化，貨幣當局必須做出回應。同時，未來通膨可能繼續維持這種上升傾向（與2010年代相反），需要更頻繁的貨幣政策緊縮（參見第十三章）。這正是為何我們認為，戰術性刺激機制將不會再像2010年代那樣順暢運作。

---

* 譯注：公債殖利率通常與利率出現正相關，當貨幣當局想透過公開市場操作，以寬鬆政策救市或刺激經濟時，它會買進公債，以增加貨幣供給，使得公債價格上漲，債券殖利率下滑，利率下滑。

2022年，貨幣政策捍衛通膨環境，而非捍衛景氣

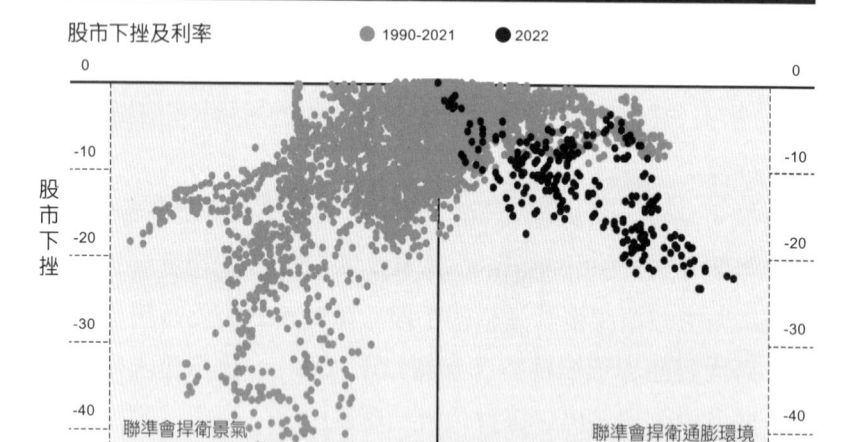

圖 11-2

股市下挫及利率　　●1990-2021　●2022

縱軸：股市下挫（0 至 -50%）
橫軸：美國兩年期公債殖利率變化（-3% 至 3%）

左側標註：聯準會捍衛景氣
右側標註：聯準會捍衛通膨環境

- 註：用標普500指數的6個月滾動最大值的負偏差來衡量股市下挫；美國公債殖利率變化是衡量期間平均殖利率和當日殖利率的差距；資料涵蓋1990年至2022年。
- 資料來源：S&P、Federal Reserve；波士頓顧問公司總體經濟學研究中心分析。

政治反對：黨派利益難擺平

我們在上一章看到，當系統性風險構成威脅時，各黨派的政治利益會快速趨於一致，更可能推出生存性刺激措施。但是機會主義式的戰術性刺激卻缺少這種強制推動力。各黨派對於刺激政策（例如減稅或增加政府支出）有不同看法，加上各黨派間的政治考量，都可能阻礙戰術性刺激措施的推出。分歧的政府也會限制戰術性刺激的實施。

以2011年至2013年間為例，在全球金融危機造成的結構性衝擊下，經濟復甦緩慢乏力，這是推出財政刺激措施的典型環境。但是，當時政治上缺乏推出刺激措施的意願。2010年時，民主黨失去眾議院多數黨地位，擴張性財政政策的時代劃下句點，共和黨人以阻止赤字再擴大為由，反對推出刺激措施。

2017年，情況不同了，共和黨掌控了行政和立法部門*，為透過減稅來提振經濟成長創造了有利的條件。這個事件幾乎可以被視為教科書級示範，顯示出刺激政策的高度政治化。當被問到共和黨之前以阻止赤字擴大為由反對歐巴馬的財政刺激議案，現在為何認為赤字不重要時，共和黨眾議員馬克・華克（Mark Walker）說：「當主政者是民主黨人時，這（赤字）是很好的宣傳點……現在，共和黨掌控兩院和政府，情況就有點不同了。」[4] 當然，不論共和黨或民主黨，兩邊都會展現這種政黨機會主義。

---

* 譯注：此時總統是共和黨的川普，共和黨在眾議院和參議院都是多數黨。

如前所述，同時掌控行政和立法部門之外，也必須透過黨內的紀律，才能推動法案。以拜登政府的經歷為例，儘管他在2020年當選總統之後，民主黨掌控了行政和立法部門[*]，但因為遭到民主黨自家人的阻力[5]，他的新版「新政」法案[**]未能通過。民主黨內較保守的黨員拒絕支持拜登這個超龐大總額的刺激方案，後來，經過刪減與修改的版本《降低通膨法案》（Inflation Reduction Act，主要用於基礎建設與能源轉型）終於獲得支持與通過。我們該預期未來對戰術性刺激方案的政治限制會有改變嗎？與本章討論的另外三種風險相比，政治反對的不確定性比較高。政治利益與權力向來變化無常，未來仍然如此，這些因素將如何與戰術性經濟刺激相互作用，將取決華府當時的具體政治環境。

市場力量：債券衛士重返？

就算清除意願方面的障礙，戰術性刺激仍然必須面對能力的限制。如前所述，市場可能排斥被視為錯誤的財政刺激措施，進而推升利率，導致金融環境收緊。

債券市場長久以來就有能力否決財政刺激方案，這個力量令人敬畏，甚至贏得幾世代的政治人物和政策當局敬重。對財

---

[*] 譯注：2018年美國期中選舉，民主黨重新成為眾議院多數黨，參議院多數黨仍然為共和黨

[**] 譯注：正式名稱為《重建美好法案》（Build Back Better Act）

政浪費抱持懷疑態度的債券交易者（有時被稱為「債券衛士」）如果認為政府的支出計畫會助長通膨，侵蝕他們持有的長期公債價值，他們就會拋售公債，推升利率。[6]債券衛士推升利率，基本上就抵消了財政刺激措施對經濟的刺激效果。[7]

債券衛士盛行於1970與1980年代，後來，隨著結構性高通膨問題被克服，通膨率恢復低水準，債券衛士對政治人物的威脅也逐漸減弱。柯林頓總統的競選顧問詹姆斯・卡維爾（James Carville）在1990年代初期仍然對債券衛士心懷敬畏，他曾說他下輩子想成為債券市場，因為「你可以威嚇所有人」。[8]不過，隨著通膨消退，大家對債券衛士的敬畏也消退。2000年代初期，通膨水準極低，通膨預期也很穩定，據說小布希政府的副總統錢尼覺得債券衛士已經不會帶來麻煩了，甚至宣稱「赤字不要緊」。[9]

債券衛士是否已經重返？2023年秋季，由於高公共債務、赤字膨脹以及政治失靈，美國債券殖利率飆升，許多評論家認為債券衛士重出江湖。有些人甚至聲稱，後疫情時代的通膨已經摧毀美國公債的吸引力，全球準備資產持有人拋售美國債券，導致利率上揚。在我們看來，這是一種錯誤的解讀，推升利率的是美國經濟的週期性以及結構性的強勁表現，以及特殊的金融因素。[10]

必須清楚的一點是，債券衛士的否決力量沒有消失，只是程度上的差異。這取決於不同的背景。我們不需要重返1970和1980年代初期那種通膨體制崩潰的年代，也能看到債券衛士透過較溫和的方式發揮力量。不過，市場的否決力量仍將受到通

膨結構力量的強烈影響。1980年時,卡特總統的預算被市場拒絕,是因為當時正處於結構性高通膨。當通膨結構薄弱時,債券衛士的力量就會強大。因此,未來市場抵消財政刺激的風險正在上升。雖然,我們會在第十二章論述我們認為通膨環境完全轉變的可能性不大,但週期性通膨上升是有可能的(參見第十三章),這使得市場否決的情形比2010年代更有可能發生。

政策力量:央行與政治人物的拉鋸戰

最後,戰術性財政刺激措施的效果可能被央行的貨幣政策抵消。當物價穩定性受到威脅時,央行可能選擇不採行降息的貨幣刺激措施(這是前文談到的第一種戰術性刺激風險:貨幣當局反對),央行也可能在認為財政刺激措施將推升通膨時採取緊縮貨幣措施,抵消財政刺激的效果。

一個近期的例子說明,央行官員如何抵消政治人物的經濟刺激行動。拜登政府在2021年初推出刺激措施。這時民主黨完全執政,推出強力的財政刺激行動,下注於原本就已經強勁的疫情後復甦,而這樣的刺激措施也的確促進經濟成長。[11] 儘管刺激措施取得一定的成效,卻沒有完全取得預期的效果,因為刺激措施助長疫情後由供應鏈瓶頸引發的通膨浪潮。由於通膨升高且持續時間超出預期,聯準會在2022年積極出手降溫經濟,因而削弱了拜登一部分財政刺激效果。

只要經濟持續施展其潛力,且通膨風險仍然傾向升高,對財政刺激的限制就可能會持續存在。如果財政刺激政策不那麼

激進,也就是在優化政府支出的同時控制赤字,財政政策可能會更有效。

昨日的刺激夢

要了解戰術性刺激未來可能受到什麼限制,一種方法是分析前文討論的四種風險,看看這四種風險如何展現它們的威力。另一種方法則是檢視現在已不存在,但過去出現過更大刺激政策的構想與願景。

2010年代,因為結構性需求不足,使得經濟成長長期趨緩,於是有人呼籲再擴大原本已經加足燃料的戰術性刺激機制。[12]其中,有人提議實行全民基本收入,有人倡議現代貨幣理論(modern monetary theory),由此可見這場政策辯論推進得多遠。[13] 2020年民主黨總統初選期間,這兩個概念甚至從政策邊緣走向了主流舞台。

回過頭來看,這兩項政策提議說明了政策論述已經擺脫我們在上文中提到的刺激措施限制。不論是全民基本收入還是現代貨幣理論,本質都是尋求永久的確立順週期刺激政策:不只是機動發起的戰術性刺激措施,而是長久、自動且持續的刺激機制。以全民基本收入來說,構想是不論個人是否參與勞動市場,政府都將持續支付所得給個人,以達到永久提供刺激的效果。

就現代貨幣理論來說,其核心觀點是政府無需徵稅以支應政府支出,只需要仰賴央行創造貨幣就行。而且貨幣創造的數

量應該多到使得經濟體系中的所有資源都被充分利用、勞工充分就業為止,稅收只應做為調節通膨的工具。這種思考方式將需要徹底重新安排財政與貨幣的運作機制,在我們看來是不可行的。

儘管這些政策理念不會消失,但在一個勞動市場趨緊、週期性通膨率升高、戰術性刺激能力減弱的世界,它們的吸引力已經降低。我們已經不再探討是否需要一套新的刺激工具。但是,如果產能過剩且通膨疲弱的時代再度到來,進而消除戰術性刺激措施的風險與限制,那麼這類政策理念很可能會重新受到關注。

切記,戰術性刺激將更難推動

在整個經濟週期中,戰術性刺激往往是政策辯論的焦點,因此了解其運行機制、成功的可能性,以及失敗的風險,對於評估戰術性成長前景與週期性風險至關重要。跟生存性刺激措施一樣,能力及意願仍然是分析戰術性刺激措施的重點。但與生存性刺激不同的地方是,過去支持戰術性刺激的環境已經發生變化,刺激措施自動啟動的可能性恐怕已經消失。爆發新冠肺炎疫情前的十年間,戰術性刺激措施,尤其是貨幣性刺激措施,幾乎沒有限制,但如今戰術性刺激受到更大的限制,而且未來這種情形可能會持續存在。

● **通膨上行風險導致戰術性刺激措施受限**。免費的聯準會

賣權已經消失,只要通膨率仍然處於高位,貨幣政策當局就不願在出現問題的第一時間立即採取刺激措施。
- **政治考量依然存在**。政黨分歧與如何使用財政刺激的不同看法一直存在。當政治力量不協調時,使用戰術性刺激措施的意願就會降低。
- **債券衛士正重出江湖**。雖然債券衛士的影響力還沒有完全恢復,而且,除非通膨體制崩潰,他們的力量也不會完全恢復,但債券市場對過度的財政刺激措施做出負面反應的可能性明顯上升。除非發生危機,債券衛士的影響力才可能減弱。
- **貨幣政策抵消財政政策**。當財政政策推升通膨時,貨幣政策當局將出手抑制物價,財政政策的刺激成效將被抵消,淨成效將非常有限。為了讓聯準會保護通膨結構,這種政治獨立性有其必要。

疫情後的通膨現象限制戰術性措施推出,如果通膨環境變成常態,刺激性政策甚至會更加受限。下一章將探討什麼樣的情況會導致原本穩定的通膨環境瓦解。

第十二章

通膨環境很難轉變

　　偏低且穩定的通膨是良性總體經濟的基礎。我們已經看到這種通膨環境如何讓政府更有能力推出刺激措施，延長經濟週期。在後續章節裡，我們也會看到這種通膨結構如何有助於支撐債務與維持適度的利率水準（這將提高資產評價）。

　　我們把這種穩定的通膨環境稱為「沃克遺產」，指的是前聯準會主席保羅・沃克在1980年代初期，成功的使失控的通膨預期再度穩定下來，這一舉措為此後數十年帶來巨大的結構性優勢。如圖12-1所示，低通膨結構也大大穩定了利率水準。如果這種結構被打破，就會發生連鎖式的結構性降級。所有經濟衰退都是痛苦的，金融衰退尤其險惡，但通膨環境的崩塌比單純的經濟衰退更可怕。如果經濟轉向高通膨且通膨波動持續不穩的狀態，就會導致一個停滯的年代和完全改變的商業環境，就像1970年沃克終結的險惡總經年代一樣。[1]這種狀況絕對不能再重演。

第十二章　通膨環境很難轉變

通膨飆升時，如同新冠肺炎疫情後的情形（參見圖12-1），必然引起領導人的注意。對於企業主管和投資人來說，最關鍵的問題是：這是結構性體制的改變，還是通膨的短暫週期性上升？結構性體制的改變與週期性通膨非常不同，週期性通膨可能劇烈且痛苦，但不那麼積重難返，對總體經濟的影響也不那麼嚴重。

我們不能把這兩者混為一談，這兩種狀況為企業和投資人帶來完全不同的挑戰。本章旨在有效區別這兩者，之後，在第

沃克遺產成功穩定通膨

圖 12-1

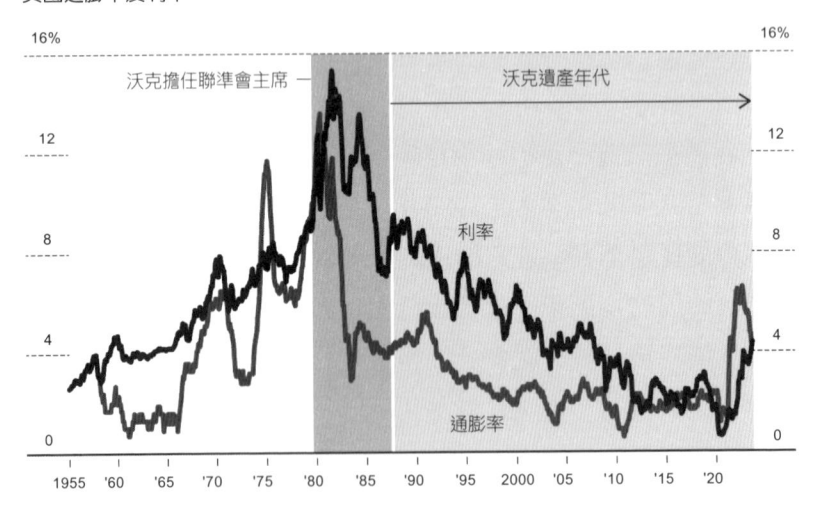

美國通膨率及利率

- 註：通膨率是核心消費者物價指數（core CPI），統計至 2023 年 8 月止；利率是 10 年期公債殖利率，統計至 2023 年 9 月止。
- 資料來源：BLS、Federal Reserve；波士頓顧問公司總體經濟學研究中心分析。

十三章，我們會更全面的探討週期性通膨。

當通膨率在疫情後飆升時，輿論把結構性通膨變化與週期性通膨混為一談。由於二、三十年沒有經歷過顯著的通膨，許多評論家狂熱的擁抱「重返1970年代」的敘事：那是一個總體經濟環境險惡、人們預期高通膨會長期持續的時代。但是，把高通膨與結構性通膨劃上等號，會得出一個假警報，引發錯誤的恐懼與行動，要求政策提前引發經濟衰退以壓抑通膨。我們的論點認為，要讓通膨環境發生變化的門檻很高，必須要政策當局持續犯錯並長期疏忽才有可能發生，但這機率很低。

正確預測週期性通膨是不可能的任務（參見下一章），但我們能區別結構性和週期性通膨。本章說明如何辨識結構性風險。2020年代初期的通膨恐慌只是一個假警報：儘管當中充滿波折，但在當時就有可能診斷出這只是假警報。

結構性通膨與週期性通膨

如何辨識通膨是不是結構性通膨？或許你會覺得意外，這個問題的答案並不是物價成長5%、10%、或20%。為了提供一套真正有用的判斷標準，我們把兩種通膨情境並列在圖12-2裡：1940年代的週期性通膨緊縮，以及1970年代的結構性通膨環境轉變。兩者對比，有助於提供可靠的見解，辨別週期性通膨與結構性通膨。

首先，我們看到1940年代的通膨水準遠高於1970年代的通膨，一度高達近20%，在此一年前，通膨率還不到3%。其

週期性通膨還是結構性通膨？

圖 12-2

1940年代：起伏波動（瓶頸）
通膨擠壓上升，接著回落……，但債券殖利率沒有反應

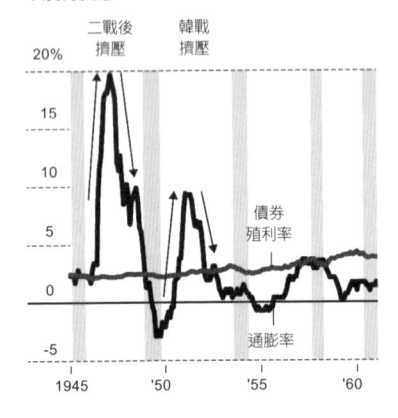

1960年代/1970年代：持續上升（結構性轉變）
通膨不斷走高……債券殖利率反映持續上升的壓力

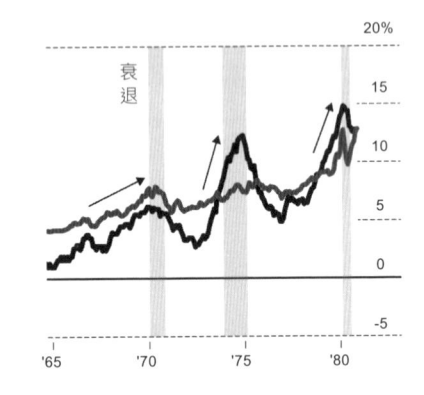

- 註：通膨率是消費者物價指數（CPI）年增率（%）；債券殖利率是長期公債殖利率。
- 資料來源：FRB、BLS、NBER；波士頓顧問公司總體經濟學研究中心分析。

次，由於1940年代的通膨並非根深柢固，最終只是短暫出現，儘管這裡的短暫指的是持續好幾年。第三，1940年代的通膨並不需要強烈的貨幣政策抑制，也沒有像1970年代險惡的總體經濟通膨那樣，伴隨著勞動市場過剩與停滯性通膨。因此可以說，儘管1940年代的通膨幅度更高、發生更快，但是棘手程度遠低於1970年代。

當然，上述很多狀況我們無法在當下立刻確知，但可以思考三個問題，來幫助我們研判當前的通膨有沒有可能演變成結構性通膨：

- **供需失調**。供給和需求是否受到不尋常的干擾？這種失衡是區別週期性通膨與結構性通膨的重要因子。1940年代後期的通膨飆升，是因為戰後和平時期消費者需求突然激增，但戰後的供給無法快速跟上而導致[2]。需求激增帶來的瓶頸效應，推升物價成長達將近20％，但之後供給趕上，通膨也就隨之降低。反觀1970年代的通膨並非始於突然的供需失調，而是對原本已經緊縮的經濟施以財政刺激的同時，又持續降息，造成通膨環境逐步轉變。看起來似乎有點矛盾的是，一個異常劇烈的通膨率飆升，反而有可能是週期性問題，而不是結構性改變。

- **通膨預期**。長期通膨預期是否不穩定？通膨預期是判斷通膨是否具有結構性的指標。當人們預期通膨將長久持續時，這些預期將成為薪資與價格談判的基礎，進而持續推升通膨。1940年代儘管出現高通膨，但長期通膨預期似乎並未升高。雖然，我們現在對通膨預期有更直接的衡量方式，但在過去，長期公債殖利率的平穩表現象徵通膨預期穩定（因為債券殖利率中內含投資人要求的通膨補償，如圖12-2中的灰色線所示）。雖然二戰後幾年，美國公債市場一直受到貨幣政策抑制，但從平穩的公債殖利率可以合理的推論，投資人預期中期通膨會趨於溫和，而實際情況也確實如此。[3]但是，自1960年代後期一直到1970年代，在通膨預期不穩定之下，債券殖利率幾乎與通膨率同步上升。通膨的上升被預期會持續存在，這代表通膨環境已經發生變化。

- **貨幣政策訊號**。貨幣政策會抑制物價上漲嗎？在經濟發展與吸收外部衝擊的過程中，央行是物價穩定性的最終守護者。央行可能會犯錯，甚至犯下嚴重錯誤，但重點在於它們是否能持續對抗通膨。當通膨高得令人不安時，如果政策當局有比穩定物價更重要的政策目標，這將是嚴重的警訊，尤其是在央行的政治獨立性看起來受到影響的情況下。[4] 1950年代初期，美國貨幣政策當局曾努力擺脫財政部的控制，以提高債券殖利率上限，對抗通膨。[5] 相反的，1960年代末期（這是導致1970年代通膨的關鍵時期），貨幣政策當局沒有維持他們的獨立性，與財政當局協調，因此無法有效遏止持續上升的通膨。持續維持寬鬆的貨幣政策導致通膨環境轉變。當時政策當局受到政治壓力影響，錯誤的相信通膨與失業之間存在長期的消長關係。這兩件事讓政策當局維持寬鬆政策很長一段期間。[6] 政策不會永遠都是對的，犯錯在所難免，但如果政策把努力穩定物價擺在第一優先，並且願意堅持這麼做，將能成為對抗通膨環境崩壞的強力護欄。[7] 通膨，尤其是結構性通膨，是一種貨幣政策現象。[8]

後疫情時代的通膨

1940年代和1970年代的通膨不僅僅是引人入勝的歷史[9]，也提供可靠（雖然不是完美無缺）的視角，用以評估通膨的結構性風險。2021年及2022年，當人們對通膨環境崩壞的擔憂達

真危機與假警報 | 201

到頂峰時，種種問題其實可以簡化為一個問題：後疫情時代通膨率的上升更像1940年代的週期性通膨，或者更像是1970年代的結構性通膨？[10] 我們回到前面提到的三個分析角度：

首先，疫情後的經濟復甦帶來嚴重的供需失調，類似二戰之後和韓戰開始後的市場扭曲情形。當時，消費者擔心會實行配給制，忙著搶購貨品。圖12-3顯示疫情期間，由於大量的財政刺激與消費者被壓抑的需求，導致商品需求在短期內大幅超越正常水準（左圖），與此同時又碰上供給短缺，出現供需失衡

圖12-3　供需不平衡一度賦予廠商強大訂價權

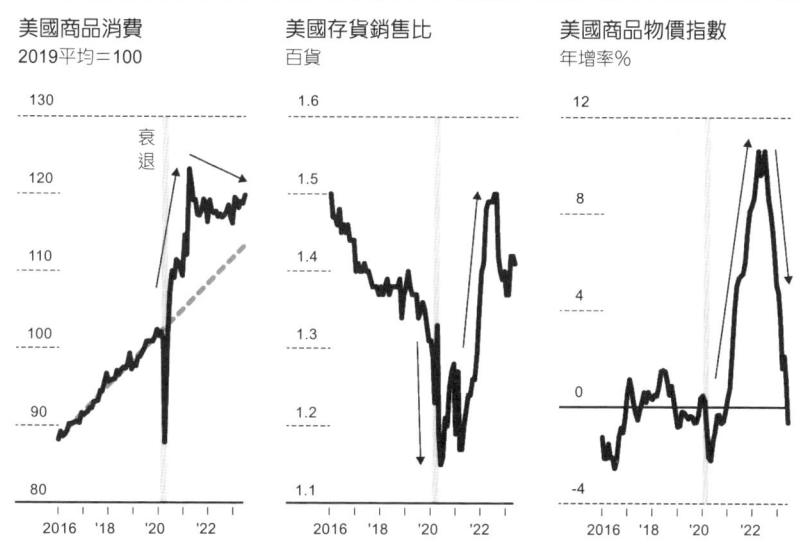

美國商品消費
2019平均＝100

美國存貨銷售比
百貨

美國商品物價指數
年增率％

- 註：消費是指實質個人消費支出（使用2012年美元幣值）；物價指數是指個人貨品消費支出物價指數；趨勢線是基於2015-2019年的線性回歸；消費和物價資料統計至2023年6月止，存貨資料統計至2023年5月止。
- 資料來源：BEA、Census Bureau、NBER；波士頓顧問公司總體經濟學研究中心分析。

的狀態。這種特殊現象賦予廠商不尋常的訂價權。平時，廠商擔心市占率流失，不敢任意漲價，但當強勁需求遇上供給有限的狀況時，所有廠商都有可能調漲價格，而不必擔心市占率流失。所有變化匯集起來，就帶動通膨率上升。但是隨著需求過熱的情況消退，庫存重新累積（而且是過度累積），廠商的訂價能力減弱，通膨水準因此回落。

其次，長期通膨預期從未出現實質變化，這是可以立刻觀察到的現象。圖12-4顯示實際通膨相對於市場隱含對未來六到十年間的通膨預期（1990年代末期推出的美國抗通膨公債

圖12-4　疫情期間通膨上升，未明顯改變市場長期通膨預期

市場預期及消費者物價指數（CPI）　　消費者預期及消費者物價指數（CPI）

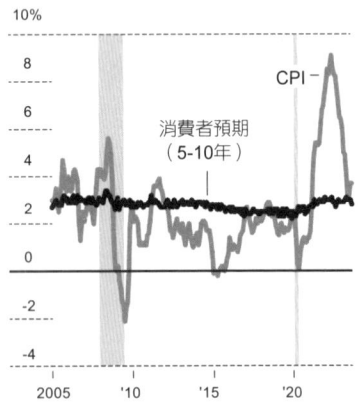

- 註：CPI是年增率；5Y5Y＝未來第五年開始的五年通膨預期；右圖中的消費者預期是密西根大學的調查得出的中位數；存貨資料統計至2023年9月止。
- 資料來源：BLS、Bloomberg、University of Michigan、NBER；波士頓顧問公司總體經濟學研究中心分析。

〔Treasury Inflation-Protected Securities, TIPS〕，讓我們可以直接衡量投資人要求的通膨補償）。即便實際通膨率已攀升至超過9%，創下40年來的新高，投資人也從未認為我們已經進入類似1970年代的新通膨時期。值得一提的是，調查資料顯示，消費者的預期保持一致（圖12-4中的右圖），消費者對未來五年的通膨預期信心穩定，不認為通膨會失控。

第三，貨幣政策。輿論強烈覺得聯準會在這個議題上怠忽職守，造成通膨環境轉變。是的，面對一連串外部衝擊，包括烏克蘭戰爭及伴隨而來的能源衝擊，聯準會的升息行動開始得太慢。但是這種慢半拍的行動一定會導致通膨環境轉變嗎？聯準會太慢升息，並非因為它不重視物價穩定，或是受到政治干預。在我們看來，說聯準會將坐視通膨環境轉變，從來就不可信。[11]

儘管聯準會不需面對通膨環境轉變的局面，卻必須面對數十年來最嚴峻的通膨環境穩定性挑戰。這或許更能反應出目前通膨環境有多穩定，而不是危機有多嚴重，但是輕忽結構性風險絕非安心或明智之舉，尤其結構性通膨總是以週期性通膨開始。此外，通膨的發展路徑不是線性的，容易受到各種衝擊的影響，風險和驅動因素也會隨著時間改變。在2021年一開始物價上漲之後，出現更多挑戰：外部挑戰有烏克蘭戰爭導致的能源價格衝擊，內部有勞動力短缺帶來的薪資成長，這些因素導致通膨率的高峰比原本的預期更高、出現得更晚。而通膨上升期拖得愈長，通膨環境轉變的可能性愈大。

在上述討論的三個角度當中，政策當局的角色最具爭議

性、討論最多、最難判斷，但是也最重要。下文讓我們更詳細探討政策當局的角色，以及他們面對的選擇。

先發制人的代價

儘管通膨環境不像輿論認為的那樣有很高的機率會轉變，但一旦發生，後果就會非常嚴重，低機率事件會不成比例的產生嚴重的影響。既然潛在傷害如此嚴重，為何要容許危機有發生的可能？

這個想法聽起來很吸引人，但實際上非常有挑戰，因為其邏輯上的政策建議是先引發一場先發制人的經濟衰退來扭轉通膨，而不是試圖讓過熱的經濟逐步降溫（也就是所謂的「軟著陸」）。事實上，2021與2022年時，有些人擔心貨幣政策當局沒有認真看待通膨問題，因此主張採取這種嚴厲的方法來降低通膨環境轉變的風險。[12] 但是，政策當局的反應遲緩，顯示他們相信通膨完全是由一次性因素驅動，而不是代表它們沒有將穩定物價擺在第一優先。當通膨擴大時，聯準會做出積極且持續的應對措施，清楚展示它們致力於穩定物價，以及捍衛通膨環境的決心。

在一個長期通膨預期穩定的經濟體中，我們很難為先發制人的政策行動找到合理的依據。問題在於這麼做的代價：為了對抗通膨而主動觸發經濟衰退，得以高昂的人民福祉為代價。如果通膨預期已經很穩定，結構性轉變的可能性很低，為什麼要付出這樣的代價？[13]

保羅・沃克於1980年代初期修復美國破裂的通膨環境，常被用來做為支持先發制人政策的樣板。但沃克當年的嚴厲方法並不是預防性措施，而是治療性措施。當時的經濟問題已經很明顯：自1960年代末期起，通膨問題就已經在經濟體系中蔓延擴散了。沃克做的事情是重新穩定正在轉變中的通膨環境，而不是保護一個健康的通膨體系。如果制度性崩潰只是有可能發生的事，而不是既成事實，那就是不同的盤算了。

強迫性降低通膨的代價很高，不只是經濟衰退，還會讓可能會出現的經濟擴張被強迫取消。如果2022年3月聯準會開始推動遲來的升息週期，就會中斷當時的景氣週期，美國經濟將損失一個非常強勁、使所得分配底層受益最大的就業市場。[14] 所幸，聯準會沒有這麼做。到了2023年第四季，美國經濟並未衰退，而且通膨率已經從9.1％降低至近3％，同時失業率仍然維持在近十年間的最低水準。

2023年美國經濟的表現顯然符合「軟著陸」的定義，需要明顯的經濟衰退才能壓低通膨的論點並未成立。經濟學家勞倫斯・桑默斯（Larry Summers）在2022年6月說：「我們需要五年高於5％的失業率來抑制通膨，換言之，我們需要兩年7.5％的失業率，或五年的6％失業率，或是一年的10％失業率。」[15] 雖然未來必將會有另一場經濟衰退到來，但2023年的情形證明，只要審慎評估過通膨環境的穩定性，那麼追求經濟成功軟著陸的可能性是值得冒險的。在後疫情期間的經濟中，結構性通膨的風險被誇大了，聯準會致力於追求軟著陸是正確的行動。

我們認為沃克遺產在這裡有不同的意義。現今的政策當局

不需要採行那麼嚴厲的措施來抑制通膨,正是因為他們擁有沃克遺產。沃克當年的行動將美國經濟帶上一條長期通膨下滑的軌道,奠定穩定的通膨預期:這是本章開頭說的良性總體經濟的基礎。無疑的,聯準會在2021年和2022年動用了沃克遺產。事後來看,聯準會對通膨上升的反應的確遲緩,但因為有沃克遺產,通膨預期仍然穩定,市場也能吸收這樣的過失。重點是,聯準會看起來能夠良好管理沃克遺產,其收緊貨幣的力道足夠壓制通膨。聯準會選擇將政策重心重新投入於穩定物價,而非浪費「沃克遺產」(穩定的通膨環境狀態)。在我們看來,任何審慎觀察央行行動的人,應該都可以預見這樣的結果。

導致通膨環境轉變的原因

未來的通膨結構最終掌握在貨幣政策當局手裡,他們會浪費或是強化沃克遺產?我們不能排除有可能重返通膨失控的狀態,但這種轉變不會是因為某一次衝擊或政策失誤導致。

只有當貨幣政策長期未能遏止物價持續上漲,週期性通膨才會轉變成根深柢固的結構性通膨。這不會突然發生[16],也不是幾個月或幾季就會產生的結果,而是必須歷經多年的過程,而且在這個過程中,貨幣政策必須持續走錯方向。1970年代的通膨不僅僅是油價上漲和尼克森總統暫停金本位制造成的衝擊。這樣的描述太過簡化。這場通膨的根源可以回溯到既要槍枝(打越戰)、又要奶油(推行「大社會計畫」〔Great Society programs〕)的政策,以及缺乏勇氣對抗通膨的貨幣政策。早在

1966年,儘管通膨已經高到令人不安了,聯準會仍然放寬貨幣政策。[17]

是什麼原因導致這種持續的政策錯誤呢?評估結構性通膨風險時,要觀察的關鍵是貨幣政策當局是否把就業(或其他目標)擺在穩定物價之前。如果長期通膨預期太高而且持續升高時,不把穩定物價擺在第一優先的政策作為將招致災難。1970年代通膨災難的另一個關鍵是,當高通膨狀態已經難以逆轉,聯準會就會認為重建健康的通膨環境代價太高。[18]

現在的政策當局同樣可能犯錯,但兩個現實狀況使得政策持續犯錯的可能性比以往低。首先,如今的聯準會更獨立。並不是政治人物不想依賴央行官員配合他們的財政刺激措施,但這種依賴行為會受到貨幣政策當局阻撓。[19]過去,財政政策與貨幣政策之間關係緊密不僅被視為合理,也很恰當。第二,當前的貨幣政策當局認為,在必要時對經濟施加壓力以保護通膨環境,這是他們的職責,這種觀點與態度也降低政策持續犯錯的風險。雖然貨幣政策當局絕非完美,但他們清楚了解自己可能犯錯,並將穩定物價列為第一優先考量,這將有助於維持通膨環境。

切記,通膨環境轉變是一種過程

儘管通膨環境轉變是有可能發生的風險,也必須嚴肅看待,但我們也應該了解輿論太容易誇大這一風險。在後疫情時代的通膨壓力中,通膨環境轉變經常被描述成一個既成事實。

領導人對這類論點應該抱持懷疑態度。未來週期性通膨可能呈現上升趨勢（參見下一章），關於通膨環境轉變的論點將再度出現，領導人將被迫更常在週期性通膨與結構性通膨之間做出評估與判斷。

最重要的是，領導人應該了解，通膨環境轉變是一種過程，不是一起事件。以下是一些應該牢記的要點：

- **高通膨率無法說明通膨環境是否會轉變**。通膨率或其飆升的速度雖然可能令人不安，但這些指標無法告訴我們這是否代表長期結構性通膨的開始。巨大的通膨衝擊（例如1940年代高通膨導致的通膨飆升）有可能完全復原，但相對溫和的通膨水準卻有可能是通膨環境轉變和結構性衰退的開端（例如1960年代末期的情形）。
- **相信訊號，別相信頭版新聞**。雖然這些訊號並非萬無一失，但從供需失調、通膨預期以及貨幣政策行動這三個層面可以大致看出結構性風險。別聚焦於新聞，應該聚焦於訊號。
- **對貨幣政策保持一點信心**。通膨環境轉變通常需要滿足至少一個條件：持續誤判適當的政策；將穩定物價以外的目標置於優先順序；央行失去獨立性。三種情況都值得觀察，但我們不該一開始就假定這些狀況都已經發生。此外還要記住，先發制人對抗通膨環境轉變風險的代價很高；儘管如此，這類行動可能是為了避免失業率上升的必要措施，不代表忽視沃克遺產。

- **了解通膨對企業的影響。** 通膨反映企業的集體訂價力量。2021年及2022年,一些企業領導人誤將通膨危機視為結構性問題,在企業訂價能力減弱的狀況下做出錯誤的判斷。話雖如此,未來週期性通膨上升及波動的趨向較大,使得對價格變動的管理將比以往都更加重要。

儘管通膨環境依然穩定,我們也認為這種狀態將繼續維持,但與2010年代相比,通膨已經在許多重要方面發生變化。下一章將探討週期性通膨的上升趨勢。

第十三章

與通膨上升趨勢共處

雖然疫情後並未發生通膨環境轉變的情形,我們也認為發生這種情形的風險仍然很低(參見上一章),但這不代表週期性通膨將重返2020年之前的狀態,那種通膨下行的狀態可能已經成為過去。

2010年代的大部分時間,通膨率都難以達到聯準會2%的目標,有時甚至低得令人不安。但是這種週期性通膨下行趨勢很有可能已經反轉成上行趨勢,因為實體經濟的緊縮時期經常把通膨率推升到高於2%的政策目標水準。我們認為,儘管物價成長將繼續隨著景氣週期波動(包括向下波動且低於目標水準),但這種通膨率大致呈現上升的趨勢將持續多年。週期性通膨的再現,傷害性雖然遠遠比不上通膨環境轉變造成的傷害,但仍然需要貨幣政策保持警覺並加以干預,因為這代表商業環境的一大重要改變。

如何評估週期性通膨風險呢?與上一章談到的區別結構性

通膨與週期性通膨不同,我們無法準確預測短期通膨走勢。與其依賴經常失靈的預測,企業領導人應該評估週期性通膨的走向與趨勢。歸根結底,希望有效評估並了解通膨影響的人,也必須將貨幣政策當局可能做出的反應納入考量,因此本章還會討論觀察聯準會的兩種工具。

為何無法預測週期性通膨?

為什麼評估短期通膨時不能只依賴預測呢?因為預測很困難,或者更正確的說,不可能持續正確的預測週期性通膨。我們這麼說,不是因為我們低估了新冠疫情後的通膨率上升,也不是因為可能有戰爭和供應鏈破壞等無法預料到的衝擊,導致物價上漲。即使沒有外部衝擊,也沒有任何模型或框架能可靠的預測通膨走向。圖13-1比較2010年以來一年期的通膨預測與實際通膨率。結果顯示,即使是在疫情前通膨率相對平穩時期,大多數預測都是錯誤的,而且誤差很大。預測正確的時候,往往只是因為實際通膨率正好與2%的通膨目標一致,就像是壞掉的鐘,一天也會正確報時兩次。

疫情後的通膨率激升符合這種無法預料的變化型態。固然,財政政策引發的需求過熱相當明顯,有些人因此在2021年初警告慎防通膨來臨[1],但是這些警告是基於正確的理由嗎?除了需求過熱,較少人預測到當時同時發生的供給短缺,包括實體供應鏈瓶頸以及勞動參與率復原過程,這些因素都在當年稍晚才慢慢浮上檯面。當然,烏克蘭戰爭以及戰爭導致的能源衝

真危機與假警報 | 213

疫情前後，通膨預測都不準

圖 13-1

消費者物價指數和共識預測
（年增率）

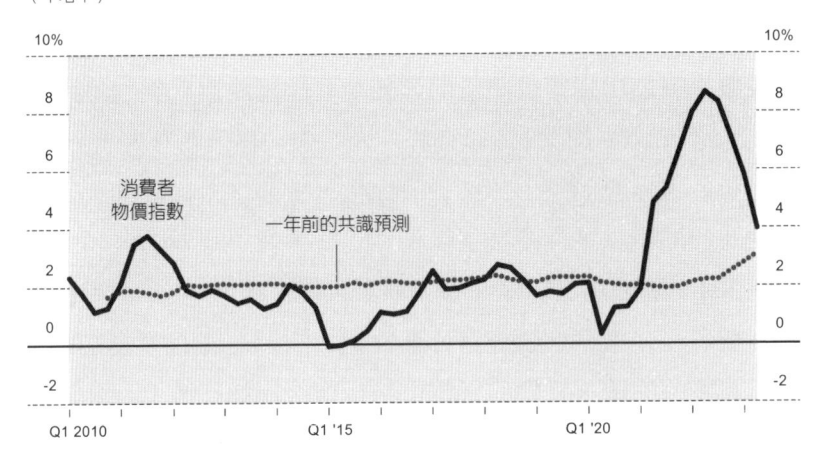

[圖表：2010 Q1 至 2023 年第二季的消費者物價指數與一年前的共識預測走勢。消費者物價指數在 2020 年後大幅飆升至約 8%，而共識預測長期維持在約 2%。]

- 註：統計至 2023 年第二季。
- 資料來源：Bloomberg consensus (median forecast)、BLS；波士頓顧問公司總體經濟學研究中心分析。

擊都是無法預測的，這也導致通膨高峰出現的時間比預期的更晚、更高。自認為正確預測財政刺激措施導致通膨上升的人，實際上把自己沒有預料到的一系列供給面衝擊也歸功給自己。

所以，我們不應該期待有人能做出正確預測，也不該尋求有效的模型，而是應該了解，沒有任何模型能良好的預測週期性通膨的走向。我們在本書中致力為讀者提供能夠幫助描繪總體經濟的分析架構、模型、機制及驅動因素（參見第二章）。雖然，我們一再強調這些工具不能提供最終答案，但在這裡，我們要進一步強調，驅動因素不太可靠，趨勢變化也不夠明確，

我們頂多只能評估通膨的大致走向與趨勢。接下來，我們將說明為什麼常見的方法無法準確的預測通膨。

首先是貨幣主義。貨幣學派大師米爾頓・傅利曼（Milton Friedman）說過一句名言：「不論何時何地，**通膨都是一種貨幣現象**，只能由貨幣供應量的增加速度超過產出成長速度所引起。」這句話似乎已經烙印在許多人心中，包括商界人士。[2] 儘管這句名言邏輯清楚，卻被過於簡化。貨幣供給影響通膨，但即便我們知道貨幣供給發生變化（這比想像中還要困難，因為貨幣供給的衡量方式很多，金融體系也很複雜），也無法有信心的判斷現在或未來通膨會有什麼變化。兩者之間的關連性實在太過複雜。的確，寬鬆的貨幣供給可能促使通膨率上升，緊縮的貨幣供給可能壓低通膨，但正如圖13-2所示，這種關連性並不精確，無法讓我們可靠的預測通膨走勢：貨幣供給增加和通膨之間並沒有明顯的關聯。通膨或許是一種貨幣現象，但貨幣也始終是一個薄弱、不可靠的通膨預測因子。[3]

其次是最常被銀行用來建立短期預測的各種量化預測模型（我們在第二章討論到的「物理學妒羨」現象，就是一個好例子）。關於這類模型，最值得一提的是，慣性通常是這類模型當中最強大的變數。簡單來說，預測模型的核心假設是：明天的通膨與今天相同。當通膨保持穩定時，這樣的預測沒有問題（這也可以解釋為何圖13-1中未來一年的預測如此接近2%的通膨目標），但是，這或許更能看出這類模型的弱點，而非其有效性。雖然這類模型有其價值，尤其是在幫助了解通膨環境時，但無法可靠預測未來通膨的可能走向。

貨幣供給與物價成長的正相關其實不明確

圖 13-2

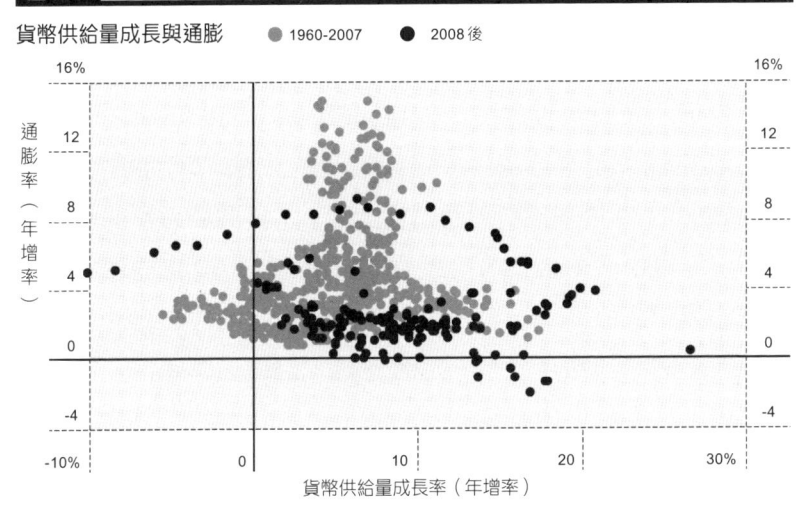

貨幣供給量成長與通膨　● 1960-2007　● 2008後

- 註：通膨率以消費者物價指數（CPI）衡量；貨幣供給量成長率以 M1 變化率表示；X 軸是截短 30%以放大刻度；統計至 2023 年 6 月止。
- 資料來源：Historical Statistics of the United States、Federal Reserve Board、BLS；波士頓顧問公司總體經濟學研究中心分析。

　　第三是著名的菲利浦曲線（Phillips curve）。這個模型的理論觀點是：通膨與勞動市場的緊俏程度有關，失業率愈低，通膨率愈高。這個邏輯很合理：如果低失業率讓勞工更有勇氣要求更高的薪資，而薪資成長大過於生產力成長，那麼就可能引發較高的通膨率。但是全球金融危機之後，失業率先是攀升，接著下滑，對通膨影響有限。在後疫情的通膨恐懼中，物價上漲遠早於勞動市場顯示的通膨壓力，而且當通膨開始回落時，失業率仍在持續下降。這並不是說菲利浦曲線毫無價值，菲利浦曲線仍然有參考意義，尤其是在服務業的價格上漲方面，薪

資水準的確會有很大的影響。但是菲利浦曲線不能提供準確的預測。[4]

還有其他方法可以了解通膨,包括更學術性的理論,例如物價水準財政理論(fiscal theory of price level,財政政策的可靠性決定通膨率);更政治性的方法,例如貪婪膨脹(greedflation,企業獲利驅動價格上漲);更個體經濟的觀點,例如市場集中度(企業的壟斷力量驅動通膨)。[5]這些理論都有一定的邏輯,但沒有一個理論能準確預測週期性通膨的走向。這些理論的共通點在於有一定的邏輯,但缺乏準確性,無法告訴你接下來會發生什麼事。

通膨趨勢反轉

預測缺乏準確性,是否代表企業領導人無法應對週期性通膨風險?不盡然。儘管我們無法準確預測通膨的具體走向,但仍然有可能(並且有必要)明智的評估通膨的趨勢。

我們認為,通膨的基本趨勢可能已經反轉。就在幾年前,各國央行因為通膨率持續低於政策目標而憂心忡忡,甚至擔心可能出現類似日本的通縮。聯準會對此非常擔憂,甚至檢討貨幣政策,思考該如何在低通膨風險下運作。[6]然而在2020年8月發布檢討結論時,結論已經顯得過時。

儘管尚無定論,但有愈來愈強烈的跡象顯示,以往造成通膨率下行的驅動因素正在反轉,可能轉而促使通膨率上行:

從寬鬆勞動市場轉為緊俏年代。2010年代,通膨率下行

的一個重要原因是勞動市場持續寬鬆。2008年全球金融危機導致失業率飆升，之後花了近十年時間失業率才逐步回落。但是到了2017年，勞動市場變得緊俏（參見圖13-3），如果緊俏狀態持續，最終將推升物價上揚。這個趨勢被新冠肺炎疫情這個外部衝擊打破，導致失業率上升到甚至比全球金融危機期間還高。但是僅僅一年多，經濟復甦帶來比2019年更緊俏的勞動市場。未來，勞動力市場是否會維持這種緊張狀態尚無定論。人工智慧也許能紓解勞動市場壓力，但人口高齡化可能會加劇緊張[7]。不過，我們對這兩種因素會在2020年代快速產生影響抱持懷疑態度（參見第二十一章的討論）。我們認為，除非發生新的結構性衝擊，例如嚴重的金融衰退或通膨環境轉變，否則，勞動市場緊俏年代將會持續下去。

全球價值鏈從通縮到通膨。過去幾十年，全球生產活動的首要目標是降低成本與提高效率。新興的全球價值鏈網絡，使耐久財市場經歷了多年的通膨下滑（參見第十九章）。但隨著全球價值鏈的目標開始轉向國家安全及韌性，原先推動通縮的驅動力可能減弱，甚至轉變成推動通膨的力量，加劇週期性通膨風險的上行趨勢。

從投資低迷到投資信心增強。全球經濟正在發生結構性變化，從以往的投資低迷轉變為需要（並渴望）加大投資的時代。投資需求增加不僅是因為在經濟潛力發揮之下需要更多產能，也出於戰略考量，包括去碳化、國家安全、技術領導力等等。這代表未來的資本支出需求可能會在一段時間內維持較高水準。儘管長期來看，新增產能將有助於抑制通膨，但短期內

較高的投資支出會增加通膨上升的風險。

必須強調的是，通膨上行不一定能持續，通膨仍然有可能重返下行趨勢。事實上，我們認為如果時間夠長，例如十五年後，通膨很有可能再次出現下行趨勢。不過就2020年代而言，通膨上行的壓力比較大（參見第二十一章）。

觀察聯準會

接受通膨的不可預測性，並聚焦在通膨的上行趨勢，是評估週期性通膨的重要基礎。但這只是一半的故事，另一半故事是觀察貨幣政策如何反應。貨幣政策當局對通膨的了解一樣不完美，使用的工具也很粗糙，但觀察及了解貨幣當局對通膨風險的看法以及他們可能會做出的反應非常重要。

那麼，我們該如何評估貨幣政策當局的行動呢？觀察聯準會本身就是一個複雜的工作，需要解讀央行行長所講的每字每句，並依賴各種複雜的模型，但這對企業主管來說往往沒有多大價值。企業主管應該要知道的是兩個左右央行思維的核心概念。

首先，央行官員如何研判經濟是否太緊俏、是否存在通膨風險？央行通常會將失業率與一個被視為自然（或中性）的基準失業率相比。這個自然失業率稱為 u^*，代表一個既不緊張（可能會使通膨升高）、也不寬鬆（可能使得通膨下滑）的失業率。但是自然失業率 u^* 會隨著時間變化[8]，因此，沒有一個絕對水準的失業率會被認為一定有問題，央行看的是實際失業

率（u）與自然失業率（u*）之間的差距。圖13-3顯示在這個架構下，美國勞動市場緊縮與寬鬆的歷史，並凸顯之前我們提過的勞動力「緊俏年代」的興起（如前文所述，爆發疫情之前幾年，勞動市場已經趨緊，疫情只是中斷這個進程）。[9]必須注意的是，u*是無法觀察的變數，沒有人能知道u*的確實數值。但了解聯準會對u*的估計值、進而判斷聯準會是否認為經濟趨於緊俏（是否存在通膨風險），對了解聯準會的政策動向非常重要。

其次，一旦聯準會對於通膨風險有一定的看法之後，如何決定利率水準應該升至多高？這個問題同樣沒有絕對的答案，只有一個相對的判斷，也就是相對於中性基準的相對值。這個

1950年以來的勞動市場概況

圖 13-3

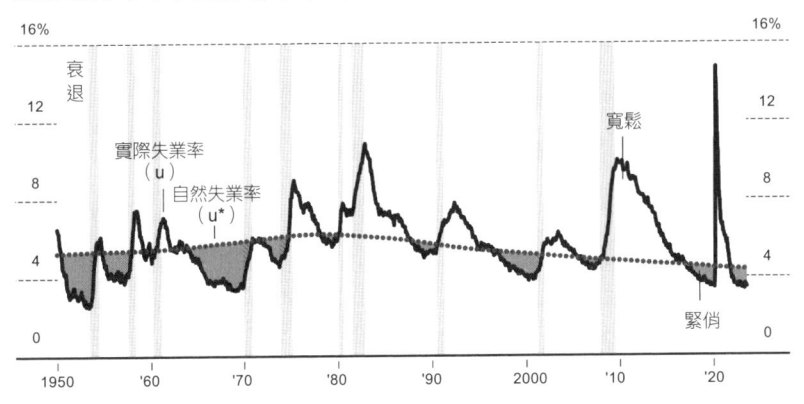

實際失業率（u）和自然失業率（u*）

- 註：統計至 2023 年 7 月止。
- 資料來源：CBO、BLS、NBER；波士頓顧問公司總體經濟學研究中心分析。

基準是所謂的中性利率（r*），它也是估計值，會隨著時間變動。當聯準會把短期利率設定於r*時，代表聯準會既不想讓經濟加速成長、也不想減緩經濟。跟自然失業率一樣，中性利率r*也是無法直接觀察的變數，但如果我們知道聯準會如何判斷r*是多少，就能推測聯準會未來的利率方向以及政策利率（r）將是多少。圖13-4顯示美國的政策利率與中性利率的歷史走勢。當景氣太熱、面對通膨上升風險時，我們通常會看到政策利率r＞中性利率r*。

週期性通膨環境、通膨風險傾向、勞動市場（以及經濟）緊俏程度、中性利率r*的狀態，這些全都是左右貨幣政策的因

1985年以來的貨幣政策

圖 13-4

政策利率（r）及中性利率（r*）

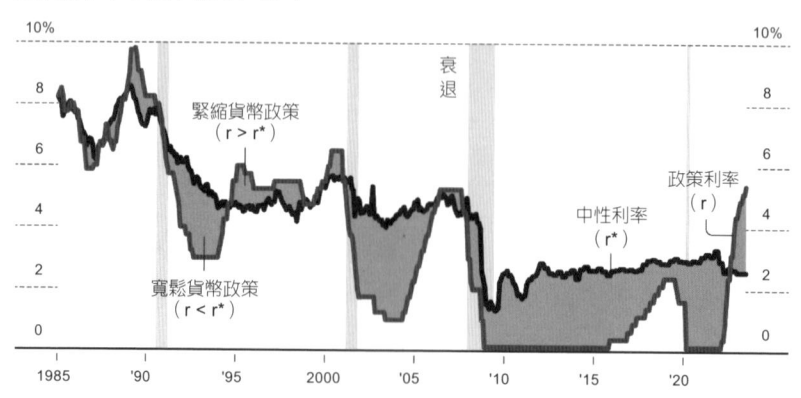

- 註：統計至2023年7月止；r*估算基於Holston-Laubach-Williams自然利率模型。在聯準會正式訂定2%通膨率目標之前，r*由HLW自然利率＋核心個人消費支出通膨率計算得出；正式訂定通膨率目標之後，r*為HLW自然利率＋2%。
- 資料來源：Federal Reserve、BEA、NBER；波士頓顧問公司總體經濟學研究中心分析。

素。理解這些因素,比試圖解讀聯準會官員的話語,更有助於企業領導者掌握聯準會的政策動向。

眾多的不確定性可能會讓人覺得聯準會的工作毫無希望,它推出的政策絕不會完全正確。是的,聯準會的政策未必正確,但好消息是,政策也不需要完美,關鍵在於持續嘗試,把制定貨幣政策的工作視為在黑暗中摸索。貨幣政策當局知道自己有局限,反而會使它們願意反覆嘗試、最終掌握正確的政策方向。

切記,通膨偏低的2010年代已經結束

投資人和企業領導人關心週期性通膨是因為即使週期性通膨不具有結構性威脅,也會構成週期性風險。投資人與企業領導人尤其關心政策何時會大力壓抑通膨(參見第三章)。

- **通膨率上行趨勢不是定律,但可能會持續存在**。幾個週期性與結構性因素共同形塑出可能持續上升的通膨走勢,其中最重要的因素是經濟持續處於緊俏的年代。這不代表通膨環境改變,也不太代表這種變局即將到來,但的確會增加週期性高通膨的可能。
- **留意通膨走勢,而非聚焦於預測**。評估短期的通膨前景時,預測或許是個合理的起點,但切記,通膨走勢基本上無法預測,更重要的是了解通膨的長期特質,以及如何區別週期性通膨與結構性通膨風險(參見第十二章)。

- **留意貨幣政策當局設定的基準指標。**前文提到的內容都會影響貨幣政策，而貨幣政策在週期性風險與資金成本（及資產估值）方面確實發揮關鍵的作用。許多人喜歡解讀聯準會官員的話，這在市場交易時或許能發揮作用，但對企業的營運決策沒有幫助。對企業主管和投資人來說，了解政策當局設定的指標基準數字（自然失業率u*和中性利率r*），才能有效掌握貨幣政策的方向。
- **更加注意訂價策略。**當通膨走勢向上、並出現週期性快速波動趨勢時，企業的訂價策略就更為重要，尤其是相較於價格非常持穩的2010年代，企業未來必須更加留意訂價策略。

正如我們所見，週期性通膨的變化對貨幣政策當局有重要影響，而政策變化又會進一步影響週期性風險。利率是促成這些影響的主要方式，因此下一章我們會開始討論利率機制。

第十四章

健康的高利率水準

2020年1月,一份廣為流傳的研究報告指出,七百年來實質利率呈現下滑趨勢,最後注定會走入負利率,如圖14-1所示。[1]雖然用文藝復興時代放款人的資料來預測二十一世紀的利率走勢,似乎有點牽強。但是歷經十年的超低、有時甚至是負值的實質利率後,這份研究報告引起許多人共鳴,尤其是當新冠肺炎來襲時,利率下滑,似乎進一步確立了這個趨勢。這個七百年的宿命論為最重要的市場元素:貨幣及利率,塑造了一個令人信服的「持續下滑」論調。

但是,此後的利率走勢並未按照這個劇本走。自2022年3月聯準會開始對抗通膨的行動以來,10年期實質利率在短短七個月內大漲250個基點,從-1.0%上升至1.5%,接著又再上升100個基點,在2023年秋季來到2.5%。儘管實質利率並沒有一直維持在如此高的水準,但利率偏高的事實已逐漸深入人心。

儘管利率未來將隨著經濟週期持續波動,在政策調整之下

圖 14-1　700年的利率下滑走勢是命中注定？

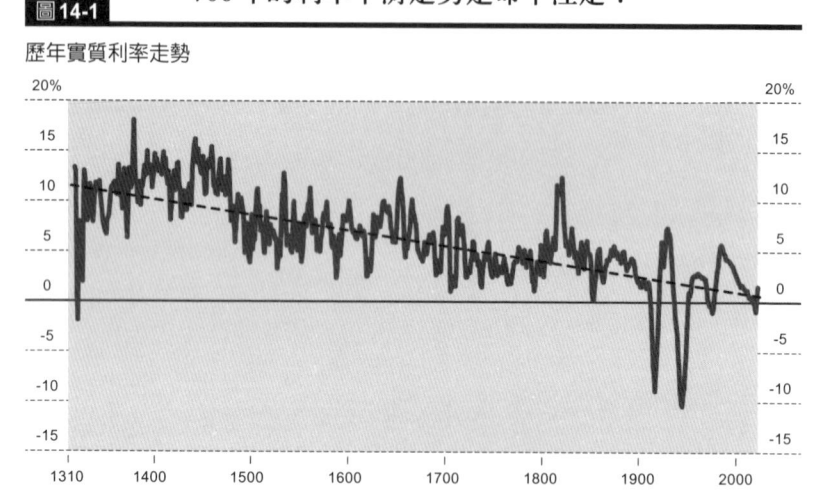

歷年實質利率走勢

- 註：所選的先進經濟體的實質利率採用七年期移動平均實質利率並按 GDP 加權計算（1317-2018 年）；美國實質 10 年期殖利率為每日數據的年度平均值（2019 年 -2023 年 9 月）。
- 資料來源：Bank of England、Bloomberg；波士頓顧問公司總體經濟學研究中心分析。

可能大幅下滑，但我們不太可能回到2010年代企業主管及投資人習慣的超低利率狀態。緊縮貨幣政策代表企業、家戶和政府所處的經濟環境面臨實質改變，迫使他們在借款消費時必須更謹慎行動。在利率較高的世界，也代表股票、債券及房地產等各種資產的評價將面臨壓力（價格可能下跌）。更高的利率反映的是政策當局引導投資的態度改變，這將改變經濟體系中的資本分配方式：從刺激需求，轉向更有紀律的把資本用於更具生產力的領域。

本章提供一個架構，幫助讀者思考影響利率環境的因素（亦即景氣波動以外的因素），以及為何如此。[2] 接著，我們使用

這個架構來說明，為什麼我們預期2020年代剩下的這幾年，利率將維持在較高、但健康的水準。一個傾向週期性緊縮的經濟體，利率將高於人們記憶中的利率水準（即2010年代末的利率水準）。我們之所以說「健康的高利率」水準，是因為利率上升可能有好有壞，如果背後的驅動因素是強勁的經濟成長時，這就是有益的升高。我們也會探討重返低利率環境的可能性。

疫情後利率升高，我們注意到許多企業主管表現出失落感。許多人已經習慣超低利率時代，以至於利率升高引發「戒斷症候群」，舉凡融資買回庫藏股、企業購併到資本支出，原本廉價的融資成本突然消失。當然，企業主管必須做出調整，但較高利率帶來的財務壓力並不是壞事：如果這反映的是在強勁經濟中更好的利用資本及勞動力，這反而是好的壓力。一個較高但健康的利率環境更像是美好的1990年代，而不是動盪的1970年代。儘管利率水準將比2010年代還高，但好消息是，這些較高的利率主要是強勁經濟下的副產品。這是一個不同的總體經濟，但仍然是一個良性的總體經濟世界。

四種利率環境

七百年的利率下滑宿命，這個觀點很吸引人，誰能斷言接下來一百年不會繼續如此？但是這種說法也有局限。雖然看起來很有說服力，但是除了時間這個變量之外（圖14-1中X軸代表的變數），沒有提供任何因果解釋，也無法幫助我們預期未來五年的利率走勢，這是許多企業主管關切的策略展望時間。

我們在表14-2中提供一個驅動因素的分析架構,透過拆解影響利率的背後因素,讓我們建立一個邏輯清楚、一致的未來情景。儘管在具體數字或時間點上不一定準確,但我們認為這張圖有長期的參考價值。我們在前文中已經討論過這些主要驅動因素,這些因素可能改變,也終將改變,但我們預期這張表格將繼續發揮作用。

首先,我們必須研判當前處於哪一種通膨環境:長期通膨預期是否穩定(參見第十二章的詳細討論)?這個問題的答案把表14-2區分為二:長期通膨預期穩定時,經濟狀況較為有利,長期通膨預期不穩定時,可能出現不良的經濟結果。

第二個分析重點聚焦於週期性通膨走勢為何(參見第十三章的詳細討論),是偏高且上行的走勢,還是偏低且傾向下行?

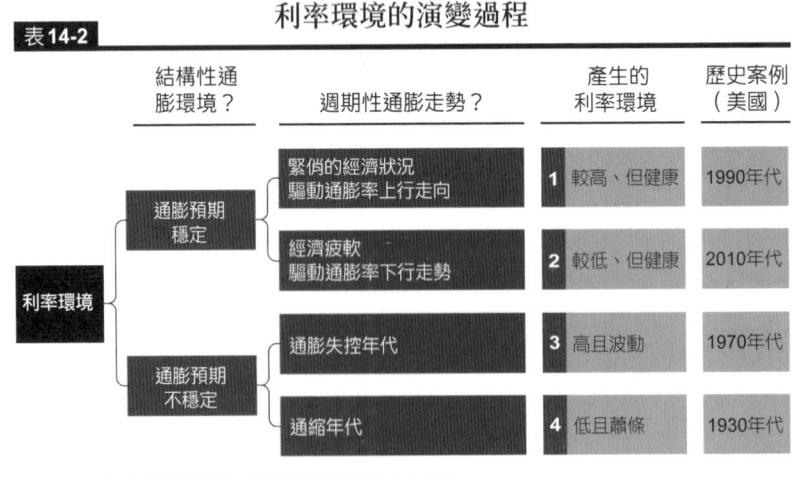

表14-2　利率環境的演變過程

利率環境	結構性通膨環境?	週期性通膨走勢?	產生的利率環境	歷史案例(美國)
	通膨預期穩定	緊俏的經濟狀況驅動通膨率上行走向	1 較高、但健康	1990年代
	通膨預期穩定	經濟疲軟驅動通膨率下行走勢	2 較低、但健康	2010年代
	通膨預期不穩定	通膨失控年代	3 高且波動	1970年代
	通膨預期不穩定	通縮年代	4 低且蕭條	1930年代

● 資料來源:波士頓顧問公司總體經濟學研究中心分析。

當長期通膨預期穩定時,週期性通膨走勢主要受到經濟緊俏程度的影響:經濟體系中的資源,尤其是勞動市場,是處於過度利用狀態(緊俏)或是未充分利用狀態(寬鬆)?資源過剩或是資源短缺?相反的,當長期通膨預期不穩定時,那麼第二個分析的重點就是要釐清通膨預期不穩定時的走向:是會走向結構性通膨,或是結構性通縮。

這個架構得出表14-2中顯示的四種利率環境,並佐以歷史案例加以說明。[3] 我們先看長期通膨預期穩定狀態下的兩種利率環境:

1. **較高、但健康的利率環境**:當經濟強勁、勞動市場緊俏時,會驅動通膨上行,這時需要實施緊縮的貨幣政策(也就是提高利率)。[4] 1990年代就是典型的例子。當時美國經濟強勁且緊俏,屬於利率水準較高,但整體健康的高利率環境。(確實,1990年代的利率水準低於1980年代,但應該把1990年代的利率水準拿來與跟通膨預期同樣穩定的2010年代相比。)
2. **較低、但健康的利率環境**:當經濟疲軟、勞動市場寬鬆(勞動力利用不足)時,通膨通常偏低。這種情況會促使央行採取低利率政策,以刺激需求,減少閒置資源。2010年代是一個典型的例子。

當長期通膨預期不穩定(即通膨環境轉變)時,必須考慮另外兩種不同的利率環境:

3. **高且波動大的利率環境**：利率的變化不再受到經濟緊縮或寬鬆程度主導，而是由長期通膨預期左右。這導致短期利率高且波動劇烈、長期利率同樣居高不下且波動性強，期限溢價與風險溢價偏高、資產評價偏低，並可能出現停滯性通膨、高失業率狀況。1970年代就是這種利率環境偏高且波動大的典型（且驚人的）案例。
4. **低且蕭條的利率環境**：在這種結構性轉變的經濟體中，通縮決定利率水準，同時很可能也伴隨著經濟蕭條。這導致名目短期利率與長期利率都很低，但由於物價水準下滑，實質利率可能非常高，進而引發嚴重的經濟後果。1930年代就是這種沮喪狀況的有力案例。

雖然我們按照各種情境發生的可能性來對上述情境進行排列，但我們要強調，第三和第四種利率環境發生的機率明顯較低。如同我們在第十二章所說的，出現這兩種情境的前提是通膨環境轉變，但通膨環境轉變的可能性很低。

未來幾年主導的利率環境

我們認為，隨著經濟緊俏年代持續，2020年代剩餘的時間可能會由利率水準較高但健康的環境主導。[5]當然，利率會隨著景氣波動，在景氣衰退時會下滑至低利率水準，但就整個週期循環來看，利率水準將會比2010年代高。雖然利率較高，但這種環境意味著經濟環境健康，因為利率上升的主要驅動力是

資源被充分利用,以及企業對未來有信心,而想要借貸與投資。[6]

相較於通膨率低、利率水準超低的2010年代,現在較高的利率可能顯得嚇人,而且也伴隨著風險。政策當局可能得在遏止經濟過熱與應對意外的挑戰之間保持平衡,包括銀行資產負債表虧損、信用問題、所得負擔等高利率引發的問題。但是我們不該忘記,這些挑戰是經濟強勁、而非經濟疲弱帶來的結果。雖然,緊縮貨幣政策(政策利率r > 中性利率r*)會對某些群體帶來風險,但對總體經濟而言未必是壞事。事實上,1990年代後期是一段經濟很健康的時期(雖然有時不平順),圖14-3(前文曾出現過類似的圖)顯示利率偏高但利率結構健康的經濟環境,同時也顯示2010年代這個利率水準較低、但利率環境健康的時期。

為什麼較高但健康的利率環境將在未來幾年成為主導趨勢?借助表14-2的分析架構以及前面幾章的內容,我們提出以下幾個論點:

- 我們堅信通膨環境將繼續維持穩定(參見第十二章)。
- 在通膨環境預期穩定的狀況下,由於勞動市場緊俏、全球價值鏈回撤以及投資需求增加,我們預期通膨率將呈現上行趨勢(參見第十三章)。
- 經濟衰退遲早會發生,但我們不認為當前的風險會造成結構性的破壞。帶有結構性威脅的衰退可能會使經濟體系出現大量閒置資源,需要長時間才能恢復(回想2008

年的情形）。但這不會影響我們的評估與判斷。還記得嗎，新冠疫情是更激烈的總體經濟衝擊，2020年的失業率遠高於2008年，但由於避開結構性傷害，經濟快速復甦（參見第十四章）。

這可能指向什麼樣的利率水準呢？如果與1990年代類比，利率可能接近當時的水準：當時10年期名目殖利率約為6%[7]。但是這個結論忽略了一個重要的轉變。央行官員在2020年代實行緊縮貨幣政策的條件，與1990年代不同，因為自那時起，做為基礎的中性利率已經下滑（參見圖14-3）。[8]估計顯示，中性

兩種健康利率環境的歷史案例

圖 14-3

政策利率（r）及中性利率（r*）

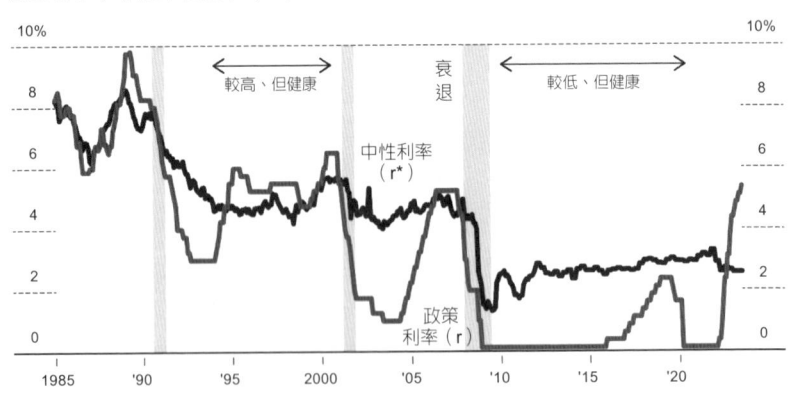

- 註：統計至2023年7月止；r* 估算基於 Holston-Laubach-Williams 自然利率模型。在聯準會正式訂定2%通膨率目標之前，r* 由 HLW 自然利率＋核心個人消費支出通膨率計算得出；正式訂定通膨率目標之後，r* 為 HLW 自然利率＋2%。
- 資料來源：Federal Reserve、BEA、NBER；波士頓顧問公司總體經濟學研究中心分析。

利率可能已經下滑高達200個基點，因此，在1990年代6%的緊縮程度，在2020年代可能只需要4%的利率就能達到同樣的緊縮效果[9]。4%的利率水準雖然比2010年代高，但仍低於1990年代。

進入其他利率環境的可能性？

我們無法排除進入其他利率環境的可能性。事實上，從更長遠的時間來看，經濟體系一定會轉變為另一種利率環境。因此，儘管各種利率環境發生的可能性有明顯差異，但還是值得來了解一下利率環境的全貌。

首先是**較低、但健康的利率環境**。想要重返2010年的寬鬆貨幣政策，就必須維持持續性的低通膨。2010年代，因為政策利率已經降為零，貨幣政策當局往往得透過購買資產（量化寬鬆）來刺激經濟。如果要相信2020年代剩餘時期有可能重返2010年代那樣較低、但健康的利率環境，我們就必須相信與之前討論的驅動因素相反的情形，也就是經濟中有大量的閒置資源，包括過剩的勞動市場。雖然這種情形在短期內或許有可能出現，長期來看也很合理，但我們對2020年代的預期並非如此。

短期內，如果出現一個嚴重的總體經濟衝擊，具有結構性傷害的威脅，就有可能出現這種情形。不過，縱使利率會因為景氣疲軟而下滑，我們仍然預期利率會頻繁的回彈至較高、但健康的狀態。

長期來看，還有一條樂觀的路徑可以邁向較低、但健康的利率環境，那就是科技進步。如果技術創新能帶來足夠的生產力成長，在勞動市場中創造出必要的閒置產能，或是形成一股明顯的通縮壓力，就能為經濟帶來結構性寬鬆。雖然我們認為長期來看，科技具有這樣的潛力，但我們不認為科技能夠快到在未來幾年內帶來這樣的影響（參見第七及第八章）。

最後，這種利率環境還有一種比較不健康的變體，那就是所謂的「日本化」（Japanification）。在這種情況下，通膨變得低於政策目標或接近零通膨，對強勁的經濟或政策刺激措施沒有反應。這會導致名目利率偏低、但實質利率可能過高。如此一來，儘管央行試圖實施貨幣寬鬆政策，但實際上貨幣供給可能仍然處於緊縮狀態。1990年代初期開始直到最近的日本經驗，就是這種例子。*

其次是**高且波動大的利率環境**。我們認為這種情況不太可能發生，因為要進入這種利率環境，需要持續的政策錯誤驅動不穩定的長期通膨預期（參見第十二章有關於結構性通膨的討論）。如果發生這種情況，利率將由不斷變化的通膨預期驅動，政策利率本身的重要性將會減弱。1960年代末期，通膨預期不穩定就驅動了這樣的年代，一直持續至1970年代。如圖14-4所示，通膨率持續不斷上升，結果短期及長期利率也不斷升高。

---

* 譯注：實質利率等於名目利率減去通膨率，在通膨率太低、甚至持續下滑的情況下，如果央行的寬鬆貨幣政策不夠大膽，就會造成名目利率下滑，但實質利率仍高的情形。

圖 14-4 1970年代高且波動的利率環境

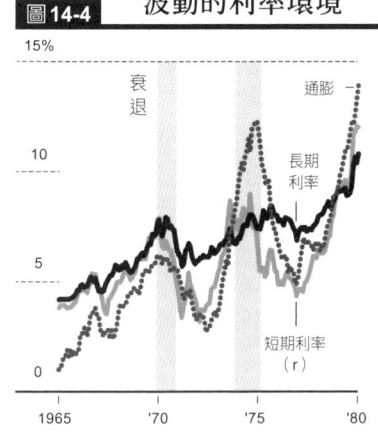

圖 14-5 1930年代低且蕭條的利率環境

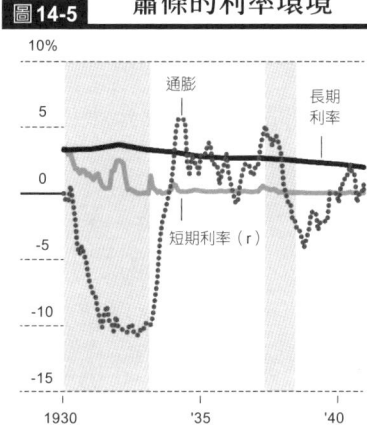

● 資料來源：Federal Reserve、BLS、Shiller / Yale；波士頓顧問公司總體經濟學研究中心分析。

● 資料來源：Federal Reserve、NBER、BLS、Shiller / Yale；波士頓顧問公司總體經濟學研究中心分析。

最後是**低且蕭條的利率環境**。我們認為這是最不可能發生的情況，因為人們知道如何避免通縮性蕭條，並且有足夠的動機與能力採取行動（參見第十章有關於生存性刺激措施的討論）。不過，如果政策疏失與錯誤極為嚴重，帶來劇烈的通縮，導致經濟進入這種環境，那就會開始一段名目利率很低、但實質利率極高的時期。這讓人聯想到1930年代，如圖14-5所示，物價大跌多年，導致物價水準明顯走低，名目政策利率在整個1930年代的剩餘時間都維持在零。

較高、但健康的利率環境意味著，從以往希望刺激任何形式需求的利率環境與政策行動，轉變為高效率的資源分配政策。從前文的討論中可以看到，這對經濟而言不是壞事：緊

俏的經濟伴隨而來的是更多工作、更多投資、更高的生產力成長，以及實質薪資提升，惠及更多勞工。雖然從總體經濟的角度來看，我們應該擁抱、而非哀嘆較高的利率水準，但較高的利率也為企業主管帶來挑戰：

- **對經濟有益，不是對你的公司有益**。較高、但健康的利率環境指的是對總體經濟有益，但一些企業會受到衝擊。企業必須調整以適應較高的利率，最脆弱的企業可能會倒閉。負債過多、營運邊緣化的企業將被淘汰，資源將流向更有效率的地方。但別把個別企業的痛苦與經濟的痛苦混為一談，較高的利率可能代表一個良性的總體經濟環境。

- **投資會更困難**。緊俏年代會出現良性限制，緊縮利率（亦即政策利率 r 大於中性利率 r*）將更常出現。政策當局提高資金成本，目的是把資源從生產力較差的企業轉移至高效率的企業，而企業破產是資源重新配置的一種方式。某種程度的破產（非連鎖效應的破產）反而可能會對經濟有益。

- **利率較高，不代表利率要非常高**。切記，利率環境是指政策利率（r）與中性利率（r*）的相對水準。由於自1990年代以來中性利率持續下滑，因此在2020年代實施同樣緊縮的貨幣政策，不需要像1990年代祭出那麼高的政策利率。

- **利率會在某些時候下調**。在較高、但健康的利率環境

下,政策利率仍然會根據景氣壓力做出調整。政策利率下調不代表這種利率環境終結,景氣的干擾仍將發生。
- **更多利率波動**。較高的政策利率與盯住零的政策利率不同,可以為政策調整與意外變化留下更多空間,因為政策當局在平衡通膨壓力與政策收緊之間需要做出更多權衡。這代表利率將更加波動。

2010年代末期,一個普遍的看法是,經濟無法承受利率的猛烈升高。這種看法導致2022年時出現衰退預期,認為經濟中負債水準過高,利率上升會帶來過大的衝擊。但是到了2023年年底,人們已經看出經濟表現得更有韌性。經濟的運行機制遠比許多人想像的更為複雜。

儘管我們在本章指出,較高的利率代表經濟狀況良好,但較高的利率展望也使人們擔心高債務可能成為總體經濟的一個致命弱點。下一章將探討債務風險。

第十五章
想像與真實的債務威脅

蘭諾‧絲薇佛（Lionel Shriver）的反烏托邦小說《曼德柏家族》（*The Mandible: A Family, 2029-2047*）讓讀者沉浸於一個反烏托邦的總體經濟世界[1]。在這個反烏托邦世界裡，龐大的債務壓垮美國，美國債務違約，美元劇貶，爆發惡性通膨。危機蔓延到總體經濟之外，導致社會崩潰，黃金、槍及農場是最佳避風港，富有的曼德柏家族正在為生存而戰。

雖然這本小說是虛構的，卻也反映出現實當中人們對總體經濟存在著普遍的擔憂。[2]我們在2021年和絲薇佛討論這本小說時，她告訴我們，在這本小說還沒被改拍成電影之前，小說中描述的情節就可能已經成為現實（小說中設定的反烏托邦世界是從2029年開始）。事實上，擔心債務導致經濟崩潰的恐懼心理十分普遍，尤其是富人群體，他們的損失會最大。[3]這個話題也經常出現在會議室裡。

但儘管擔憂由來已久，卻從未變成事實。1986年，彼得‧

杜拉克（Peter F. Drucker）在《外交》雜誌（*Foreign Affairs*）上寫道：「每一個赤字年度都使美國的債務增加，美國的預算必須編列這些債務的利息，又使赤字進一步擴大。對美國及美元的信心遲早會削弱，一些觀察家認為這些問題即將出現。」[4]

接下來近四十年，美國國債激增。雖然期間有各種總體經濟危機來來去去，也經常有人警告災難正在逼近，但杜拉克預料的災難卻從未發生。債務災難預言者錯了嗎，還是他們只是言之過早？（關於美元風險，請參見第二十章。）我們是不是無可避免的朝著更高的債務懸崖步步前進？

擔心公共債務並非毫無道理，赤字也絕非無關緊要。即使沒有其他理由，感到擔憂也很合理，因為危機不論大小都難以預測，也可能會帶來巨大衝擊。不過常見的生存恐嚇其實是種錯誤，通常是因為對於債務水準過度關注。為了更好的評估公共債務帶來的總體經濟風險，我們必須關注一個能反應名目成長率（g）和名目利率（r）之間相互作用的架構，我們稱之為「g對r架構」（g versus r framework）。[5] 我們還會討論私部門債務的風險有何不同。

別聚焦於債務數量

在關於公共債務的辯論中，焦點總是集中在債務量。債務規模很容易衡量，而且看起來總是令人擔憂，如圖15-1所示。然而，在評估債務風險時，如果聚焦於債務量，有可能會被假象完全迷惑（在圖15-1中，名目債務額在不同時間點無法比

債務水準無法看出債務風險

圖 15-1

聯邦政府負債

- 註：統計至 2023 年第一季。
- 資料來源：Federal Reserve Board、BEA；波士頓顧問公司總體經濟學研究中心分析。

較），或是意義不大（光看債務總額占國民所得的比重，也看不出債務可持續性*）。

關注債務水準的背後隱含了一個假設：有一個債務引爆點。這種關注債務水準的做法在2010年代初期成為一個學術論點。經濟學家卡門・萊因哈特（Carmen Reinhart）和肯尼斯・羅格夫（Kenneth Rogoff）得出結論，資料顯示，外債占GDP比重超

---

* 編注：指債務水準是否能在不引發金融危機的狀況下被償還。

過90％就會大大降低經濟成長率。[6]這個觀點為財務緊縮政策增添了不必要的緊張感，同時助長一種觀念，當債務數量到了某個水準，多增加個10億美元債務，就會陷入絲薇佛所描述的那種反烏托邦世界。

但事實完全不是如此。經濟成長不會在某個臨界點就突然掉落懸崖，主權債務危機也不是如此簡單的與債務水準掛鉤。非常低的債務水準也可能爆發主權債務危機，非常高的債務水準也可能不會帶來危害。想想烏克蘭1998年的債務違約，當時該國的債務占GDP比重還不到30％。再看看日本，2010年代，日本的債務占GDP比重超過200％，卻絲毫沒有引發恐懼。現代主權債務違約史顯示，債務水準和違約與否沒有關聯。

為了更好的分析債務風險，我們必須檢視名目成長率（g）和名目利率（r）之間的關係。如果經濟成長率高於利率，那麼即使政府不動用稅收來支付利息，債務與GDP比率仍然可以保持穩定。例如，如果利率為4％，而政府透過舉債來支付這4％利息，債務總額也會以4％的速度成長；但只要GDP也成長4％，那麼債務與GDP的比率將維持不變。如果名目成長率高於名目利率（g＞r），我們就可以把債務的變化想成機場的電動步道，幫助你毫不費力的前進。

相反的，如果名目成長率低於名目利率（g＜r），就必須動用稅收來支付利息（而且很可能是相當大一筆稅收），才能維持債務與GDP比率的穩定。我們可以把這想成跑步機，我們必須更費力才能維持在原地。這種不利的債務動態對經濟體來說可能難以維持，對政治體系來說難以負擔，對投資人也缺乏吸

圖 15-2　過去100年，美國名目成長率與名目利率的變化

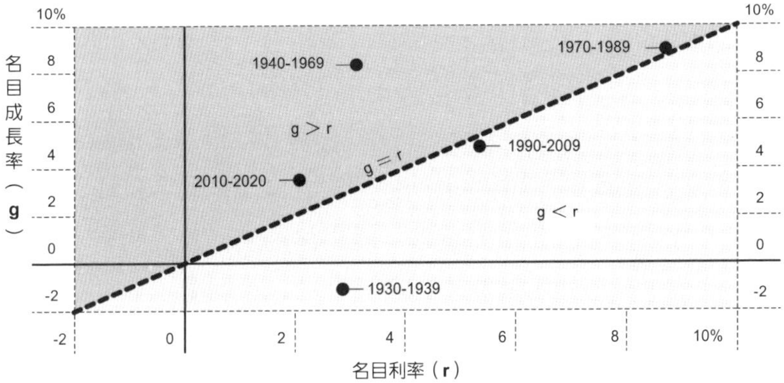

```
10%                                              ● 1970-1989    10%
 8    ● 1940-1969                                               8
 6              g > r                                           6
 4                        g = r    ● 1990-2009                  4
 2    ● 2010-2020                                               2
 0                                   g < r                      0
-2                        ● 1930-1939                          -2
   -2    0     2     4     6     8    10%
              名目利率（r）
```
名目成長率（g）

● 資料來源：BEA、Shiller/Yale；波士頓顧問公司總體經濟學研究中心分析。

引力。當名目成長率與名目利率之間的差距愈大，發生危機的風險也愈高。

　　圖15-2顯示過去近一百年美國名目成長率與名目利率之間的關係，不同年代有不同的結構。圖中的對角線（g＝r）代表債務與GDP比率穩定，不需要動用稅收來支付利息。落在對角線上方的點代表具有吸引力的 g ＞ r 結構，亦即不需要動用稅收，債務與GDP比率也可以降低。落在對角線下方的點是缺乏吸引力的 g ＜ r 結構，亦即除非使用稅收來支付債息，否則債務與GDP的比率將上升。如圖所示，過去十年（2010年代）特別有利，利率水準低，名目成長率明顯高於名目利率。那麼，2020年代之後的情況又會如何？

美國將面臨不利的 g < r 結構嗎？

2010年代，名目成長率相對於名目利率極為有利的局面已不復存在。儘管結構性通膨穩定（參見第十二章），但週期性通膨呈現上升趨勢（參見第十三章），導致政策利率也隨著升高（參見第十四章）。較高的週期性通膨會同時推動名目成長率與利率上升，較高的實質成長率可能也連帶使得實質利率上升。但為了應對新的通膨偏高問題所調升的政策利率（參見第十四章）只會提高利率，不會連帶推動經濟成長（事實上，央行的政策目標是抑制經濟過熱）。這代表未來名目成長率與名目利率的債務動態很可能比2010年代惡化，讓債務管理變得更具挑戰性。但這不一定是壞事。

這只是電動步道的移動速度減緩（或停止）嗎？還是會徹底反轉，變成一台跑步機呢？美國經濟的長期成長趨勢，預計實際增速約為2％，如果加上未來的2％到3％通膨，名目成長率預計在4％到5％之間，那麼利率（各種到期日的平均利率）會持續高於這個水準嗎？

長期來看，中性利率仍然可能低於過去幾十年的水準（參見第十四章），這代表政策利率不需要特別高。此外，生產力提升讓經濟有可能帶來額外的成長（參見第七及第八章），這代表經濟成長率可以在不引發通膨的狀況下獲得提升（儘管這也可能會提高中性利率）。總的來說，我們認為，未來的名目成長率與名目利率的結構不會像過去那麼有利，更有可能接近名目成長率＝名目利率的狀態，明顯不同於2010年代名目成長率遠

大於名目利率的情況。

不過,當貨幣政策必須非常緊縮時(例如2023年),利率很可能會大於經濟成長率。這相當於將電動步道換成一台跑步機,也就是說債務必須適應一個利率更高、但更健康的利率環境,而這樣的利率環境正在強力抑制經濟成長。

這是否代表出現絲薇佛式的債務崩潰,也就是許多人認知中的災難場景?歷史為我們提供線索,說明為何這不是一個懸崖邊緣,以及為何具體的背景情況非常重要。

經濟處於 g ＝ r 狀態。1970到1989年間,美國經濟處於 g ＝ r 的狀態,也就是維持債務可續性的電動步道處於靜止狀態。1970年代高升的通膨率有助於減少債務負擔,但也驅動利率上升,導致利率與經濟成長之間的差距沒有明顯拉大。雖然在這段時期,主權債務違約從未成為真正的風險,但市場對赤字的看法改變了。在 r 與 g 持平的狀況下,沒有電動步道效益,任何原始預算赤字(primary budget deficit,亦即不包含利息成本的預算赤字)都會直接提高債務在 GDP 中的占比。直到後來,結構性通膨得到控制,利率下滑並低於名目成長率時,政府才可能在不推高債務水準的情況下維持原始預算赤字。

經濟處於 g ＜ r 狀態。經濟落在對角線下方,電動步道變成了跑步機,也不代表危機即將到來。以1990年代為例,當時通膨率急速下滑,名目成長率明顯趨緩,但利率並未同步下滑。[7]政治體系從這個 g ＜ r 的世界得出合理的結論,民主黨人和共和黨人都支持削減赤字,認為這麼做能降低舉債成本。當

時主政的民主黨政府看出這是一個機會,因此推動縮減赤字,同時透過降低長期利率的風險溢酬來產生刺激效果。矛盾的是,1990年代嚴格的預算紀律反而發揮了刺激經濟的作用。

1930年代是另一個經濟落在對角線下方的年代,也同樣充滿矛盾。當時名目利率無法降至零以下,名目成長率卻劇烈下滑至負水準,形成了非常不利的經濟情勢。但儘管如此,債務危機卻沒有發生。為什麼?原因在於通縮環境使得名目投資(例如債券)因較高的實質報酬率,變得極具吸引力。事實上,這麼一來就能發行更多債券,而且後來二戰時期也確實發行了大量的債券。通常,大規模支出是應對通縮及蕭條的解決方案。

1990年代和1930年代的對比揭示了一個更深刻的教訓。由於美國發行全世界的外匯準備貨幣,它的債務變化可能相對有吸引力或相對不利,但這不代表會引發債務危機(參見第二十章有關於美元的討論)。「g對r架構」為我們提供一個衡量債務壓力的方法,但債務危機是否會發生,最終還是取決於具體的背景。危機通常發生在利率急劇上升而經濟成長率下滑時(例如歐元危機中的希臘)。而美國的優勢在於,經濟放緩時幾乎總是伴隨著低利率。

別忽視赤字

讀者不該從上文得出「赤字不要緊」的結論,如同美國副總統錢尼當年不負責任的說法一樣。[8] 儘管我們不應聚焦於債務

總量，而是應該聚焦在經濟成長率與利率之間的相互作用，但這不該被視為鼓勵財政揮霍。然而，許多吸取2010年代教訓的人似乎有此誤解。

相反的，正因為赤字可能削弱我們理論架構中的兩大因素：債券殖利率（等同於利率）及經濟成長率，因此赤字非常重要。如同第九、第十及第十一章中闡釋的，刺激措施（通常是透過赤字和舉債）是現代經濟管理的常用手段。在經濟面臨2008年和2020年這樣的系統性風險時刻，透過舉債來刺激成長是必要且合理的措施。

但是在其他條件不變的情況下，持續的赤字和較高的債務水準確實會推升利率，使得債務情勢變得更不利。[9]再者，如果市場將赤字視為浪費，或認為政策制定者不可靠，尤其是在經濟沒有疲弱跡象、不需要赤字手段來刺激經濟的情況下，利率可能快速升高以抵制財政上的揮霍行為，特別是在長期通膨預期不穩定時。

過去十年，名目增長率與名目利率之間的動態是財政動能強勁的部分原因，但這不代表未來不需要做出困難的選擇。這些選擇必須考慮長期的投資需求，包括去碳化、能源轉型、人口高齡化、不斷增加的國防支出等等，同時也要考慮短期的政治現實。

當然，最好是在債務情勢有利的時候做選擇，而不是等到市場迫使我們在短時間內做出艱難且痛苦的選擇時才來做決定。此外，透過持續抑制利率來無止盡的逃避困難選擇是行不通的，低利率造成的不良後果將會出現在別的地方，例如糟糕

的資本分配、通膨等等。[10]

健康的債務情勢不該被拿來當成財政管理不善的藉口。相反的，有利的債務情勢應該被視為增強實力的機會，而不是揮霍的理由。

私部門債務與公共債務不同

總體經濟的債務威脅不是只有政府債務，私部門債務也可能構成威脅。雖然「g對r架構」在評估私部門債務可續性時也有一定的參考價值，但私部門債務的威脅主要是有可能引發系統性風險。

首先要考慮的是，私人債務違約是層出不窮的問題，未來也會繼續如此。私人債務違約通常以分散且獨立的方式發生在個別企業和家計單位，與主權債務違約的大規模性質完全不同。這種個別性質，使得私部門債務違約的金額大多可被信用體系消化。畢竟，私人借貸之所以有價差，正是因為放款機構知道不是每一筆貸款都能收回。

事實上，私人債務違約甚至可被視為正面的總體經濟效果。當經濟體系的資源被充分利用時，企業破產可以讓資源重新配置到更具生產力的用途。私部門債務違約有助於加速創造性破壞，雖然這不是一個無痛的過程，但這是一種資本重新分配的方式，是幫助經濟向前推進的必要過程。

「g對r架構」與私部門債務相關的地方在於，家計單位和企業同樣能夠透過快速成長來抵消債務的利息負擔。資本市場

會比較容忍快速成長的公司進行高槓桿操作,放款審核員可能對職業前景較佳的房貸申請人提供更高的槓桿。

然而,私部門債務的真正風險在於它可能導致金融體系的不穩定。銀行能應對少數的債務違約,但如果私部門大量違約,導致銀行資本大量流失,就可能導致銀行體系的放款業務停擺(參見第四章)。金融體系的槓桿愈高(亦即留存的資本愈少),承受損失的能力就愈低,這就是為什麼建立在高槓桿業務上的銀行業會被特別關注的原因。相較之下,如果私人債務人不再償還銀行體系外的融資基金,衝擊的是非銀行的放款人,它們更能吸收損失(因為它們擁有的資本準備優於銀行),即使虧損或倒閉,對經濟造成嚴重連鎖效應的可能性也遠遠較低。

債務人對銀行構成的威脅特別嚴重,因為一家銀行受創可能會波及其他銀行的穩定性。這種傳播效應既有實務層面,也有心理層面。實務層面,受創的銀行必須清算資產,導致資產價值下跌,進而波及持有類似資產的其他銀行。心理層面,一家銀行(或甚至非銀行的金融中介機構)出現危機,會讓其他銀行的客戶擔心自己的存款是否安全。這可能會引發銀行擠兌,資金外逃可能如骨牌效應般傾覆許多銀行。

去槓桿化(deleveraging),也就是出售資產以減少負債的過程,可能帶來特別嚴重的傷害,因為資產價格下跌的痛苦可能會蔓延到健全的銀行、企業和家戶,而且一旦開始就難以停止。如圖15-3所示,美國的家計單位和金融業在2008年開始去槓桿化,所幸財政政策和貨幣政策介入,確保經濟不會在去槓桿化的過程中崩潰並陷入蕭條。[11] 2008年的私部門債務危機

需要透過增加公共債務來遏止,特別是填補金融體系的資本漏洞,以阻止去槓桿化導致的情況失控。

如果更多債務是解決債務危機的方法,那麼當無法舉債時,情況會如何?如果主權國家的資產負債表無法應對呢?會不會導致系統性和社會性崩潰?必須了解的是,對一個有國際準備貨幣的貨幣政策主權國家來說,無法做出反應的可能性微乎其微,除非發生主權債務違約。雖然這並非不可能發生的事,但是在法定貨幣制的世界,擁有國際準備貨幣地位的主權

2008年的債務轉折點
圖 15-3

政府增加槓桿,家計單位去槓桿化

各部門的債務占GDP比重變化(百分點)

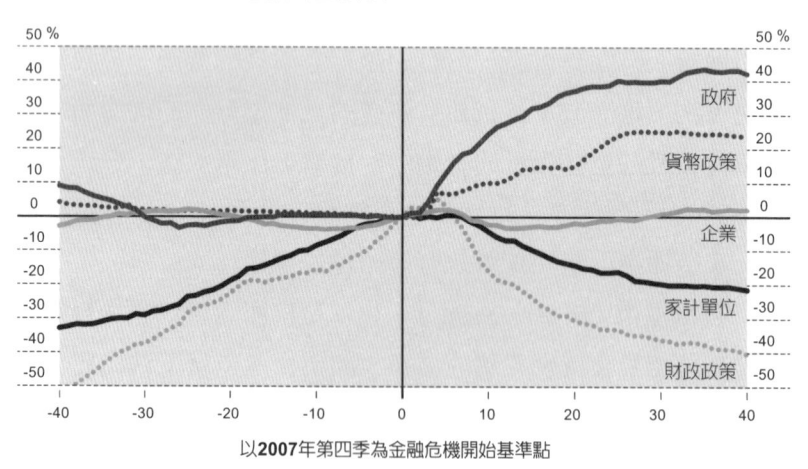

以2007年第四季為金融危機開始基準點

- 註:統計至2017年止。
- 資料來源:Federal Reserve Boardd、BEA、Sanford C. Bernstein;波士頓顧問公司總體經濟學研究中心分析。

國家極不可能發生主權違約狀況（參見第二十章）。[12]更何況，那些令人擔心的悲慘結果，不僅跟債務有關，還涉及體制崩潰，但體制崩潰不一定會伴隨著主權違約。

切記，解讀紅色警戒訊號

我們在2019年發表一篇研究報告指出，美國債務可能占GDP達100％、1000％或2000％，視計算的範圍與方式而定。[13]發表這篇研究報告的目的是想要生動的說明，人們太過關注債務水準，太少關注經濟成長率與利率之間的相互作用。彷彿要證明我們的觀點沒錯，研究報告發表不久之後，CNBC就報導一則新聞：〈華爾街研究報告稱美國實質債務水準可能是經濟產出的2000％〉（Real US Debt Levels Could Be 2,000% of Economy, a Wall Street Report Suggests），幾乎反射性的抓住最能吸睛的「2000％」這個聳動字眼。新聞標題總是會扼殺細節。

這是經濟領域版本的「見血，才能見頭條」（if it bleeds, it leads）：關於債務的新聞標題總是充滿紅色警戒，但你必須學會解讀這些訊號。或許真相未必樂觀，但至少要能反對極端的悲觀情緒。除了別相信新聞標題之外，還有以下幾個啟示：

- **別被債務水準誤導，它們是空洞的訊號。**許多人仍然持續關注債務水準。債務水準容易衡量、容易表達，看起來似乎有理。但名目債務水準會繼續誤導群眾，債務占GDP比重也無法提供有關於債務風險的資訊。

- **總是回頭檢視「g對r架構」**。雖然債務問題可能涉及複雜的技術細節，但要判斷債務的可續性，其實可以使用「g對r架構」來進行明確的分析。只有經濟成長率低於利率（或利率升高至大於經濟成長率）才會出現債務問題。但即便如此，也不代表災難臨頭。
- **把債務風險視為一種逐漸增加的負擔，而不是懸崖邊緣**。「g對r架構」的動態變化顯示，債務風險主要是負擔、限制及成本的變化，不是突然且急劇的崩潰。此外，雖然債務危機的確會發生，但人們通常最害怕的那種崩潰不僅僅局限於經濟層面。但即便是主權債務違約，也未必會伴隨著制度性崩潰。
- **了解是誰持有私部門債務**。不是所有債務風險都相同，私部門債務風險不能只看債務違約，還必須觀察是誰持有這些債務，以及他們承受損失的能力。銀行的資本適足率與資產負債表規模比較小，因此衝擊銀行體系的債務違約是影響總體經濟債務危機的震央。

可以預期，未來還會有更多有關債務的新聞發出紅色警戒，但我們也必須了解，實際的風險遠遠更複雜、更微妙。

第十六章

學習接受泡沫

1989至1993年間,一對被譽為「新紅肉」的鴯鶓(emu,一種體積龐大的鳥類)價格從幾百美元上漲到28,000美元。2010年代中期,在談論新能源市場的熱潮中,頁岩油開採設備的數量從幾百台增加到一千多台。1990年代末期,在所謂的「新經濟」背景下,以科技股為主的納斯達克指數在不到五個月內飆漲近90%。[1] 接近1920年代結束時,股價估值超過30倍本益比,亦即本益比大於30。[2]

這些全都是泡沫的典型例子:隨著時間推移,泡沫膨脹,最終又快速消退、無法持續。不同泡沫帶來的總體經濟影響不同,所以我們認為這個主題很重要,值得用一整章的篇幅來討論。在上面的例子當中,泡沫對總體經濟的影響不一,有的無關緊要(例如鴯鶓泡沫),有的對景氣週期構成威脅(例如頁岩油泡沫),也有的泡沫會導致經濟衰退(例如網路泡沫),甚至導致嚴重的結構性崩潰(例如1920年代末期的泡沫)。

經濟泡沫為政策當局、企業主管以及投資人帶來雙重挑戰：一方面是，泡沫的本質不明確，讓人很難辨識與阻止，但泡沫對總體經濟可能帶來的傷害又令人難以忽視。但為什麼泡沫如此常見？為什麼我們無法辨識泡沫，或甚至預防泡沫？該如何控管泡沫帶來的風險？泡沫是否有「可取之處」？在充滿泡沫的世界裡，投資人和企業主管該如何應對？

本章將回答這些疑問。我們提出一個簡單的論述架構，討論三個核心觀點：識別與阻止泡沫發生極其困難，通常既不可能，也不明智；預防行動應該只聚焦於對總體經濟構成威脅的泡沫，尤其是具有系統性威脅的泡沫，否則，政策當局最好專注於泡沫破滅後的善後工作；儘管泡沫聲名狼藉，但也可能帶來正面的影響，因為泡沫能促使人採取行動、調動資源。

現實狀況是，企業主管及投資人必須接受經濟泡沫的存在，因為他們無法置身事外。或許我們無法愛上泡沫，但我們必須學會接受泡沫，因為結構性環境使經濟泡沫無所不在。

為何經濟泡沫無所不在？

經濟泡沫絕不是新鮮事，除了前面提到的例子之外，十七世紀有「鬱金香泡沫」（Tulip Bubble），十八世紀有「密西西比公司股票泡沫」（Mississippi stock Bubble），十九世紀有鐵路狂熱（Railway Mania）泡沫。[3]

不過，經濟泡沫是否已經變得更加盛行呢？自網路泡沫開始，經濟泡沫數量在二十一世紀驚人的增長。我們在第四章及

第十章討論過2008年破滅的房市與房貸泡沫，之後，我們也看到因應全球金融危機做出的政策反應如何催生出長期公債泡沫，這個泡沫主要是由超級寬鬆的貨幣政策催生出來的，包括當局大規模買進資產（量化寬鬆），使得債券價格上漲，並壓低利率。由於零風險公債利率是許多資產的參考基準，長期公債價值的泡沫導致「萬物泡沫」（everything bubble）出現。到了2021年，從股票、加密貨幣到非同質化代幣（non-fungible token，簡稱NFT）的價格，全都吹出泡沫。[4]

我們認為泡沫是現代經濟的特性不是偶然，背後有許多結構性的原因。

第一，景氣週期延長（第三章討論過的主題），讓無節制的行為得以累積。以往每隔幾年就會從景氣擴張期轉入衰退期，限制市場狂熱行動發展的空間。但現在經濟成長波動性降低，刺激措施也盡可能延長景氣週期，經濟週期變得更長、更持久，為經濟泡沫形成提供更長的跑道。

第二，管制鬆綁和金融化經濟的趨勢助長泡沫。金融創新有時甚至會變成泡沫（加密貨幣就是一個例子），或是助長泡沫的膨脹（例如房地產泡沫期間複雜的不動產貸款證券化）。即便未來管制鬆綁的力道減弱，金融創新仍然有很大的空間發展，推動泡沫的發展與擴散。

第三，低利率水準促使投資人和投機者擴大操作以追求報酬，低利率也降低投資或投機資金的機會成本，提高未來獲利的現值。有關低利率助長泡沫的論點由來已久，但利率環境結構性走低（由於中性利率下滑，參見第十四章），以及透過包

括量化寬鬆在內的積極政策降低利率以刺激和延長景氣的狀況下，讓這個論點增添新的說服力。[5] 有些人甚至認為，二十一世紀初期的通膨率太低，導致維持充分就業的利率過低，不利於金融穩定。

儘管利率環境預計將維持在較高、但健康的水準（參見第十四章），這在某種程度上是由於通膨的上行趨勢影響（參見第十三章），我們認為這樣的利率水準或許有助於抑制泡沫，但無法完全抑止泡沫的出現。別忘了，1990年代的網路泡沫也發生在利率較高的環境下。

經濟泡沫的分類

如前所述，各種泡沫的性質不同。為了更有結構的了解泡沫的多樣性，我們從兩個方向來思考泡沫問題：首先是泡沫的特徵（一個泡沫可能有多種特性）；其次是泡沫的危害程度（不同泡沫對總體經濟有不同的影響）。表16-1顯示泡沫的分類以及可能帶來的影響。

許多時候泡沫具有多元的特徵，因此我們在縱軸上凸顯三種常見的特徵。首先，當資產評價遠遠超出歷史價格範圍時，資產評價就成為一個重要特徵（多數泡沫都有資產價格過度膨脹的特徵）。我們可以聯想到股市泡沫的許多案例，但資產評價泡沫也會發生在公債（後文會更詳細討論）、不動產及藝術品市場。第二個特徵是速度，價格、評價或經濟活動的變化速度也同樣重要。2020年代初期加密貨幣價格的快速上漲就是一例。

經濟泡沫的分類與影響

表 16-1

<table>
<tr><th colspan="2" rowspan="2"></th><th colspan="4">總體經濟風險或危害</th></tr>
<tr><th>風險特異
對暴露風險者不利</th><th>廣泛性
因關聯性而擴大，但情況可控</th><th>終結景氣
景氣擴張無法持續</th><th>結構性改變
引導經濟轉向新軌道</th></tr>
<tr><td rowspan="3">泡沫特徵</td><td>資產評價
突破歷史區間</td><td>當代藝術市場
（2010 / 2020年代）
"新傑作"</td><td>公債
（2010年代末期 /
2020年代初期）
"負的期限溢酬"</td><td>瑞典房市
（1990年代初期）
"新金融自由化"</td><td>美國股市
（1920年代末期）
"大蕭條"</td></tr>
<tr><td>速度
指數成長</td><td>非同質化代幣
（NFT，2021年）
"數位資產"</td><td>加密貨幣
（2021年）
"新貨幣"</td><td>美國股市
（1990年代末期）
"新經濟"</td><td>日本資產
（1989年）
"失落的十年"</td></tr>
<tr><td>量或質
過多或糟糕</td><td>德州鵪鶉泡沫
（1990年代中期）
"新紅肉"</td><td>頁岩油投資
（2010年代中期）
"讓美國成為石油出口國"</td><td>美國次貸
（2000年代）
"房價只升不跌"</td><td>密西西比公司泡沫
（1770年代初期）
"邁向法國大革命"</td></tr>
</table>

● 資料來源：波士頓顧問公司總體經濟學研究中心分析。

第三個特徵是量或質方面的特性。某些市場對資產的質、量有錯誤的預期，導致需求無法持續。例如有關鵪鶉肉的需求、頁岩油開採設備的獲利數量、對不動產抵押貸款品質的預期，或有關法國紙幣品質的假設，全都無法禁得起考驗。[6]

不過，我們最關心的是泡沫對總體經濟的危害。我們把危害區分為四個等級，展示在橫軸。這四種危害大致上跟泡沫與總體經濟之間有多少關聯有關：

特別的泡沫（idiosyncratic bubbles）：這種泡沫局限於單一資產類別或經濟活動，與經濟的其他部分沒有關連。鴯鶓泡沫的破滅並不影響其他行業；藝術品市場泡沫的破滅傷害到一群富有人士，但不會導致經濟衰退。至少截至目前為止，加密貨幣大致出現在一個相對獨立的環境中，與傳統的金融業或實體經濟沒什麼明顯的關聯。

廣泛性的泡沫（broad bubbles）：由於泡沫與經濟上下游互有關聯，因此會影響總體經濟。頁岩油開採帶動實體資產（開採井架及設備）與金融資產（高收益債券）的投資熱潮，對特定專業工作者的需求也激增。當頁岩油開採熱潮消退時，投資減少與信用緊縮加劇了對經濟衰退的合理擔憂。加密貨幣和數位資產也許有一天會對經濟產生類似的影響力，但目前還沒有發生。後文會討論公債泡沫，特別聚焦在由負期限溢酬引發的公債泡沫。

終結景氣的泡沫（cycle-ending bubbles）：這種泡沫龐大到足以明顯的終結景氣，但嚴重程度不一。網路泡沫和房市泡沫都是終結景氣的泡沫，但兩者帶來的衝擊不同。

造成結構性改變的泡沫（structural breaks bubble）：這種泡沫會讓經濟永久轉向。雖然全球金融危機可能看似符合這種泡沫類型，但這場危機為社會、政治和經濟帶來的影響，遠不如1930年代的大蕭條那麼顯著，後者重新定義了政府在經濟中的角色，這種轉變更能展現泡沫帶來的影響範圍與程度。[7]

辨識、阻止、助長

一位美國最高法院大法官被要求針對影片內容，定義何謂「猥褻」時，說了一句妙語：「我一看就知道。」[8] 泡沫也同樣難以定義，但相較之下，辨識泡沫更困難。泡沫的模糊性使它們難以辨識。它可能出現在經濟體系裡的任何一個角落，而且特徵多元。此外，我們也很難區別無害的泡沫和即將暴跌的危險價格水準。事實上，有些泡沫也許根本無法辨識，只有等泡沫破滅之後，我們才會意識到泡沫的存在。以2010年代的頁岩油泡沫為例，當時油價每桶接近100美元，激起一股投資熱潮，但是2014年油價下跌時，頁岩油投資看起來就沒有那麼明智了。石油輸出國家組織（OPEC）刻意壓低價格，以破壞頁岩油開採的商業模式。因此事後來看，這個合理的投資熱潮看起來變得像是一個泡沫。然而到了2022年，俄羅斯入侵烏克蘭，全球能源秩序重新洗牌，頁岩油開採是經濟泡沫的看法有可能再度改變。

阻止泡沫的發生不比辨識泡沫容易。縱使我們辨識經濟泡沫的能力變得更好，貨幣政策當局也需要高度精準的政策工具，才能在不造成重大損害的狀況下消滅泡沫。為了抑制經濟中某個領域的泡沫，是否值得快速升息來終結一輪經濟週期？1990年代，為了抑制網路泡沫，可能需要大幅提升利率，這會過早終結一個促使薪資強勁上漲和低失業率的景氣擴張期。相同的論點也可以應用在2008年。為了停止寬鬆的融資標準，政策利率需要提高的幅度很可能會為整個經濟體系帶來廣泛衝

擊，而且提高利率還不見得能夠有效停止寬鬆的融資標準。[9]

除了辨識與遏止泡沫之外，現實中還有助長泡沫的問題。如同我們在第九章討論強制性刺激模型時提到的，泡沫已經成為提振經濟的政策工具之一。但是，助長泡沫是不負責的做法嗎？還是這具有經濟效益？事實上，泡沫並不像表面上看起來的那麼有爭議。政策當局可以利用泡沫做為驅動經濟活動的工具。但是泡沫確實會帶來風險，因此必須在如何管理泡沫方面做出選擇。

什麼情況下，總體經濟從泡沫獲得的好處（收穫）會大於成本（風險）？什麼情況下又會相反呢？我們可以以高失業率為例。當經濟苦於大量資源過剩時，助長泡沫可能是提升經濟利用率的適合方式。[10] 全球金融危機之後幾年，為應對通縮而使用量化寬鬆政策就是一例，雖然這種做法仍有爭議性。

一個問題是，泡沫難以逆轉。投機性的使用泡沫來促成經濟復甦非常誘人，但請神容易送神難，停止刺激措施遠比推出刺激措施要困難得多，也更容易引發混亂。2010年代有兩個鮮明的例子可以說明這一點：2013年，聯準會嘗試縮減量化寬鬆規模，結果引發被稱為「縮減購債恐慌」（taper tantrum）的市場震盪。2018年年底，聯準會打算繼續升息，但引發一陣市場動盪，迫使聯準會改變政策方向。

但這類金融市場的動盪並不足以構成反對寬鬆政策的論點。相較於實體經濟（就業率），金融市場（股市）的波動比較容易被接受。[11] 而且，如果泡沫是刺激疲弱經濟而出現的結果，由於政策當局阻止泡沫的能力不足、工具有限，與其阻止

泡沫發生,還不如讓政策當局收拾善後。

收拾善後 VS. 金融穩定性

如前所述,泡沫是自然發生的現象,也可以做為提振經濟的政策工具。但沒有人知道哪些經濟活動的改變是實質變化,哪些是泡沫。辨識泡沫非常困難,也沒有可以輕鬆控制泡沫的工具,因此政策當局應該將重點放在如何在泡沫破滅之後,減少其傷害。[12]

最佳之道是改善金融體系吸收衝擊的能力,並且在私部門緩衝不足時,讓政府透過干預的方式支撐金融體系。務實的說,政策當局的角色更像消防局,而不是診斷實驗室。大量預防火災的設備和消防安全檢查無法完全防止火災,因此我們期望消防局能發揮它最大的作用。[13]

話雖如此,並不是所有火災都一樣,有些火災會威脅整個系統。當一個泡沫破滅會對金融穩定性帶來威脅時,收拾善後的代價可能很高,或根本無法執行。儘管 2008 年金融危機最終得到控制,但成本很高、後遺症嚴重。美國 1920 年代的經濟泡沫與日本 1980 年代的泡沫造成的影響更具破壞力。

因此,我們在這裡的討論著重在表 16-1 中泡沫分類法的最右欄:對總體經濟造成結構性改變的泡沫。重點是聚焦於控制有可能威脅金融系統穩定性的泡沫,尤其是與高槓桿型金融體系(銀行)有關的泡沫。我們必須思考,泡沫破滅會不會留下一個資本大洞,造成融資業務凍結,並引發去槓桿化的連鎖反

應？如果答案是肯定的，那就必須積極採取行動，搶先填補或阻止資本大洞。但如果泡沫破滅不會帶來如此可怕的結果，那麼通常明智的做法是讓泡沫自行破滅。

把1920年代和1990年代的股市泡沫拿來比較，就能很好的說明這點。在我們的泡沫分類當中，這兩個泡沫是在資產評價和速度上相似（也有一些質與量的特徵）。雖然，1990年代的股市泡沫規模可能更大，但1920年代的股市泡沫對總體經濟帶來嚴重破壞，因為它重創了銀行體系。1930年代有超過9000家銀行破產，反觀2000年代初期只有22家銀行破產[14]。1930年代邁入大蕭條，2000年代初期只是一場輕微的經濟衰退。

不過，要透過監管來監測並管理銀行體系的風險，說起來容易做起來難。別忘了，槓桿操作與承擔風險本來就是銀行的特色，而非缺陷。政策當局面臨的權衡是：要選擇穩定、系統性風險低，但昂貴的融資與授信銀行體系？還是便宜、能推動經濟成長，但風險較高的融資與授信銀行體系？銀行當然可以提高資本適足率，但這是有代價的。政策當局可以強迫銀行持有足以覆蓋所有負債的現金與資本，但這麼一來，它就是一個金庫，不是一家銀行了。

壓力測試可以用來評估銀行體系的風險。這類壓力測試是提出棘手的問題：如果某項經濟活動停擺，或某類資產的評價反轉，會發生什麼事？這些衝擊會造成資金缺口嗎？不過壓力測試的效果，取決於設計與執行是否得當。最近就有一個好例子：長年沒有測試升息可能造成的衝擊，結果就是升息導致矽

谷銀行倒閉。*雖然壓力測試永遠不會完美，但在我們看來，如果設計得當，壓力測試仍然有幫助。政策當局應該致力於留意及思考泡沫破滅後可能傷害銀行體系之處，並嘗試阻止損害發生。

泡沫也可能有益

泡沫雖然聲名狼藉，但視泡沫為惡的看法也並非完全正確。我們已經在前文中看到，泡沫可以做為刺激經濟的工具。此外，泡沫也可能為總體經濟帶來好處，因為泡沫會以前所未有的方式激起熱潮，促使人們投入資源、採取行動。

有人可能會對這個論點感到意外，畢竟根據定義，泡沫破滅就是資本錯誤配置的證明，是一種浪費。但是這種觀點太過理論、太狹隘。在真實的世界裡，如果沒有某種形式的非理性繁榮，一些經濟活動可能根本不會發生。事實上，泡沫有助於解決集體行動困境：除非突然間所有人都冒險下注於一種新科技，否則可能沒人這麼做。創業熱潮是資本主義的關鍵要素，泡沫有助於激發這種熱潮。

想看到泡沫的正面潛力，我們應該思考泡沫是否能促進

---

* 譯注：矽谷銀行將客戶的大量存款投資於美國長期公債，但在聯準會為對抗通膨而連續升息之下，債券價格下跌。在此同時，許多客戶因為融資取得不易或融資成本提高，因此提領存款來支應資金需求。為了應付這些存款提領，矽谷銀行被迫在債券價格偏低時賣出持有的債券，等於是高買低賣，因此出現巨額虧損。

經濟的產能。從總體經濟的角度來說，這指的是更大的資本存量、更高的生產力成長，或動員更多勞動力及人才。關於資本存量的論據最具說服力。十九世紀的鐵路狂熱泡沫雖然痛苦的破滅，但建設的鐵軌仍然存在。1990年代鋪設的陸上及海底光纖電纜也一樣，即便環球電訊公司（Global Crossing）的投資人血本無歸，但他們的投資推動數位經濟的發展。不難想像，即使綠能技術出現泡沫，也將會留下有用的資產，幫助加速能源轉型。在理想的情況下，有紀律的資本配置將可靠的驅動經濟產能，但情況並非總是如此，因此，雖然泡沫中非理性的資本形成方式不理想，但仍然可能留下正面的長期影響。可以說：適度的非理性繁榮是有必要的。

泡沫也可能提高生產力，儘管可能需要時間才能體現。雖然網路泡沫留下許多揮霍的計畫和不理性支出的瘋狂故事（想想Pets.com砸大錢推出廣告的情形），但這股狂熱也引領世界改變消費方式。曾經被眾人搶著投資的生鮮雜貨電商WebVan破產之後，公司的一些主管轉往亞馬遜（Amazon）任職，運用他們在WebVan的經驗，建立雜貨遞送服務事業亞馬遜生鮮（Amazon Fresh）。一個泡沫可能看似對投資人有害，但過程中累積的學習可能有助於加快新技術及流程的創新、發展與應用。

最後，泡沫也可能對勞動力有正面影響。以2021年科技新創公司的評價泡沫為例，這場泡沫幫助科技新創公司招募人才。儘管這些新創公司最終大多以失敗收場，但仍然有少數幾家成功的公司可能足以改變一個產業。在此同時，大量員工也

被引進新創企業的文化當中，我們可以把泡沫視為一個巨大的獎學金計畫，讓人才在實務中學習創業精神。

上述三種泡沫對總體經濟的正面影響，都建立在泡沫對個體經濟產生的影響之上。過熱的金融環境激發大眾有信心去認識與追求機會，鼓勵冒險、吸引創業者，並提供投資及招募人才的資金。[15]泡沫的力量能幫助經濟克服集體行動的困境，資本、創意及勞動力中的不理性繁榮，能催生出在理性時期看起來幾乎不可能發生的事。當然，在考慮對泡沫的正面評估時，也不能忽略泡沫本身造成的嚴重破壞與負面影響。

切記，泡沫不會消失

現代經濟很容易出現泡沫，不論你喜歡與否，這都是一種結構性傾向，縱使在高利率的環境下也會出現泡沫（別忘了，網路泡沫出現於利率較高、但健康，而且經濟緊俏的年代）。那麼，私人部門的企業主管和投資人該如何應付這種容易產生泡沫的經濟環境呢？

他們無法選擇置身於泡沫之外。全球金融危機期間，花旗集團（Citigroup）蒙受巨大損失。此前，花旗集團當時的執行長查爾斯・普林斯（Charles "Chuck" Prince）針對次貸泡沫，說了一句被廣為嘲笑的話：只要音樂不停，你就得繼續跳舞。[16]很難說他真的錯了。2005和2006年時，投資銀行如果迴避證券化熱潮，就很難留住投資人與員工。證券化業務的利潤太豐厚了，普林斯無法收手：如果為了保護自己和公司免於

無法預測的未來虧損,他得放棄當前確定的獲利。

同樣的邏輯也適用於非金融領域。當一個產業陷入泡沫時,大量湧入的便宜融資可用於建立新產能,進而重新定義市場、訂價與競爭。在這種情勢下,縱使這場賽局只能產生少數幾個贏家,但不參與賽局的風險往往更大。如果泡沫活動孕育出下一個重大突破,那些以為自己遠離泡沫的公司有可能會發現它們已經被其他公司超越了。

這一章的重要洞察是:

- **學會與泡沫共處**。泡沫是資本主義結構當中自然的一部分,泡沫背後的動力,正是那股推動創業、發明與社會變革的熱情。

- **難以辨識並阻止泡沫產生**。很多人認為泡沫可以預防,這是事後偏見的產物。我們不可能總是準確的判斷哪些是虛假的承諾,哪些是確實能實現的報酬。就算能辨識泡沫,通常也缺乏阻止泡沫產生的工具。政策當局必須聚焦於泡沫破滅後可能發生的系統性問題,最重要的是防止泡沫蔓延並影響整個金融體系。

- **泡沫沒有那麼糟**。泡沫並非全都是壞事。雖然泡沫未必符合教科書上對效率的定義,但在真實世界裡,泡沫可能有助於加速投資與創新,匯集人才,實現原本可能難以實現的目標。正如本章所述,泡沫可能帶來長期的正面影響。

- **切記,企業別無選擇**。對企業來說,袖手旁觀不是一種

中立行為，不參與泡沫是一種主動的賭注。如果泡沫改變了整個產業，那些選擇遠離泡沫的企業可能會被拋在後頭。企業必須參與其中，以保持競爭力，同時企業還必須留意自己在音樂停止時是否能生存下去。重點是維持靈活的戰略：既能抓住機會，又能防禦風險。

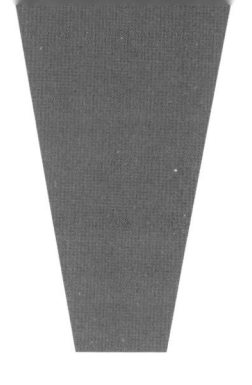

第三篇　**全球經濟：從趨同的樂觀到分歧的悲觀**

分析地緣政治影響

　　第十七章　趨同泡沫之後
　　第十八章　從地緣政治到經濟衝擊

實體面和金融風險

　　第十九章　貿易沒有那麼糟
　　第二十章　美元殞落是假警報

第十七章

趨同泡沫之後

近年,企業領導人受到巨大的地緣政治衝擊。在歷經全球快速整合,我們稱之為「趨同泡沫」(convergence bubble)的年代之後,地緣政治的敘事發生改變。趨同泡沫破裂之後,分化成為主導力量,影響全球安全、政治與經濟制度,以及金融領域。對全球商業及投資人來說,地緣政治曾經是有利的背景,是良性總體經濟的支柱,但如今地緣政治正演變成無所不在的挑戰。

用「趨同泡沫」這個金融類比來描繪地緣政治升溫的敘事,其實非常貼切,因為這個詞捕捉到地緣政治崛起背後的極度樂觀情緒。冷戰結束後出現單極時刻(unipolar moment)*,許多人推論世界會走向融合。這個詞貼切的另一個原因是,當泡

---

*編注:指冷戰結束後,世界進入由美國做為唯一超級大國主導的單極國際體系。

沫破滅時，榮景就會翻轉為失敗主義的災難預言。這樣的痛苦會以兩種方式呈現，一部分痛苦來自於良性總體經濟世界的**絕對降級**：經濟環境變差了，另一部分則是**相對**於之前對趨同的過高預期而感到失望。

這麼說並不是要輕視地緣政治當中真實存在的變化與風險，而是要提醒企業主管必須審慎解讀那些常常被誇大的敘事。本章分析趨同泡沫的四個層面：安全性、政治、經濟、金融，探索在趨同泡沫時期，人們一開始對國際趨勢的預期、對未來的判斷、現實的轉折點，以及隨之而來的修正與變化。換句話說，我們仔細評估趨同泡沫及這股趨勢之後的分化，為後續幾章提供必要的背景說明。

在分析工具方面，評估地緣政治時，決策者必須具備良好的歷史知識，並了解如何運用歷史知識來揭露地緣政治的底層邏輯。

無疑的，運用歷史知識來分析地緣政治也有陷阱。1990年代趨同泡沫興起，背後有「歷史已成過去」（history is history）的心態撐腰，忽視歷史當中複雜的力量與背景脈絡。但自2010年代起，「歷史是天命」（history is destiny）的心態出現，這一種充滿失敗主義、陰鬱的敘事，強調「強權敵對」和「衝突將無可避免的重複」。這個想法的推論是，樂觀的美國霸權論已經轉變為災難預言式的美國衰落論。這兩種歷史觀都會把我們推向極端。如果想要正確、有效的研判地緣政治風險，企業主管必須警惕並破解這兩種極端敘事。

兩種歷史心態

　　為何要關心歷史？對分析地緣政治或總體經濟學的人來說，歷史很重要，因為現今的各種制度安排都是過去一系列過程、規範、事件與決策累積而成的結果。關於歷史，有很多著名的妙語，包括：「歷史總是會重演，第一次是悲劇，第二次是鬧劇」；「歷史不會重演，但常有相似之處」；以及「歷史不過是大家都認同的虛構故事罷了」。[1]其中最能引起我們共鳴的是美國文學家威廉・福克納（William Faulkner）所說的：「往事從未結束，甚至還未過去」。[2]我們想問對歷史價值抱持懷疑態度的人，如果不研究一個體制形成的過程，要如何去了解這個體制受到壓力時的表現呢？

　　但正如本章對趨同泡沫的探討，歷史敘事也可能暗藏陷阱。敘事的背後是兩種完全不同的心態，但兩者都是陷阱。

　　「歷史已成過去」的心態忽視過去與現在的關連。這種心態可能是故意的，就連知名的專業歷史學者有時也認為過去已經結束，或者，這種心態也可能是無知或不可知論（agnosticism）的結果。[3]不論這種心態如何產生，結果都是：過去被新的信念、規則、驅動力及情境取代。「歷史已成過去」的心態鼓勵人們想像新的未來，而且通常伴隨著不受限制的樂觀。做出這種樂觀推論的人往往身處技術前沿，他們認為創新會完全改變遊戲規則。例如，網際網路曾經被吹捧為全球制度趨於一致與自由的一股重要推力。這種心態很容易受到確認偏誤的加持，人們往往聚焦在與假設相同的證據，忽視相反的訊號。但是，

過去的歷史形塑現在，歷史的軌跡、影響力與動力將持續發揮作用。正如福克納所言：「歷史甚至還未過去。」

「**歷史是天命**」的心態則是用決定論的角度來解讀，把歷史視為一部預測機器，輸入條件就會得到結果，我們注定會重複過去許多可怕的情節。這種悲觀的論點認為災難是命中注定的，而且往往已經迫在眉睫，如果悲劇還沒發生，那只是因為我們抓住了歷史懸崖的邊緣。

「修昔底德陷阱」（Thucydides's trap）的流行敘事，也就是一個崛起的新興強權將無可避免的與既有的強權發生衝突，就是模板式套用歷史的一個例子。[4]這個概念從一個簡單、但頗具思考價值的架構（彷彿所有衝突都是相同的）開始，變成強權之間的衝突將無可避免的共識，儘管現實生活中有許多相反的例證。最明顯、最簡單的例子是，美國這個前英國殖民地在二十世紀初取代英國這個昔日的全球強權，但美國和英國並未因此發生衝突。同樣的，新興強權蘇聯試圖取代美國，不過兩國之間的衝突並沒有像「修昔底德陷阱」暗示的那樣爆發。這種敘事仍然經常被用來預測美、中之間將無可避免的爆發軍事衝突，卻忽略歷史上最相關的幾個案例，其實根本不符合這個模板。

歷史是分析地緣政治必不可少的強力工具。拒絕歷史，或過於緊抱歷史都有危險。歷史不是精準的地圖，也不是無用的過時產物，歷史可以讓我們了解事件的驅動因素與背景脈絡，歷史的意義會長期間的不斷產生影響。但歷史也可能誤導我們，了解趨同泡沫時必須謹記在心。

趨同泡沫的興起

1990年代初期可說是「歷史已成過去」心態掌控集體敘事的理想時刻。冷戰結束標誌著單極時刻取代強權競爭。與此同時，科技革新、經濟成長，人們無比樂觀的認為人類已經實現最終形式的政治與經濟治理模式。

隨著冷戰時期的體制競爭告一段落，「歷史已成過去」的敘事迅速轉向對全球體系趨於一致的展望。民主制度與自由市場被視為一體兩面，相輔相成，共同促進全球的良性發展，個人的自由則被視為是民主與自由市場的共同基礎。所有社會似乎都朝著民主—市場—自由這三者結合的方向前進。人們也根據這些信念，催生出趨同泡沫。

趨同泡沫由以下四個元素構成。

安全性趨同：1990年8月，也就是柏林圍牆倒塌後不到一年，波灣戰爭爆發。這是一場成功、精準、多邊合作的軍事行動，以美國為首的多國部隊將入侵的伊拉克軍隊逐出科威特。這與冷戰時期相互毀滅的恐怖威脅形成鮮明對比，凸顯單極時刻的到來，人們樂觀的推斷未來不會有重大的軍事衝突，世界將由一個霸權國家維持穩定。[5] 這種放鬆態度也反應在美國的軍事支出減少上，如第278頁圖17-1A所示。

政治趨同：冷戰結束也被視為是政治體制競爭的終結，民主制度即將取得最終的勝利。之後確實出現一波民主化浪潮，如第278頁圖17-1B所示。這些主權國家治理制度的轉變，是建立在一套寬鬆的民主原則上，包括政治多元、言論自由、法

治、公平選舉。雖然各國的民主化程度不同,但全球態度傾向自由民主,政治史當中漲落起伏的浪潮,似乎已經被流往同一個方向的河流取代。

經濟趨同:經濟體制之間的互相競爭也被視為塵埃落定,全球經濟開始朝新自由主義版本的資本主義逐步融合。[6]一套精煉過的經濟原則逐漸成形,形塑全球各地的新興經濟體。這些原則多半透過國際貨幣基金和世界銀行等機構傳播,所謂的「華盛頓共識」(Washington Consensus)成為指導經濟發展的教戰手冊[7]。第278頁的圖17-1C以全球貿易自由化的程度來衡量教戰手冊的成功。不過這個現象也代表經濟學這門學科的一個泡沫。這門學科自負的認為自己能像外科醫師修補破損的身體(或者套用凱因斯的話,像牙醫補牙一樣),修補新興國家的總體經濟。[8]

金融趨同:趨同泡沫也擴展到金融領域,人們認為開放且具有彈性的資本市場(包括貨幣)能促進投資,產生報酬,還能在過程中調節經濟失衡問題,只要全球能充分實行資本開放。追求風險與收益最佳化的金融家會主動尋找最具吸引力的機會,進而加速全球、特別是開發中國家的經濟成長,同時為投資人帶來豐厚的回報。金融創新與全球市場被認為能實現提升收益、降低風險的雙贏目標。雖然沒有單一指標能衡量這個複雜領域,但第278頁的圖17-1D可以印證這個樂觀的觀點:1990年代,資本從已開發經濟體流向新興世界,開發中國家的經常帳餘額為負,顯示全球投資人正在補償性經濟體當中尋求高報酬,也把繁榮傳播至最需要的國家。

趨同泡沫的吸引力在於它看起來具有內在一致性，上述的四個元素會彼此互相強化，例如，自由貿易不僅能幫助經濟成長，經濟成長也被認為有助於讓政治趨向自由民主。當過去的敵人變得富有之後，它們就會變成民主盟友，這樣美好的觀點幫助世界貿易組織（WTO）在2001年持續擴大規模。趨同泡沫也恰好碰上1990年代的經濟榮景，科技進步推動生產力快速提升，預示新經濟即將到來。每一個元素都讓人感覺我們正遠離歷史，邁向更光明的未來。確認偏誤開始主導認知：所有支持趨同泡沫的資料都被大力擁抱，反駁樂觀展望的資料則被視為異常。歷史已成過去！

但是趨同泡沫，以及泡沫背後對歷史的否定態度，助長了「權力傲慢」的情緒。[9]由於美國幾乎沒有戰略對手，所以誤將單極時刻視為自己可以無限制主導世界局勢的象徵。其實，趨同泡沫內部正在滋生出一個霸權泡沫。「歷史已成過去」的心態，讓人們對地緣政治的未來過度樂觀，遠遠超出歷史經驗的合理範疇。

人們很容易忘記，即使在1990年代，警訊也已經出現在系統當中，但警訊卻被視為是偏離新趨勢的異常訊號而被忽視。安全性方面，1993年恐怖分子攻擊世界貿易中心和1998年肯亞的美國大使館爆炸案，預告軍事霸權即將受到考驗。政治方面，許多新建立的民主政體缺乏制度性力量，無法遏止貪腐，這預示了它們之後會有令人失望的表現。貿易方面，1999年西雅圖世貿組織部長級會議期間爆發的反WTO及全球化抗議活動，預示了貿易會帶來壓倒性好處的共識即將崩潰。金融方

面，1997至1998年間的亞洲金融危機則顯示，不斷擴大的資本市場整合會帶來傳染效應與脆弱的風險。不祥預兆已經出現，歷史從未真正過去。

趨同泡沫的高潮

儘管愈來愈多證據顯示，歷史其實沒有真的成為過去，但到了2000年代初期，趨同泡沫的心態不僅沒有輕易的消失，反而還比實際的發展進程持續得更久。「歷史已成過去」的信念支撐著政治和政策當局的決策，利益與理想讓他們難以放棄緩步趨於一致的敘事。但是，他們緊抓住不切實際的假設，反而加快趨同泡沫在安全性、政治、經濟與金融四個層面的破滅。

安全性方面：2001年的911恐怖攻擊正好說明這一點。美國這個霸權國家以為在單極世界裡，可以像1990年波灣戰爭那樣，透過軍事力量輕鬆達成目標。但是，「任務達成」只是旗幟上的口號，現實生活中根本沒有實現。[10] 美國在阿富汗的戰爭陷入泥淖，在伊拉克的戰爭沒有獲得聯合國支持，無所不能的全球警察形象開始破裂，最終瓦解。從圖17-1A也可以看出這種轉變，美國軍事支出占GDP的比重重新開始上升。

政治方面：透過經濟發展來實現政治趨同的夢想變得愈來愈難站得住腳。一些非民主國家即使沒有相對應進行政治改革，依然實現了強勁的經濟成長。愈來愈多證據顯示，自由民主不是經濟成長的先決條件，經濟成長也未必促使人們追求個人自由。在全球經濟成長、但沒有發生政治趨於一致的狀況

下，如圖17-1B所示，民主國家占全球產出的比重於2000年左右達到高峰之後開始下滑。

經濟方面：隨著1990年代的生產力成長榮景開始褪色，網路泡沫破滅和2001年的經濟衰退削弱了經濟高成長的敘事觀點。但真正讓「所有國家將趨於一個終極經濟模式」的思想蒙受永久陰影的，是2000年代美國的房市泡沫。美國政策當局的放任，導致這場泡沫不斷膨脹、惡化。2008年全球金融危機讓西方國家金融體系瀕臨系統性崩潰，嚴重動搖以自由市場民主為基礎的自然秩序觀點。這場危機也撕掉總體經濟學的科學外衣：總體經濟學不是工程學、不是物理學，未來也永遠不會成為科學。

另一方面，當全球經濟衰退時，中國支撐住全球需求，並推升經濟成長，展示出替代性經濟模式的可行性。如圖17-1C所示，「華盛頓共識」在2000年代中期左右達到巔峰。

金融方面：在金融層面，趨同敘事也有缺陷。將金融視為降低風險的希望可說太過樂觀（將經濟學家看成無所不能、相信金融工程師能帶來正面的影響，也太過樂觀）。就連「金融資本將流向新實體資本最具生產力之處」這個直覺上看似合理的想法，也不全然正確。雖然，1990年代末期之前，資本顯然是從先進經濟體流向新興經濟體，但之後資本流向反轉，又從新興經濟體流向先進經濟體，尤其是從亞洲流向美國。新興經濟體獲得巨大的出口順差，並將收益儲蓄起來（通常是以購買和持有美國資產的形式），希望防止1990年代末期的新興市場危機再度發生（參見圖17-1D）。還有最後一個諷刺的發展：貿易

興盛雖然幫助加速經濟發展,但新興經濟體的過剩儲蓄持續壓低美國的利率水準,助長房市泡沫,最終導致2008年的房地產泡沫。[11]

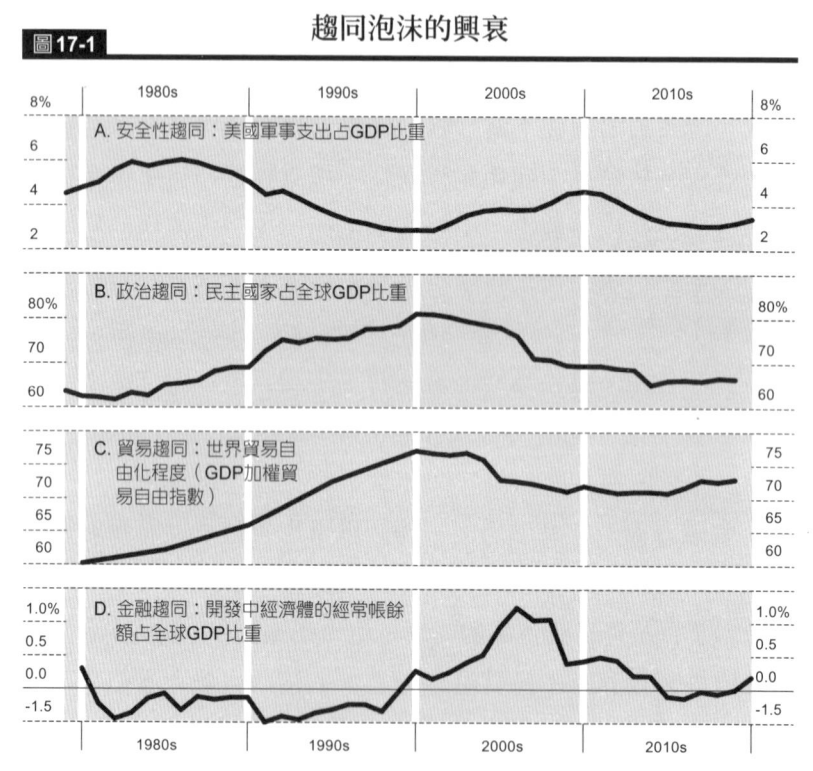

圖 17-1 趨同泡沫的興衰

A. 安全性趨同:美國軍事支出占GDP比重

B. 政治趨同:民主國家占全球GDP比重

C. 貿易趨同:世界貿易自由化程度(GDP加權貿易自由指數)

D. 金融趨同:開發中經濟體的經常帳餘額占全球GDP比重

- 註:A圖與D圖的資料統計至2020年;B圖與C圖的資料統計至2019年;開發中經濟體的經常帳餘額為個別開發中經濟體經常帳餘額的加總;貿易自由指數中,100代表完全貿易自由。
- 資料來源:OMB、Varieties of Democracy、Fraser Institute、IMF;波士頓顧問公司總體經濟學研究中心分析。

評估全球分歧情勢

上述四個溫和趨於一致的趨勢在2000年代初期或中期的不同時期達到高峰，但我們認為2008年是個轉折點。隨著地緣政治的快速轉變，歷史敘事再度成為一股強大的驅動力，只不過這一次的方向相反。2008年開始，「歷史已成過去」的心態全面退場，取而代之的主流信念是「歷史是天命」。這種信念認為歷史注定會重演。被廣為接受的新想法是：大國競爭，而且必然會導致衝突。美國衰落論取代美國霸權的想法。時代思潮轉為悲觀，常被視為是對先前過度樂觀想法的深刻否定。但我們認為，這只不過是悲觀的卡珊德拉取代樂觀的波麗安娜罷了。[12]

那麼，我們目前的處境為何？趨同泡沫已經瓦解多少？我們再次分析上述四個層面：

安全性分歧：人們對透過戰爭來實現霸權目標的能力感到失望，但與此同時，軍力擴張行動和緊張對立卻也不斷升高。伊拉克及阿富汗戰爭的拖延，進一步降低人們對於西方國家能透過軍事行動達成目標的期望，尤其是美國從阿富汗拙劣撤軍，終結了近二十年的戰爭，但美國幾乎沒有取得任何實際成果。中國繼續擴張軍力，顯示它對現狀不滿；俄羅斯在2014年併吞克里米亞半島（俄羅斯在2008年入侵喬治亞共和國就已經是前兆），這顯示軍事力量可能依然重要，軍力是改變國界的力量，也預示了俄羅斯在2022年開始更大規模的入侵烏克蘭。「歷史是天命」的思維指向衝突將愈演愈烈，新興強權尋求重塑

現有的全球秩序,在許多人眼中,「修昔底德陷阱」已經成形。

政治分歧:政治方面的發展非但沒有趨於自由民主,反而出現了民主衰退。強人領袖重現使自由民主的理想加速衰退,同時專制經濟體也在壯大,這些因素結合起來,使得民主國家占全球產出的比重下滑(參見圖17-1B)。

透過削減立法機關來集中權力的強人領袖在全球愈來愈受歡迎,就連美國,隨著2020年大選之後權力是否能平穩轉移遭到懷疑,美國也發生民主退步的情形。民主制度停止擴散,以美國衰落論與重返制度性競爭等論點為基礎的「歷史是天命」心態變得普遍。[13]

經濟分歧:2008年全球金融危機和後續經濟的緩慢復甦,使得西方經濟模式蒙羞。歐洲爆發的主權債務危機讓西方經濟模式再度受到質疑。經歷過政策癱瘓的國家,難以對抗願意積極應付挑戰、掃清經濟成長阻礙的國家領導發展模式。國家規劃的產業策略再度受到重視,「中國特色的社會主義」持續領先。(另請參見第六章有關要素驅動成長限制的討論。)東方沒有完全採用西方的「終極」經濟模式,反而尋求透過一帶一路倡議之類的大投資與亞洲基礎設施投資銀行(Asian Infrastructure Investment Bank,簡稱亞投行)之類的機構來輸出其模式。[14]但是,當新冠肺炎危機考驗各種競爭體系的韌性時,每一種制度的表現都有不足之處,沒有人明確勝出。美國的應對措施顯示財政政策愈來愈側重國內需求及生產(例如要求國內投入與重新制定產業政策),過去這種政策被嗤之以鼻,但在貿易戰的背景下已經變成新常態。

金融分歧：儘管全球金融失衡的組成已發生變化，但失衡狀態仍然在持續當中。2010年代，中國龐大的貿易順差占GDP比重下滑，但北歐經濟體的順差依然龐大，主要是因為財政撙節政策使得國內需求不足。不再有人寄望全球金流能創造穩定健康的市場，也不再有人認為金融本身能成為穩定的力量。政策當局不鼓勵資本自由流動，反而轉向思考如何控管金融，避免金融對整體經濟帶來破壞。沒有良性的再平衡了。「歷史是天命」陣營的結論是，負債沉重的國家將無可避免的陷入危機。[15]之後新冠疫情衝擊，通膨飆漲，尤其是在西方國家，迫使這些國家削減戰術性刺激措施（參見第十一章），但在東方國家通膨則是相對受控。這引發對美元霸權的質疑，抱持「歷史是天命」心態的人認為美元霸權已經走入歷史。但是這種陰暗的決定論同樣走得太遠（參見第二十章）。

切記，歷史有價值，但無法決定一切

回顧過去三十年，無疑的，趨同泡沫已經破滅了，但讀者不該因此以陰暗、失敗主義的敘事取代之前樂觀積極的論調，應該從下列啟示來思考地緣政治。

- **留意歷史在地緣政治中的角色**。分析地緣政治時，線性推斷是誘人的架構，但「歷史已成過去」的信念沒有成功預測過去三十年的地緣政治軌跡。雖然，我們無法確定「歷史是天命」的信念會不會失靈，但可以合理預期

這個信念也會被過度推演。危險確實存在，但不會循著固定模式發展。地緣政治仍然與不確定的風險有關，而不是遵循著一條固定的軌跡。此外，如同我們將在下一章看到的，地緣政治情勢對總體經濟的衝擊過程，絕對不是線性可預測的過程。

- **留心預期所扮演的角色**。我們對地緣政治不安的集體感受其實是被我們的預期所影響。毫無疑問的，**不可逆**的分歧已經取代趨於一致的夢想。但我們經歷到的許多崩解，只是**相對**於原先不切實際的夢想而言。真正重要的是實際造成的傷害以及現實的變化。
- **別忘記解構地緣政治風險**。地緣政治涉及許多相互關聯的面向，但地緣政治的敘事會把所有面向交織起來，形成具有說服力的軌跡。將安全、政治、經濟以及金融等主題拆開來看，既能區分驅動因素，也不會忽視這些因素彼此之間的交互作用，讓我們能更好的評估風險。
- **關注風險，別關注結果**。別緊抓住一個誘人的敘事，應該聚焦於各種可能的未來，以及實現每種情境背後所需要的條件。重點是聚焦在與每種情境相關的風險。

企業主管正逐漸適應地緣政治變化的現實，但他們卻缺乏這方面的相關背景。超過六十歲的人才可能親身經歷過趨同泡

沫之前的地緣政治。不過，讀者可以在下一章思考地緣政治風險如何傳導至經濟層面，並在第十九章與第二十章深入了解貿易風險和美元霸權的具體細節。

第十八章

從地緣政治到經濟衝擊

　　1914年7月28日第一次世界大戰爆發，美國股市在三天內下跌10％，後來暫停交易，如圖18-1所示。136天之後當股市再度開盤時，又重挫了20％。股市的反應顯示地緣政治衝擊對經濟與世界秩序的影響：看起來地緣政治彷彿會直接衝擊總體經濟。[1]

　　然而，1939年9月1日第二次世界大戰爆發時，美國股市卻暴漲13％，如圖18-1所示[2]。這回，另一場地緣政治災難卻反而改善美國的經濟局勢。二戰為美國經濟帶來龐大的需求成長，實質上終結了大蕭條。

　　我們把這兩場戰爭並列比較，凸顯市場並不是道德的評判者，而是狹義的反映預期獲利、現金流和其他財務考量。雖然地緣政治衝擊可能對經濟有害，但在市場的冷酷計算中，地緣政治衝擊和經濟影響之間並不是線性相關。地緣政治到經濟影響的傳導過程其實更複雜、更充滿危機。

第十八章　從地緣政治到經濟衝擊

圖 18-1　戰爭對經濟的影響可能很兩極

戰爭爆發時的美國股市表現
道瓊工業平均指數（一戰）及標普五百指數（二戰），指數化呈現

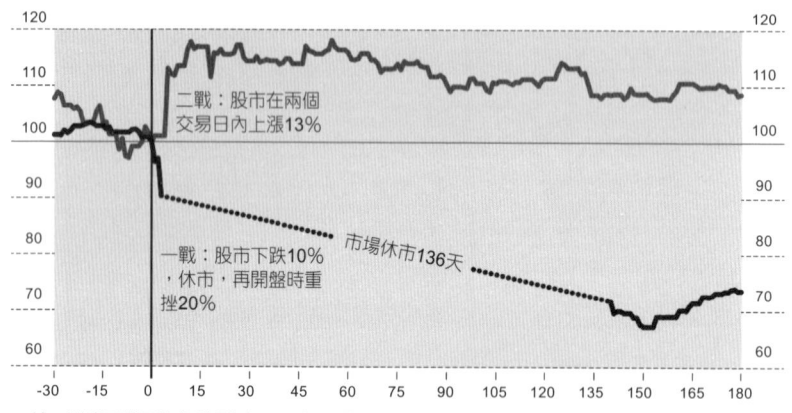

- 二戰：股市在兩個交易日內上漲13%
- 一戰：股市下跌10%，休市，再開盤時重挫20%
- 市場休市136天

- 註：道瓊工業平均指數是以1914年7月27日為基準指數化；標普五百指數是以1939年8月31日為基準指數化。
- 資料來源：Bloomberg；波士頓顧問公司總體經濟學研究中心分析。

　　地緣政治難以預料不是新概念。二十世紀中期，頗有影響力的美國外交家喬治‧凱南（George Kennan）曾如此描述地緣政治的分析及預測：「沒有哪個領域比外交領域更容易犯錯；也沒有哪個領域比外交領域更難讓人確定自己可以分辨明智與愚蠢。」[3] 凱南沒有考慮到的是，如今許多人不僅得理解地緣政治，還必須評估地緣政治對經濟的影響，使得地緣政治的複雜性與不確定性又進一步擴大。

　　在難以區別明智與愚蠢的狀況下，企業主管和投資人該如何應對，或該避免什麼？對董事會而言，無力感可能讓人感到焦躁，使得企業領導人在評估地緣政治時往往會尋求專家看

法,或訴諸複雜的資料模型。但我們將在下文看到,這兩種方式都有局限,使得情境分析成為一種有用且必要的替代方案:情境分析以未來多種情境,取代單一計畫或單點預測。不過,我們也在本章中闡釋,領導人不該以規劃企業策略的方式來分析地緣政治:五年期地緣政治規畫根本毫無意義。別採行研擬企業策略時使用的方法,我們認為,評估地緣政治風險更像財務長扮演的角色,需要快速應變、立刻評估影響性,並向組織下達具方向性的指引。因此,領導人必須讓組織有能力不斷分析小規模的總體經濟影響,而不是投資在宏大的地緣政治策略評估。

那麼該如何做呢?人們往往關注槍聲響起的那一刻,而忽視子彈如何在錯綜複雜的實體經濟、金融面和制度面中反彈。如果地緣政治真的會影響商業環境,一定是透過錯綜複雜的連結發揮作用,這才是我們應該關注的焦點。

別相信專家與模型

企業主管習慣於掌握龐大預算。他們往往有政治人脈,有人甚至可以影響輿論。但在地緣政治方面,他們的影響力通常微乎其微。在趨同泡沫膨脹的有利背景之下,這點或許無關緊要,但如今單極體系的順風變成制度性競爭的逆風,這種無力感就會變得很明顯。

當領導人試圖彌補這種無力感,並搶先應對地緣政治變化時,他們通常有兩條解讀未來的捷徑。質的方面,他們通常

極度信賴專家，特別是曾經參與戰略研擬的重要顧問。量的方面，有愈來愈多衡量及模擬地緣政治的方法可供使用。但我們認為企業領導人面對這兩種途徑都必須非常謹慎。

回顧過去一百年，我們發現有許多案例可以說明喬治・凱南有關明智與愚蠢的警告。專家往往不擅長預測重大地緣政治的轉折點。諾貝爾和平獎得主諾曼・安吉爾（Norman Angell）1910年出版的暢銷書《大幻覺》（The Great Illusion）形塑出當時的普遍看法：現代世界的相互依存度與貿易關係太過錯綜複雜，因此強權之間不可能爆發戰爭。[4]因為《大幻覺》建立起這樣的看法，因此第一次世界大戰爆發時，人們感到震驚。[5]

時間快速推進到2020年，評估戰爭風險沒有變得比較容易。《地緣政治投資大局觀》（Geopolitical Alpha）的作者是顧問公司的地緣政治分析師，他向投資人提供一個「預測未來的架構」。這個「限制條件」的分析架構，說明地緣政治野心與衝突會受到那些限制。他說，認為普丁（Vladimir Putin）將試圖透過武力來重建俄羅斯帝國的想法有誤，因為「俄羅斯與歐洲之間的共生關係是一大限制……，實際上是柏林透過天然氣管線控制著俄羅斯。」俄羅斯絕對不可能入侵烏克蘭，因為：「這麼做將使俄羅斯無法把天然氣出口到歐洲，等於是經濟自殺。」遺憾的是，這些分析以及導出的結論全都站不住腳。[6]

當然，也有地緣政治專家做出正確預言，但即使是正確預言，也有很大的局限。例如喬治・凱南曾做出史上最正確的地緣政治預言。他以筆名「X」在《外交》雜誌上發表一篇著名的論述〈蘇聯行為的根源〉（The Sources of Soviet Conduct），當

中寫道:「蘇聯政權本身包藏了毀滅的種子,種子早就已經萌芽。」[7]這篇文章發表於1947年。但如果毀滅的種子早就已經萌芽,蘇聯或許已經進入生命週期的後半部,這個預言為什麼會過了四十年之後才成真?

凱南的分析正確,但有時間上的落差,這提醒我們預測會牽涉到時間這個變數,使得分析變得不可靠。凱南聚焦在蘇聯體制的基礎弱點,而非聚焦在時程,這使他得出寶貴的洞察。但是,專家通常因為預測的大膽與準確而獲得賞識,這會鼓勵專家的確認偏誤,以及為過去的預測錯誤做出辯解,導致專家過度自信。1988年時,學者菲利浦·泰特洛克(Philip Tetlock)曾邀請一群極具聲望的專家(包括諾貝爾獎得主在內)預測未來五年的情況,問題包括他們是否認為蘇聯共產黨仍將繼續掌權。結果,對答案抱持80%以上信心的專家,只有45%的預測是正確的。[8]

我們並非認為地緣政治專家的意見毫無價值,相反的,真正的洞察往往來自專業的地緣政治分析人士,以及曾參與戰略研擬、提供觀點和歷史脈絡的專家。問題出在當企業主管抱持不切實際的期望,並試圖正確預測及掌握未來時,就會產生風險。專家無法持續正確的預測地緣政治,就如同經濟學家無法總是準確的預測經濟走勢一樣。借助他們的真知灼見時必須謹記這一點。

另一種試圖駕馭地緣政治風險的誘人工具是地緣政治量化(geopolitical quantification)。這個工具的魅力來自於模型、指數以及視覺化的圖表,看似科學,而且可以控制。彼得·杜

拉克說：「能衡量的東西才能管理，即便衡量和管理它毫無意義，甚至會傷害組織的目標。」[9]這個想法適用於企業內部運作，但也可以應對企業外部風險。

近年來，追求量化的渴望使得用於衡量地緣政治緊張程度與風險的指數應運而生。或許是為了順應社會上對量化的需求，理論上，用數值來表示風險應該能讓決策者將複雜的訊息簡化，將訊息歸納成可用於決策的數據。由於這類指數能即時評估輿論中的訊號，因此它們既有時效性、又能避免依賴任何特定專家的意見。

不過，這類指數有明顯的缺點。圖18-2中的左圖由聯準會研究員製作，使用截至2021年底的地緣政治指數來繪製出風險水準圖表。[10]雖然，這條時間序列看起來似乎呈現了已知的地緣政治緊張時刻，例如第二次世界大戰、911恐怖攻擊都在圖中形成了尖峰，但相對來說，這些數值並不寫實。例如，有誰會認為1990到1991年波灣戰爭期間的地緣政治緊張程度，能與二戰相提並論？

但是，計量分析師總是尋求改進他們的方法。如圖18-2中的右圖所示，聯準會研究人員改進後的指數看起來更加合理：二戰的地緣政治風險指數現在遠高於其他事件。但是，我們是否能說2022年開始的烏俄戰爭激起的不確定性，等同於1962年的古巴飛彈危機？當時美國和蘇聯之間爆發核武殲滅戰。當然，比較這兩者可能會帶來冗長的辯論，但這正好證明這種比較所會帶來的爭議。只用一個數字就把兩個歷史事件的複雜程度劃上等號讓人難以接受。這種錯誤的量化，暴露出將量化方

地緣政治難以量化

圖 18-2

地緣政治風險指數
舊版指數（2021年10月之前）

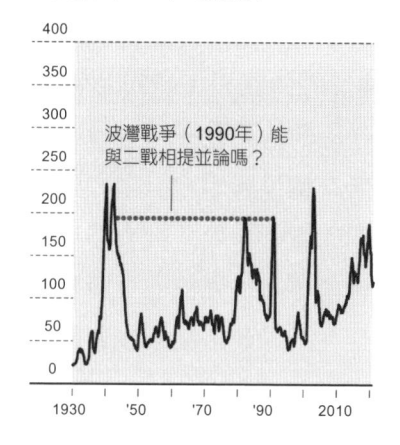

波灣戰爭（1990年）能與二戰相提並論嗎？

地緣政治風險指數
新版指數（2021年10月開始使用）

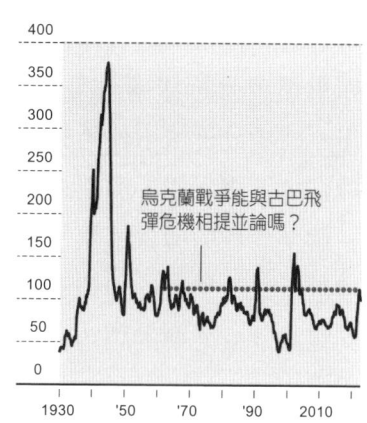

烏克蘭戰爭能與古巴飛彈危機相提並論嗎？

- 註：12個月中點平均值。舊指數數據截至2021年3月止，新指數數據截至2022年12月止。
- 資料來源：Dario Caldara and Matteo Iacoviello, "Measuring Geopolitical Risk," Board of Governors of the Federal Resrve Board；波士頓顧問公司總體經濟學研究中心分析。

法應用在地緣政治風險管理上的缺點。

與專家意見一樣，問題不在量化方法有致命的缺陷，而在如何使用量化後的結果。專家意見的危險是過度自信，量化方法的危險則是過度簡化。記住一句老話：重要的東西未必能用數字衡量；能用數字衡量的東西未必重要。

情境分析法

地緣政治預測的高度局限性，讓許多組織不得不採用情境

分析法來理解地緣政治。情境分析法是常用、但不太受歡迎的另一種預測法。

當然，情境分析法捨棄單點預測，改分析各種可能的結果，是一種合理的方法。不過，跟專家意見及量化資料一樣，如果情境分析法讓人有問題已經被解答的錯覺，也可能被誤用。情境分析法中使用的情境常被仔細的排列在一列光譜或矩陣當中，讓人覺得涵蓋未來可能的所有情境版本。但是，如果一個全面性的假象掩蓋了可能性之間的微妙差異，就會損及情境分析法的價值。情境分析的主要價值不是增強信心，而是幫助組織建立必要的技巧與能力，以便在地緣政治衝擊成真時做出因應。

那麼該怎麼辦？別聚焦於事件、時間軸以及事情的發生機率，應該將重點放在評估地緣政治情境造成的經濟影響。如果地緣政治衝擊要影響總體經濟，就必須透過實體經濟、金融面以及（或是）制度性連結（institutional linkages）來改變商業環境。

- **實體經濟連結**：是指地緣政治衝擊直接影響所得和經濟活動。這類影響通常會顯現在消費、投資或貿易上，這都是和GDP直接相關的要素。
- **金融面連結**：是指地緣政治衝擊影響資產負債表或授信與融資流量。這種影響通常會經由資產市場快速發生，如果銀行體系的資本或流動性受到傷害，影響程度將相當嚴重。

- **制度性連結**：是指地緣政治衝擊影響做為全球總體經濟和商業環境支柱的成文或不成文規定。這些變化可能比實體經濟或金融面的變化來得慢，但可能產生持久的影響。

正如本書前言所述，我們不能假定從地緣政治衝擊到總體經濟的影響是一種線性過程。第二次世界大戰就是一個我們熟悉的例子。在戰後時期，即使發生嚴重危機，也未必真正改變全球商業環境。例如阿富汗戰爭是美國歷史上持續最久的戰爭，但這場戰爭沒有實質性的影響上述所說的三個傳輸管道；伊拉克戰爭也是如此。其他許多衝突也一樣，雖然這些衝突顯然是地緣政治危機，也帶來人道災難，但沒有造成實質上的經濟影響。事實上，地緣政治危機的經濟影響常常被誇大，尤其是危機爆發初期。

相較之下，烏俄戰爭則是在上述三個層面都造成影響，既提高週期性風險，也帶來結構性風險，只是各地區的程度與情況不一。

實體經濟（家計單位、企業）受到影響，是因為烏俄戰爭影響到大宗物資，最明顯的就是天然氣和小麥。大宗物資的通膨導致消費者的實質所得降低（尤其是在歐洲），並且傷害企業的競爭力，進而打擊民眾與企業的信心，影響消費及投資。即使有人預測到俄羅斯將入侵烏克蘭，也不可能預測到這種連鎖效應的細節，但影響的大致輪廓可以預見。分析西方國家與俄羅斯（及烏克蘭）之間的實體經濟關連性是可行的。了解這些

動態,分析師能清楚識別各地區受到的不同影響:美國、歐洲及亞洲全都有不同的脆弱性。同樣的,各產業受到的衝擊也不同:化學品製造商、製造業者、運輸業者感受到的影響全都不一樣。

其次是烏俄戰爭的金融面連結。同樣的,我們無法預見或分析戰爭帶來的全部或具體影響,但我們可以分析影響的大致輪廓。一個有價值的出發點是分析哪些銀行帳本上的資產與負債對俄羅斯曝險,哪些機構可能會有虧損、或是被困在低流動性資產裡,或是流失資金?這些潛在的變化是否有可能觸發系統性威脅?同樣的,我們不可能預測種種細節:西方企業的快速撤離(通常是出自企業自己的選擇);俄羅斯銀行被全球支付系統SWIFT(全球銀行同業金融電訊協會)剔除;以及在央行的巧妙運作下,俄羅斯金融市場展現出的韌性。但是,我們可以勾勒出這些輪廓。

雖然並非完美,但金融市場確實有助於分析地緣政治風險。價格變化為評估地緣政治風險提供了初步的參考,通常可以在許多市場、地區及產業當中觀察到。這些訊號波動性大,可以指向趨勢性而非精確的數值,但它們確實提供了不斷更新、由市場參與者集體形成的風險與影響性觀點。舉例而言,當烏俄戰爭從可能發生、進而演變成現實時,美國和歐洲銀行之間的相對價格變動顯示它們對俄羅斯資產與負債的曝險程度不一。就連在歐洲銀行之間,相對價格變動也顯示哪些銀行的曝險程度與脆弱性最大。

最後,烏俄戰爭也可以說明制度性連結,包括正式與非

正式連結。正式連結方面,結盟改變了:芬蘭加入北約,瑞典也可望加入;在制裁方面,各種制裁出爐,國家之間的合作減少。非正式連結方面,規範改變了:德國增加軍事支出,企業也遠離不可靠的夥伴。我們無法事先預料這些變化的範圍與細節,頂多只能辨識面對共同敵人時可能出現的整體趨勢與方向。

衝擊只是故事的一半

評估地緣政治帶來的經濟影響時,別忘了衝擊只是故事的一半,一個經濟體吸收衝擊的能力以及政策當局的反應也很重要。事實上,在面對重大衝擊時,政策反應可能比一開始的衝擊還要重要。

再次來看看一戰和二戰一開始的美國股市反應。如前文所述,兩次世界大戰爆發之初,美國股市出現截然不同的反應,研究導致這些差異的原因,有助於我們理解面對地緣政治時,政策反應發揮的關鍵作用。一戰爆發時,美國股市價格崩跌,這是因為戰爭將造成的巨大供需破壞;市場擔心美國和歐洲會把龐大資金投入戰爭,導致授信與融資擠壓和銀行壓力;以及戰爭突然爆發帶來的震驚[11]。此前,大家誤信諾曼‧安吉爾的論點,認為強權之間不可能爆發戰爭,因此,一戰爆發放大市場的震驚反應。

相較之下,二戰爆發時,美國經濟正處於大蕭條後的長期低迷狀態,市場認為戰爭將終結長達十年的高失業率、通縮以及低成長,畢竟戰爭能提振需求,軍需品能填補民間的需求不

振。另一方面，二戰爆發之初，對金融面的影響比較小，因為美國的銀行體系對外國資金的依賴較少。此外，二戰帶給人們的震驚程度也不如一戰。[12]

令人感到不安的一個事實是，戰爭可能對總體經濟有益，而且這不僅發生在過去幾個世紀。烏俄戰爭雖然對歐洲帶來重大的經濟衝擊（對美國的經濟衝擊較小），幾乎在2022年導致經濟衰退，但也很可能改變人們對歐洲結構性前景的看法。長期以來，投資需求低迷一直被視為歐洲的結構性問題，但烏俄戰爭帶來的衝擊，驅使歐洲各國戰略性的增加國防支出，加速投資能源基礎建設，進而推動能源轉型。這些發展趨勢提升歐洲整體的投資環境。

除了吸收地緣政治衝擊的能力，我們也必須考慮政策反應，因為政策反應會決定地緣政治衝擊的第二波影響。正如那句老話，政府不應該浪費一次好的危機：重大的政策干預通常來自危機，特別是生存危機，因為危機時刻採取行動的必要性提高，也有採取行動的意願。[13]記得我們在第九章到第十一章討論的刺激措施，尤其是生存性刺激措施。不難理解生存威脅能塑造出一個共同的敵人，使各方利益趨於一致，建構一個具有說服力、而且能發揮作用的敘事內容。

地緣政治威脅帶來的動員效果看似對商業環境不利，但矛盾的是，這類威脅往往可以刺激政府，激發行動，在適當的情況下，使經濟變得比原本更強勁。特別是在經濟運行低於潛在水準，或是地緣政治衝突激發的資本投資促進創新、鼓勵採用新技術，或是促使社會擁抱新的生產方法。當然，戰爭是悲

劇,不該被視為對經濟有益,更不是最理想的選擇。但戰爭具有催化作用仍然是不爭的事實。

再次看二戰這個例子,這次從經濟產出的角度來分析。如圖18-3所示,二戰開始時,美國的經濟因為仍處於大蕭條的陰影之下,產出遠低於趨勢水準,形成一個產出缺口(output gap)。之後即便戰爭爆發,產出缺口也只是稍微縮小。但當珍珠港事件導致美國參戰後,龐大的戰時財政刺激使產出缺口快速縮減。美國的經濟增長甚至超越其潛能產出。

雖然各方擔心一旦戰爭結束,經濟將劇烈衰退,但實際上,戰後美國的經濟下滑並不嚴重,只不過是重返比較強的趨

圖 18-3　二戰使美國經濟重返大蕭條之前的趨勢水準

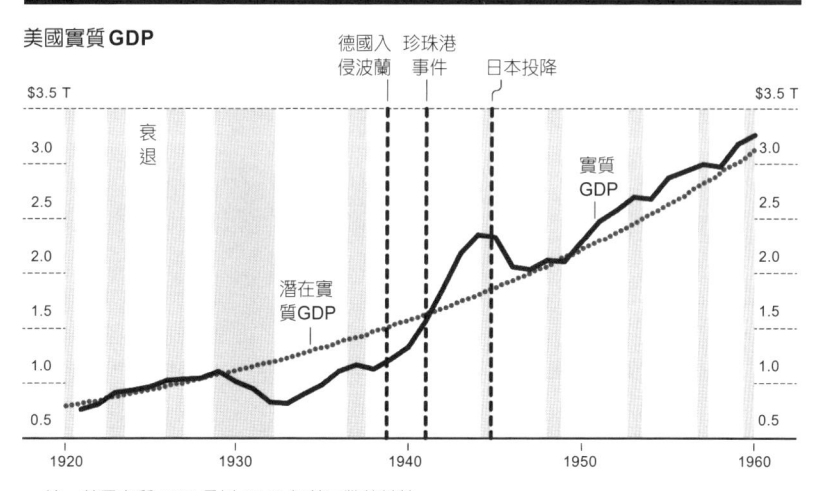

美國實質GDP

[圖表顯示1920年至1960年美國實質GDP變化,標示德國入侵波蘭、珍珠港事件、日本投降三個時間點,以及實質GDP與潛在實質GDP曲線,縱軸從0.5到3.5兆美元]

- 註:美國實質GDP是以2012年美元幣值計算。
- 資料來源:Historical Statistics of the United States、BEA、NBER;波士頓顧問公司總體經濟學研究中心分析。

勢線水準。說來悲哀，1930年代的新政（New Deal）財政創新把經濟拉出蕭條的成效，還不如戰爭帶來的影響。

切記，技巧比計畫更重要

地緣政治風險的經濟影響往往不明顯，很少有線性關係，有時這些影響甚至會與預期相反。由於地緣政治錯綜複雜，企業主管可能試圖對外尋求解惑，把一個預先包裝好的計畫放在架上。但是，本章的內容得出下列建議：

- **建立技巧，別依賴計畫**。預測、情境分析與計畫或許能帶來安全感，讓你覺得自己已經做好準備，但這無法確保你能在危機出現時應對挑戰。組織需要的是快速且靈活應對挑戰的技巧與能力，而不是精美卻束之高閣的宏大計畫或策略。許多小而深入的洞察才有價值，而且重點在於日積月累的建立技巧與能力：這需要定期投入，而不是舉行一次五種情境分析會議就行了。誠如艾森豪和他之前的許多領導人所說：「計畫本身沒有價值，計畫制定的過程才重要。」[14]

- **發揮專家的價值**。不論是來自前政治人物的定性分析，還是定量分析，都無法準確預測組織在面對地緣政治危機時的脆弱程度。專家無法總是做出正確的預測，即使他們做出正確的預測，每個企業面臨的風險也不同，無法一概而論。專家的價值在於他們可以協助組織建立我

們強調的應變分析能力。
- **聚焦於連結**。緊張的地緣政治看起來似乎是持續而且明顯的傷害來源,其實未必如此。除非我們能夠清楚的闡述地緣政治衝擊和總體經濟損害之間的關係,否則不該輕易的下結論。切記,地緣政治衝擊必須改變實體經濟、金融面以及(或是)制度面,才會對總體經濟帶來影響。出人意外的是,地緣政治衝擊常來了又消退,但並未改變商業環境的現實。
- **衝擊只是故事的一半**。人們總是想要了解地緣政治衝擊的每個細節與發展,其實,更重要的是了解系統對衝擊的吸收(或擴大),以及政策應對衝擊的反應。有時候,當政策反應超過衝擊的初步影響時,結果往往出人意料,甚至會與我們的直覺預期相反。

本章內容聚焦我們可以運用哪些工具,將地緣政治風險與緊張情勢轉化為對總體經濟的現實影響。接下來的兩章將以貿易和美元為例,詳細說明這個過程。

第十九章

貿易沒有那麼糟

　　許多企業主管和投資人都覺得,全球貿易可能是最直接受到地緣政治影響的一環。全球趨同時代形成一個整合的貿易架構,企業被織入一張全球價值鏈的複雜網路裡,能有較低的成本,可以擴大收益。當簡單的地緣政治趨同敘事被複雜的分歧敘事取代時,合理的預期是貿易架構會再度調整,一併帶來經濟連鎖效應。流行的說法是,去全球化取代全球化,企業回流取代企業外移,以往獲得的好處將喪失。

　　然而,把地緣政治情勢轉化為經濟影響時,經常出現不可靠的推論與簡化,貿易就是一個很好的例子,這點我們已經在前面兩章提出警告。舉例而言,儘管近十年經歷了英國脫歐、貿易戰與經濟脫鉤(decoupling),全球貿易量仍然持續增加。我們將在本章說明「貿易強度(trade intensity,也就是貿易占全球GDP的比重)已經下滑」這個經常聽到的論點其實與實際情況不符。因此,領導人應該懷疑常見的論述,例如「貿易反轉」

和伴隨而來的悲觀預測。

是什麼造成敘事與現實之間的落差呢？一方面，強韌的貿易量伴隨著貿易結構的改變；前者反映全球持續渴望貿易及貿易帶來的經濟好處，後者反映貿易架構因應新的地緣政治目的與現實而逐漸改變。我們經常觀察到，穩定的地緣政治讓全球貿易體系走向效率最大化與低成本生產，動盪的地緣政治則是會追求更多可靠的貿易型態，而這往往要付出較高的代價。

領導人該如何看待這樣的轉變？目前韌性的貿易架構仍然在建構當中，因此我們不該急著下結論，更不應該做出最陰暗悲觀的結論。我們該做的是勾勒未來的架構，因為這個架構將決定未來的成本和經濟影響。如同我們將在本章闡述的，轉變成一個更注重韌性的貿易架構，對總體經濟的影響並不像表面上看起來那麼明顯或直觀。毫無疑問，儘管注重韌性的代價是較低的長期經濟成長潛力，但千萬別把較高的成本與壞事劃上等號，那樣未免太過簡化。最重要的是，更多的國內投資會推動我們在書中其他地方提到的經濟緊縮時代到來。但這種轉變也會帶來好處，包括增加全球產能、提高部分薪資，以及強化供應鏈的韌性。儘管這些好處不是傳統定義下的淨收益，但仍然具有重要意義。貿易前景變化不定，但也沒有想像中那麼糟。

奇怪的貿易倒退論

過去十年，去全球化敘事成為主流。這種說法常引用全球

貿易資料中的趨勢，主張全球貿易正在倒退。[1]但是，更仔細檢視就會發現，這種說法不合理的將地緣政治觀點推論到經濟現實。現在的證據顯示，截至目前為止，全球貿易展現出韌性，而非衰退。

2000年代是貿易成長躍進的年代，貿易成長速度遠比全球經濟成長速度快，但隨著2008年發生全球金融危機，這樣的年代毫無疑問已經終止。西方陷入深度衰退及緩慢的復甦，東方則是策略性的調整定位，從出口導向成長轉變為對內投資，導致全球貿易成長速度放緩。2016年時，英國脫歐公投看似證明貿易成長可能真的反轉；同年稍後，川普當選美國總統，宣告美國將發動貿易戰。2020年，新冠疫情對國際商業帶來以往想像不到的實質破壞。所有變化匯集起來，形成一種脫鉤及去風險（de-risking）的敘事，使人們對貿易前景感到悲觀。但是，這種悲觀的敘事其實太過頭了。

我們必須小心，別把地緣政治發展軌跡與敘事跟經濟現實混為一談。如圖19-1A所示，貿易總量或實質價值幾乎年年成長，遠高於2008年水準，雖然週期性的深度景氣衰退會使這條曲線下滑，但這樣的下滑無法很好的說明地緣政治摩擦改變了這條軌跡的整體趨勢。

我們也認為「貿易強度下滑」是一個假警報。如圖19-1B所示，貿易占全球GDP的比重下滑，經常被用來證明貿易強度降低。支持這個觀點的人會說，即使貿易量成長，但如果全球經濟成長速度更快，貿易強度也仍然可能下滑。這個論點沒錯，但全球經濟的成長速度真的比貿易成長快嗎？貿易不再是推動

第十九章　貿易沒有那麼糟

貿易資料可能誤導判斷

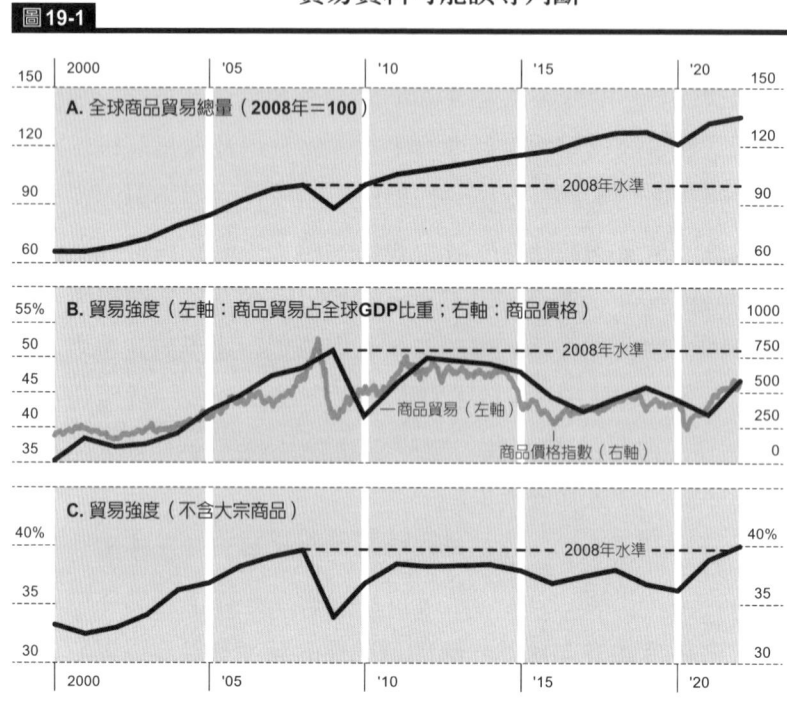

圖 19-1

A. 全球商品貿易總量（2008年＝100）

B. 貿易強度（左軸：商品貿易占全球GDP比重；右軸：商品價格）
— 商品貿易（左軸）
— 商品價格指數（右軸）

C. 貿易強度（不含大宗商品）

- 註：資料統計至 2022 年止；大宗物資價格指數是根據 S&P GSCI；不含大宗物資指扣除礦產及燃料。
- 資料來源：World Trade Organization、Standard & Poor's、IMF；波士頓顧問公司總體經濟學研究中心分析。

全球經濟成長的主要動力了嗎？圖19-1B也顯示商品價格，商品價格的波動與貿易占全球GDP比重的波動高度相關；換句話說，貿易強度下滑很大程度是因為商品價格下跌，但這不太能成為去全球化的證據，畢竟去全球化指的是貿易整合度降低，而非僅僅是商品價格波動。

圖19-1C把礦產及燃料從全球商品貿易中剔除，以檢驗上述的論點。排除礦產與燃料之後，會發現貿易強度下滑的現象消失了。我們並不是說大宗物資貿易不是真的貿易，這樣的交易真實存在，我們想指出的是，商品價格的波動無法說明全球經濟是否整合。如果明年的大宗物資價格漲一倍，貿易占全球GDP的比重激升，那麼我們是否該拋棄現在流行的去全球化觀點，擁抱「再度全球化」的說法？當然不是。

我們懷疑「全球貿易倒退」這樣的觀點還有別的理由。事實上，全球貿易從來就不是真正的全球化，而是始終以區域貿易為主。流行的近岸外包（nearshoring）敘事確實指出重要的趨勢，卻忽略一項事實：長久以來，貿易一直高度集中在鄰近國家之間。[2] 多年來，歐洲的總貿易量中大約有70%是歐盟內的貿易；在東亞，50%的貿易是區域貿易，北美地區則為40%。[3] 雖然北美貿易看起來區域化程度較低，但如果把各州（例如加州或德州）和美國其他州之間的貿易，算成現今德國和法國之間的貿易，那麼北美的區域貿易占總貿易的比例會更高。因此，即使地緣政治摩擦導致全球價值鏈縮短，區域貿易仍然有成長空間。

當然，如果地緣政治升級，涉及大規模制裁甚至軍事衝

突,的確可能導致貿易量明顯下滑。但即使是在強權戰爭這種極端的情況下,對貿易的影響也非常不確定。圖19-2顯示1870至1950年間的全球貿易(以定值美元計算),我們可以看到,在兩次世界大戰期間貿易活動仍然持續,並未突然停止。即便貿易確實因為全球衝突而衰減,但仍然保持在相對較高的水準,與數年前相比甚至是歷史高點。例如一戰期間貿易陷入谷底時,貿易量仍然比1900年的貿易量還大。二次大戰期間的貿易量,貿易水準高過之前三十年間的大部分時期。值得注意的是,圖19-2也顯示,全球貿易表現最疲弱的時期不是在世界大戰期間(儘管世界大戰極具破壞力且粗暴),而是在經濟危機時。大蕭條對貿易的影響程度,超越一戰和二戰的軍事衝突。

圖 19-2　真正重創貿易的是經濟蕭條,不是戰爭

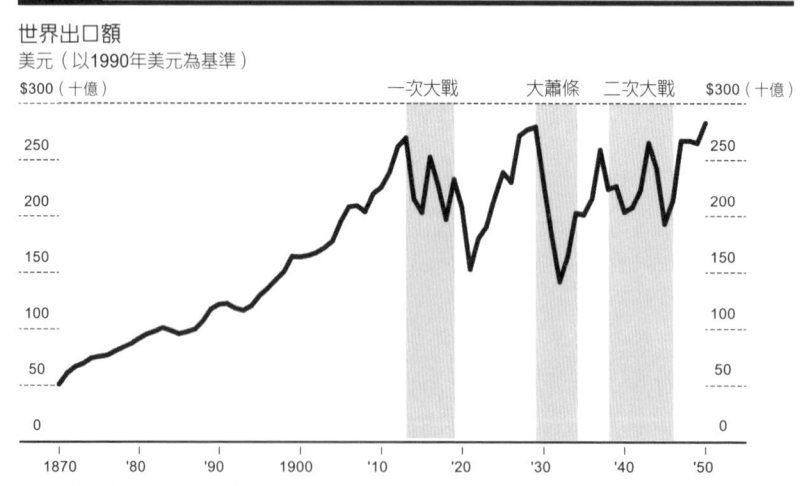

世界出口額
美元(以1990年美元為基準)

- 資料來源:The Cambridge Economic History of the Modern World, vol. II;波士頓顧問公司總體經濟學研究中心分析。

我們是否應該對貿易的韌性感到驚訝？我們認為沒什麼好驚訝，貿易是互利的活動，因此難以停止。儘管地緣政治危機可能會導致貿易波動，但我們仍應該小心看待「地緣政治緊張將持久的傷害貿易」或「貿易秩序將完全改變」這樣的假設。即使在兩次世界大戰之間的谷底期，全球貿易量也從未真正低於1900年的水準，平均值大約與1909年時的水準相當。

邁向新的貿易架構

儘管整體貿易表現良好，但貿易結構可能會因為新的地緣政治壓力而發生改變。這種改變是漸進式的，部分原因在於政府通常會逐步推動政策。例如，川普在2016年競選總統時承諾將展開貿易戰，課徵關稅，但直到2022年，拜登政府才祭出先進半導體出口至中國的禁令。全球貿易結構會緩慢演變還有一個原因：企業需要花時間決定下一代生產基地的地點，並建立生產據點。

這些增加產能的相關選擇與邊際生產成本有關，並將逐步影響全球經濟。隨著全球貿易體系轉向優先考慮韌性時，會增加多少成本？答案取決於貿易體系最終需要改造的程度，畢竟修飾一棟建物的外表不必花多少錢，但牽涉到結構性的基礎改造就得花大錢，如果想改造得快，成本就會更高。

隨著地緣政治從趨於一致轉向分歧，對許多貿易類型來說，「世界貿易將被一分為二，變得兩極化」的論點貌似有理，而且在某些特定類型的貿易當中很可能發生。在中美經濟

脫鉤的說法當中，這個論點相當常見。[4]然而，這種觀點帶有強硬、「非黑即白」的極端味道，並暗示成本將會突然激增。但是，脫鉤並不會這麼極端，而是會在一道光譜上展開，有些領域的變化比較明顯，有些領域則相對溫和。我們在評估地緣政治分歧可能帶來的成本時，必須思考兩個問題，這兩個問題都沒有確定的答案，也都不是全新的議題：

- **分離程度**（degree of separation）：中、美兩大陣營之間的經貿關係會有多緊密或多封閉？
- **結盟程度**（degree of alignment）：在中、美這兩個核心之外，其他經濟體如何定位自己，選擇與哪一方結盟？

關於分離程度，不太可能會出現兩個完全封閉、互不往來的陣營。即使是在冷戰最激烈時，雙邊陣營也不是完全隔絕。在西德總理威利・柏蘭特（Willy Brandt）主政的1970年代，西德人仍興建從蘇聯輸送天然氣的管線[5]；百事公司（Pepsi）在蘇聯販售汽泡飲料，並讓蘇聯以廢金屬支付貨款。[6]與當年的蘇聯相比，中國與全球經濟的整合程度要高出許多，因此這類的交流會更頻繁。長期與中國有貿易往來的眾多利害關係人有強烈的動機維持這類聯繫。從預測企業回流的局限性就能看出這點。[7]企業很少會完全撤除現有的價值鏈，而是逐步做出決策，把更多產能遷移到更靠近本土的地方。因此，地緣政治的分離程度尚無定論。

哪些產業的分離程度最大,目前也還不明朗。短短幾年前,尖端電子產品貿易被視為全球化的成功案例,但現在,地緣政治策略分析師卻將其視為關鍵的弱點,也是晶片戰爭的核心。[8] 出口管制已存在數十年,改變的只是管制清單上的項目。未來有哪些貿易項目會被允許、哪些會被管制,一樣不確定。

至於第二點,在世界秩序分化下的結盟程度,同樣難以預料。我們不能排除一些經濟體被迫選邊站的可能,但這種做法不太可能被付諸實行,成功的機會更低,除非是特定產品或是在特殊的情況下。回顧冷戰的歷史可以看出,當時仍然具有某種彈性,畢竟不結盟運動(Non-Aligned Movement)就是在冷戰時期興起的。不結盟運動的會員國與兩邊強權往來,強權也容忍這種態度。請記得,之所以會有貿易,是因為貿易是互利的,貿易的韌性主要來自它的互利性,而不是雙方擁有共同的價值觀。

烏俄戰爭也可以看出現實主義的力量強過理想主義,有四分之一的聯合國會員國拒絕譴責俄羅斯入侵烏克蘭,俄羅斯繼續與全球多數國家維持商業和軍事上的聯繫。在一個整合的世界裡,不太可能完全封閉貿易流。

不過,儘管貿易秩序的重組有種種限制,但將韌性置於效率之上,確實會為企業帶來更高的成本。雖然,沒有理由假定具有韌性的貿易架構會帶來最糟糕的情境,但很有可能導致較高的成本。具體來說,無論是把生產設備遷移到更靠近本土或更友善的地點,都得付出成本。同樣的,維持較高的庫存水準、建立備用產能,也都要成本。簡言之,建立韌性就是創造

更多選擇,但通常得付出代價。

總體經濟表現可能出乎意外

雖然,我們無法確定未來的貿易架構韌性為何,也不確定因此而來的成本,但輿論仍然急於評估未來的經濟損失,常見的推論包括:未來經濟成長減緩、企業獲利減少、實質所得降低、通膨率升高、貿易中斷等等。許多擔憂有其道理,但實際上的經濟影響與週期性風險,不是一句「成本更高是壞事」就能解釋。舉例來說,常見的說法是新的本土化產能將取代既有的境外產能,但有證據指出,企業回流主要是在既有的全球產能之外另外增加新產能,因此會漸進式的增加全球產能。

當然,朝貿易整合和節省成本邁進的步伐放緩,長期來看勢必會削弱全球經濟的成長潛力,因為貿易的好處未能充分實現。這代表潛在產出相對低於原本可以達到的水準,但這不代表經濟的實際產出一定會減少。

儘管如此,從短期到中期,對總體經濟的影響可能正好相反。我們認為,對貿易前景的過度負面敘事應該做出四個層面的調整。

- **經濟緊縮**。為實現部分脫鉤和近岸外包,必須大量投資更接近本土的經濟體。隨著公共補助和私人投資用於將全球供應鏈遷回本土以及建立策略性產能,我們預期會為總體經濟帶來順風效應。在歷經近十年的經濟寬鬆狀

態後,這些投資將提供更多的刺激,使經濟更加緊縮,至少短期到中期是如此(長期的話,可能會擴大供應鏈產能,參見下文)。因此,企業回流應該視為讓經濟結構更為緊俏的另一個證據,而更緊俏的經濟有助於增進創新與提升生產力(參見第八章)。[9] 經濟緊縮的另一個優點是可能帶來更強勁的實質薪資成長,尤其是所得分配中的底層階級。在緊俏的市場中,低所得族群的薪資成長率往往高於通膨成長率。

- **通膨影響:有好有壞、溫和且逐步發生**。貿易帶來降低通膨的好處被逆轉,這個說法廣為流傳,尤其是在疫情後通膨飆升的背景下。這個論點指出,有效率的價值鏈有助於維持低通膨環境,因此拆解價值鏈會導致通膨上升。我們確實預期,改變貿易架構所需的額外投資會對經濟週期帶來上行壓力(參見第十三章)。但貿易從來不是通膨結構的基石(貨幣政策才是),我們不該假定通膨率會發生結構上的改變。對多數經濟體而言,貿易占GDP的比重不大,不足以導致惡性循環的通膨螺旋,尤其是在美國。此外,變化只會逐步發生:下座工廠蓋在哪裡只會漸進式的改變產量分布,所以價格壓力也會逐漸浮現,不會一舉大幅出現。而且如前所述,目前為止,沒有證據顯示新的產能會系統性的取代既有產能。如果投資增加了供給端能力,長期而言應該有助於緩解通膨壓力。新投資也可能帶來機會:如果投資在尖端技術,例如提高自動化程度,有可能提升生產力,抵消富

裕經濟體較高的生產成本。最後，如同第十二章所述，穩定物價仍然是央行的職責，央行可以透過升息來減輕通膨壓力，保護通膨結構。

- **週期性風險**。疫情期間供應鏈中斷，使人們格外關注貿易在景氣循環中扮演的角色。調整貿易架構會不會進一步帶來供給面衝擊，影響景氣循環並引發經濟衰退？對此，我們同樣抱持懷疑態度。貿易主要影響一個經濟體的長期生產力，對景氣循環的影響沒那麼大。英國脫歐就是一個可作為參考的小型案例。當英國和最重要的貿易夥伴歐盟決裂時，並未發生市場普遍預期的跳崖式景氣循環災難。相反的，經濟潛力的累積損失會隨著時間推移慢慢浮現。因此我們認為，貿易架構對景氣循環的影響有限。

- **贏家與輸家**。貿易活動趨緩往往被視為有害，這與教科書的論點一致。但這只是從總體面來看，我們也應該看個別層面的影響。正如貿易擴張能促進總體經濟繁榮，但也會產生輸家，例如在俄亥俄州倒閉汽車組裝廠工作的勞工；同樣的，貿易縮減會造成整體的損失，卻也會產生個別的贏家，例如紐約上州新建的美光科技公司（Micron）半導體廠的勞工。儘管貿易變化會導致經濟體整體的經濟成長潛力縮減，但更多製造業工作機會和更多投資將有助於某些經濟體、產業以及社區。

切記,貿易不會消失

企業領導者可以預期,未來會出現許多強調貿易緊張情勢的新聞。這些緊張情勢雖然重要,但更可能反映的是貿易架構的演變,而不是快速的崩潰。無論熱戰或冷戰時期,貿易依然存在;貿易可能受到干擾,貿易的內容與對象可能改變,但貿易展現出驚人的韌性。未來的貿易架構將在追求互利的目標下成形,並透過地緣政治的視角來考慮風險與成本。新的貿易架構可能無法擁有教科書標準的效率,但也不會導致全球貿易解體:

- **懷疑貿易式微的敘事**。雖然自由貿易的趨勢早已停滯不前,全球貿易的不確定性增加,但實質貿易量仍然繼續成長,就連貿易強度(即非大宗物資占GDP比重)也依然保持韌性。貿易的本質是互利,正因如此,歷史證明了貿易的韌性,即使是在熱戰和冷戰時期貿易都不曾中斷。改變的只是貿易涉及的人、物以及地點。
- **接受貿易的全新複雜性**。「更便宜就是更好」的單純年代已經結束,接下來不是貿易量減少的年代,而是更複雜的貿易年代。新的政策目標與衝突風險將改變全球貿易的架構。這個變化值得重視,也必須留意會有不確定的成本伴隨而來。
- **從全球產能的角度思考**。高成本的已開發經濟體不斷宣布建立新產能的相關消息,很容易與「去全球化」及

「通膨成本」劃上等號。但我們應該要問，這些新產能究竟是取代既有產能，抑或是在既有產能之外增添新產能。此外也要了解：漸進式調整產能的地理分布會慢慢改變平均成本，而不是帶來突然、快速的轉變。

- **別忘了對經濟緊俏度的影響。**貿易架構的改變會逐步帶來更高的成本，並可能意味著經濟潛力的長期下滑，但就短期和中期而言，較高的成本隱含的是更大的投資，這是有助於經濟成長的順風，並使價值鏈回流地區的經濟更加緊俏，強化緊俏年代的特徵。

在地緣政治多事之秋，貿易將繼續發揮調節作用，並持續引發負面預測和先入為主的結論。雖然貿易架構改變會為經濟體和企業帶來挑戰，但也可能帶來機會。貿易沒有聽起來那麼糟。

第二十章

美元殞落是假警報

過去五十多年,美元殞落的假警報一再響起,從1971年尼克森停止金本位制的衝擊以來,美元死亡的訃聞已被多次書寫。近年,美國政府為了籌措資金以刺激遭受疫情衝擊的經濟而大量舉債,又掀起新一波的美元殞落傳聞。[1]但數十年來,美元在國際準備中的比重一直占據主導地位,沒有任何貨幣能接近美元的霸主地位(參見圖20-1B)。儘管美國的負債升高、國外借款高且外債龐大(參見圖20-1C),但2023年的美元幣值仍然接近歷史最高點(參見圖20-1A)。[2]

美元殞落論從債務延伸到地緣政治,可以透過烏俄戰爭及戰爭的後續發展來觀察。俄羅斯推動在金磚國家(BRICS,即巴西、俄羅斯、印度、中國和南非)之間建立一種新的貨幣,以對抗美元或全球支付系統SWIFT。這類倡議在烏俄戰爭之前就已經開始,在烏俄戰爭之後加速推進。因為美國大力實施金融制裁,激起部分敵對國家的急迫感,想發展其他支付系統對抗

第二十章 美元殞落是假警報

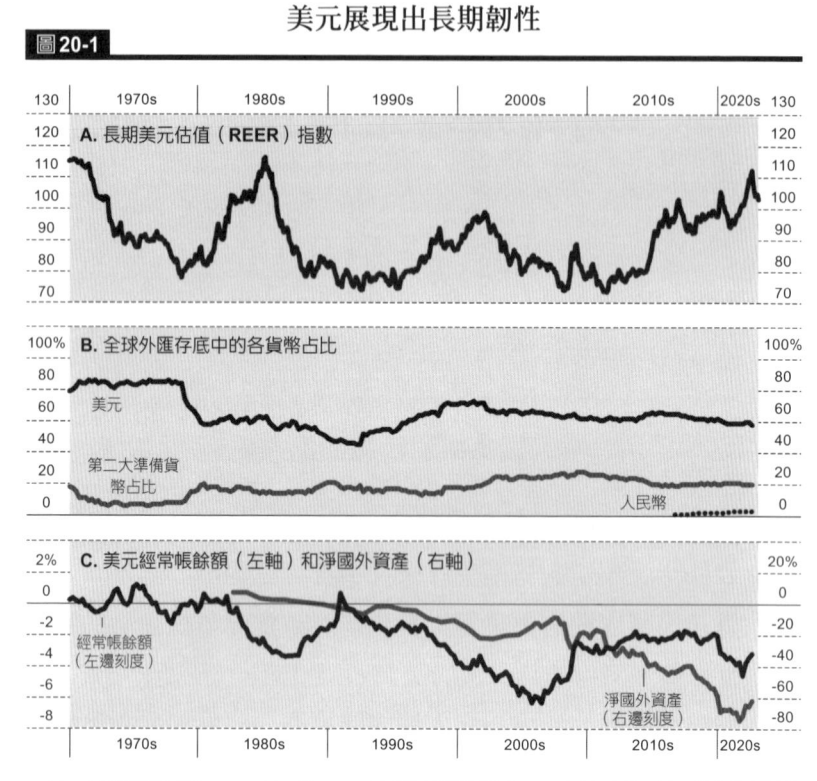

美元展現出長期韌性

圖 20-1

A. 長期美元估值（REER）指數

B. 全球外匯存底中的各貨幣占比
 - 美元
 - 第二大準備貨幣占比
 - 人民幣

C. 美元經常帳餘額（左軸）和淨國外資產（右軸）
 - 經常帳餘額（左邊刻度）
 - 淨國外資產（右邊刻度）

- 註：A 圖資料統計至 2023 年 4 月，B、C 圖統計資料截至 2022 年第四季；美元幣值是基於狹義的實質有效匯率（real effective exchange rate，REER），2020 年平均＝ 100；全球已分配外匯存底（allocated reserve）是外匯存底組合中各種貨幣種類成分的已知部分；經常帳餘額為經常帳餘額占美國 GDP 百分比；淨國外資產為淨關鍵投資部位占美國 GDP 的百分比。
- 資料來源：BIS、IMF、BEA、NBER，波士頓顧問公司總體經濟學研究中心分析。

以美元為基礎的支付系統。

企業領導人該如何思考美元的未來？這次跟以往不同嗎？或者這次又是假警報？在本章中，我們把金融層面加入地緣政治和全球分歧的相關討論。我們會使用分析反思法（本書前文

已使用多次，讀者現在應該很熟悉）。坊間充斥美元必將式微與衰落的預測，還有經濟秩序關鍵支柱崩裂的陰暗敘事，數據看似也很支持這類悲觀論點，這些都需要冷靜、有條理的分析來一一破解。只要我們深入了解儲備貨幣的運作機制、了解發生結構性轉折的可能性有多低，就能知道美元殞落的論點仍言之過早。

人們經常使用「過度的特權」（exorbitant peivilege）的角度來檢視美元，認為美元的準備貨幣地位是地緣政治影響力下的幸運意外收穫。[3] 但這種觀點只講述了一半的故事。在各種貨幣競相爭取世界的信任與儲蓄時，準備貨幣的地位不僅是必須努力爭取並維持的特權，也是一種負擔，而且往往是相當沉重的負擔，準備貨幣的發行國必須願意、而且有能力承受。

美元的國際準備貨幣地位並非不能改變。理論上，某個挑戰美國主導金融秩序的挑戰者可以贏得這項特權，並接受這份負擔。但正如本章所說，實際上，其他主要經濟體不太可能做出足夠的努力，創造出讓外國主權或私人機構覺得比美元更具吸引力的貨幣。這麼做的門檻很高，美元殞落還早得很。

贏得的特權

1965 年，法國財政部長季斯卡（Valéry Giscard d'Estaing）說出一句名言，總結對美元霸權的挫敗感，他形容美元做為全球基礎貨幣的地位是一種「過度的特權」。

他提到，做為全球基礎貨幣的好處有：能夠用本國貨幣支

付進口費用、用本國貨幣發行債券，支付較低的利率。這是因為美元在全球貿易和金融的中心地位，讓世界各國都想（或是被迫）持有美元、用美元來交易。

準備貨幣地位的好處無可否認，但將其描述為「過度的特權」其實沒有講述完整的故事。把這項特權描繪成地緣政治勢力的副產品只是偷工減料的分析。發行準備貨幣不是中了樂透，這個地位必須努力爭取並維持。至少要有四個重疊的條件才能支撐準備貨幣的地位，而且這些條件全都會受到挑戰：

- **經濟影響力**：一個經濟體如果想贏得全球主要準備貨幣的地位，經濟產出、貿易與金融都必須有足夠的規模，在這個標準下，絕大多數國家和貨幣已經無緣競爭。過去半個世紀，美國一直在全球總產出中維持極為穩定且顯著的占比，貿易額占全球總量比重雖非位居首位，但也名列前茅[*]。美國一直是全球最關鍵的金融中心。
- **深度、開放且安全的市場**：準備貨幣必須擁有市場，創造全世界都想購買的準備資產：深度、流動性強且信用良好，可以承受大量資金進出的債務憑證。儘管美國公債市場經常受到債務上限和技術性違約的政治紛爭影響，但一直持續提供全世界可靠的安全資產。反觀歐洲，儘管不少人曾一度預測歐元有可能取代美元，但歐洲缺乏明顯統一的公債市場，限制了歐元做為主要儲備

---

[*] 譯注：但美國 2023 年貿易額又反超中國，位居第一。

資產的潛力。[4]

- **可靠的機構**：這點與上一個條件密切相關,即儲備貨幣必須由穩定且具公信力的機構支持。包括金融機構(例如中央銀行),以及法務機構(例如公平審理債權人與債務人紛爭的獨立法院),這些機構支撐對法治的信心,讓全球資產持有者相信自己在出售準備資產時不會受到阻礙或懷疑。美國已建立起提供法律保障與保障資本自由流動的聲譽,其他經濟體也能致力建立全球信譽,但難度相當高。

- **地緣政治影響力**：政治聯盟確實會影響準備貨幣的分配,但我們認為這個因素的重要性最低。[5] 美國在過去半個多世紀扮演的地緣政治角色,使美元成為盟友資產裡的基石,例如中東及日本就擁有龐大的美元外匯存底。一些在國際上盟友不多的國家,仍然有機會建立新的國際關係,讓其他國家更願意持有它們的貨幣,但這並不容易。主要的原因是,外國人持有美元資產的主要原因不是美國的硬實力,而是美元的流動性與可靠性。

必須指出的重點是,上述四個條件都是競爭性的概念。在成為準備貨幣的競賽中,沒有絕對的目標;一種貨幣如果想成為主要準備貨幣,就必須比其他貨幣好。

為了理解貨幣競爭時的相對性質,可以看看美元史上的一個關鍵時刻,當時美元的吸引力大幅降低,但美元做為主要儲備貨幣的地位卻沒有動搖。1971年,尼克森總統單方面停止美

元對黃金的兌換，此舉違背先前的承諾，一家德國報紙甚至預期：「美元做為主要貨幣的地位已經崩潰。」[6]但事實證明這個預測是錯誤的。美元在1970年代相對於其他貨幣貶值，在其他國家外匯存底中的占比也下滑，但美元依然遠遠領先其他對手（參見圖20-1B）。雖然美元的吸引力大幅降低，但相對而言，缺乏另一種可與之抗衡的貨幣。德國、法國及英國可能不喜歡美元持續稱霸，但它們沒有能力提供更具吸引力的貨幣，這讓美元的地位屹立不搖。說到底，一切還是取決於相對競爭。

美元並非沒有挑戰，過去、現在和未來，挑戰都將存在。自1944年新罕布夏州的布列敦森林會議（Bretton Woods Conference）制定美元秩序以來，美國的產出與貿易影響力已不復當年。美元市場不時會出現流動性問題，就連美國公債市場也一樣，而且美國機構的公信力也可能不如預期。但縱使美國的基本面遠非完美，但目前仍然很難看出有任何國家與貨幣能做得更好。[7]

必須承受的負擔

如前所述，贏得發行準備貨幣的特權只是故事的一半。美元霸權既是因為美元相對具吸引力，也是因為美國願意肩負發行全球儲備貨幣的責任，這是先決條件。雖然，無論友好或敵對，有許多國家都想看到美國失去做為準備貨幣發行者的好處，但很少國家有能力或意願去承擔伴隨而來的責任。

這些責任可歸結為：必須吸收資本流動。有盈餘的經濟體

如果想投資儲蓄，那些儲蓄往往會變成準備貨幣資產，這會增加準備貨幣發行國的壓力，迫使其必須藉由出售資產（例如公債、不動產、股票、債券）來吸收這些資本流入。結果是，準備貨幣發行國必須開放資本帳戶，放棄控制資本流動。這可能會帶來幾項負擔，這些負擔有可能同時發生：

- **貿易赤字**：全球儲蓄投資準備貨幣資產，往往用債務融資（debt financing）*。債務融資的不利面是準備貨幣發行國的借款與消費增加，而增加的消費中，有一部分會用於進口商品，導致貿易赤字（雖然，資本流入也可能被準備貨幣發行國用來對內或對外投資）。
- **利率**：當全球儲蓄大量流入準備貨幣資產時，將對準備貨幣發行國帶來利率下滑的壓力（準備貨幣發行國的公債價格上漲，導致公債殖利率下跌，利率下滑）。雖然這可能看起來不是什麼負擔，甚至還是一種好處，但可能會削弱準備貨幣發行國央行調控長期利率的能力。太低的利率也會導致金融穩定性風險提高，因為較低的利率水準鼓勵借款，容易產生泡沫。
- **更高的幣值**：由於大規模資本流入，準備貨幣的幣值將升高。這對進口有利，但對出口不利，製造業及其他出口導向產業的競爭力降低，促使企業將生產外包，使得

---

* 譯注：融資大概分為兩類，一種是發行債券類憑證或借貸取得資金，此為債務融資；另一種是發行股權以取得資金，此為股權融資。

出口導向產業規模縮小，提高貿易赤字的挑戰。
- **國內廠商的需求流失**：尤其是在全球需求疲軟和儲蓄過剩的情況下，全球儲蓄會向準備貨幣發行國增加出口，從而拉走準備貨幣國的需求。這會轉移原本流向美國生產者的需求。此外，全球儲蓄國還可能增加準備貨幣，刻意貶低本國貨幣匯率，幫助其出口導向產業成長。

美元殞落的假警報往往是因為忽略準備貨幣地位的負擔，以及挑戰者不願意或沒有能力承擔這些負擔的事實。一些讀者可能會直覺的否定「負擔」這個概念：貿易赤字不就證明這個國家入不敷出，需要借用外國人的資本來支付進口費用嗎？其實，這是對貿易赤字的錯誤解讀，進而形成美元必定殞落的觀念。這種觀點認定貿易赤字告訴我們，美元時代必將終結。

無論如何，把貿易赤字視為美國奢侈浪費的表現過於狹隘。從另一種意義上來說，貿易赤字是全球儲蓄往美國傾倒的表現，是外國人對美元的巨大需求驅動美元升值，高於平衡美國貿易帳所需的水準。別忘了，國際收支的平衡需要資本流入等於相應的流出，其中部分資本流出很可能導致經常帳（貿易）赤字[8]。從這個角度來看，美國的貿易赤字證明美國成功應對挑戰，供給全世界都想持有的可靠準備資產。比起「美國奢侈浪費」，我們更傾向做出這樣的解讀。

回顧全球金融危機之前那段期間的假警報，就能明白美元在全球金融體系中的角色具有十足的韌性，也能了解資本傾銷、資本大量流入的情形。當時的情境具備美元殞落的所有必

備條件，畢竟次貸危機就是在美國形成，這場危機被視為美國金融市場或許不那麼可靠的訊號。次貸危機發生時，美國的貿易赤字龐大且持續增加，當時歐元看起來即將挑戰美元的霸權。果然，許多預測美元崩潰的說法接踵而來。紐約大學的經濟學家魯里埃爾・魯比尼（Nouriel Roubini）說，美國赤字和對外赤字構成「雙重財金火車事故」，將導致美元崩潰，經濟陷入困境。[9]人們常常因此認為魯比尼預測到全球金融危機。

但金融危機爆發時，外國人並未拋售美元，反而繼續爭相持有美元。即使在經濟危機消退時，也沒有出現美元失去主要準備貨幣地位的跡象，反倒是最有力的競爭者歐元消失不見，因為歐盟這個複雜的政治體制面臨崩潰瓦解。[10]實際上，美元的準備貨幣地位反而更強化。

對美元感到悲觀的預測，背後的假設是赤字代表奢侈浪費：美國入不敷出，使用外國資本做為支應。這種假設忽視了貿易赤字的主要作用力不是奢侈浪費，而是資本大量流入、傾銷。出口導向的經濟體刻意壓低本國幣值，並透過購買美元資產來提升自己的競爭力。

仍然持懷疑態度的人應考慮利率中所隱藏的證據。如果美國是不負責任的債務人，也就是說，美國竭力的拉進資本，那我們就應該預期見到美國債務的高利率。但在全球金融危機前夕，美國對外赤字龐大，但利率水準卻很低。長期利率低是因為來自亞洲的儲蓄持續流入，尤其是湧向美國機構（例如房地美和房利美）發行的抵押債券與美國公債。事實上，即使聯準會提高短期利率，但長期利率仍然維持在低檔水準，這個現象

被稱為「葛林斯潘難題」（Greenspan's conundrum）。[11] 長期利率低是資本傾倒的有力證據，我們可以合理的懷疑這是助長美國房市泡沫的原因之一，因為這影響了房貸利率，刺激追求收益的行為，進而降低了信貸標準。

當然，準備貨幣地位的負擔會隨著時間和環境而變化，當全球經濟需求疲軟且儲蓄率偏高時，對這些負擔的影響特別大。市場如何反應、利率如何變動、最終由誰借款，以及是否出現泡沫（與泡沫的具體形式）等，這些細節總是取決於具體情況。

人人都想擁有準備貨幣地位的特權，但很少有人願意承擔伴隨而來的責任。從這個角度來看，就能理解為何美元霸權會比一般人想像得更持久。

切記，唱衰美元仍言之過早

「美元殞落」這種敘事永遠不會退流行[12]，在西方國家對俄羅斯實施金融制裁之後，美元訃聞增加新的一頁：金磚國家身為新興經濟體的領頭羊，看到美元的武器化，變得雄心加倍，想創造一種準備貨幣抗衡西方國家控管的SWIFT支付系統[13]。當這類雄心浮現時，總是會有宏亮的聲音出現，宣告美元即將殞落，經濟學家詹姆斯・史托克（James Stock）和安格斯・迪頓（Angus Deaton）認為：「美元金融的武器化，可能導致美元不再是主要國際貨幣。」[14]

聽到這類論點時，企業主管應該回歸準備貨幣背後的基本

原則：

- **將其視為特權與負擔**。毫無疑問，總是會有人試圖挑戰美元霸權的地位，例如市場上會有刻意減少以美元交易的聯合行動。但是競爭者必須提供更有吸引力、而且讓人信賴的價值儲存工具（這是贏得的特權），並接受做為準備貨幣發行者所帶來的負面影響（接受負擔）。
- **別忘了，這是一種競爭**。準備貨幣之所以有特權，並不是因為強迫其他國家使用另一種貨幣，而是因為其他人出於自身利益而選擇使用。要求貿易夥伴使用你的貨幣來計價與支付，或許可以幫助你的貨幣取得一些進展，但如果你的貨幣缺乏可靠的準備資產和開放的資本帳，國際間不會大量持有這種貨幣累積的資產。這才是更重要的事。
- **思考誰有能力取代美元**。美元霸權的競爭者目前全都無法兼具深度債券市場、有公信力的機構以及開放的資本市場。短時間內，這些關鍵缺點都無法快速克服，因此在可預見的未來，美元做為主要準備貨幣的地位仍將屹立不搖。
- **別將準備貨幣和貨幣價值混為一談**。準備貨幣的地位不能用來預測美元價值，畢竟美元價值會波動，甚至貶值。準備貨幣地位代表美元處於全球經濟和金融體系的核心位置，而且很有可能長時間維持在這個位置。

結論

第二十一章　未來的總體經濟環境

第二十一章
未來的總體經濟環境

最後一章不是綜合總結前面所有內容。我們的第一個目標：如何分析真正的總體經濟風險，其實已經在前十八章詳細闡述。讀者應該回顧前十八章的內容，了解我們用來分析實體經濟、金融經濟與全球經濟風險的折衷混合架構與方法，也可以參考第二章，總覽我們分析總體經濟學的方式。

現在我們要展望未來，完成我們的第二個目標：研判總體經濟體系未來可能呈現什麼樣的面貌。我們在前言中談到，過去四十年來最良性、有利的經濟運作體系，現在處境危險。想想我們在前面十八章討論的實體、金融與全球經濟風險的情勢，良性總體經濟環境會變成對企業不那麼有利的環境嗎？甚至是轉變成險惡的總體經濟環境？

我們以謙遜的態度展望未來。我們曾經深入探討，為何把經濟學視為預測機器是一種謬誤，也頌揚把經濟學視為一系列多元敘事的集合，協助我們判斷。我們主張應該以宏觀的視角

取代單點預測，以敘事取代理論，以判斷取代確定。因此我們認為，對2020年代做出狹隘的預測沒有什麼價值，更有價值的是建構出一個策略性敘事。

衝擊、危機、假警報這些都將繼續出現，我們將仰賴本書闡述的分析架構來解讀這些事件，並在必要時調整我們的敘事。如同第二章所說，如果未來完全符合我們的觀點（即「是什麼」），我們會感到非常驚訝；但如果我們在本書提出的方法無法幫助我們解讀不斷變化的現況與背景脈絡（即「如何做」），我們將感到失望。

接下來，我們不穿插論證、資料與圖表，直接闡述我們對2020年代美國經濟的整體策略性看法。我們預期讀者可能會提出質疑，並嘗試一一回答。接著，我們會討論在我們展望的世界裡，哪些企業、勞工及政策當局會是贏家，誰會受到衝擊。

我們相信，良性總體經濟環境將會持續，只不過環境會不斷改變。2020年代是緊俏的年代，這將推動經濟成長。強勢的實體經濟會帶來金融競爭，但這種良性壓力會促使資本分配更有紀律。全球經濟從趨於一致轉向分化，進一步加劇未來的緊俏程度。雖然我們認知到種種風險，甚至是嚴重的風險，但我們不打算把風險放在評估的核心。我們與輿論當中聲音最大的災難預言者相反，我們是理性的樂觀者。

未來的總體經濟環境將有所不同，也富有挑戰性。但儘管動盪多變，我們仍然認為未來十年將是一個良性總體經濟的環境，握有正確分析工具的人將能做好準備。

實體經濟：成長動力占上風

未來幾年，我們認為成長的推動力將比成長風險更能影響實體經濟。這個觀點的基礎是，我們已經身處於緊俏年代，這種狀態將持續存在。勞動力與資本的高效利用將逆轉2010年代的低迷情勢，為成本、薪資及價格帶來上行壓力，迫使企業擁抱技術創新與轉型，以提高生產力。週期性成長與衰退的風險仍然存在，但長期來看，經濟成長的良好表現不會被短期波動掩蓋。

以下三個作用力的匯集，支撐當前的緊俏年代：

結構性緊俏的勞動市場。勞動市場緊俏經常被誤解為疫情和之後刺激措施造成的結果，其實，早在新冠疫情爆發前的2017年，就已經出現勞動市場緊俏情況（參見第十三章及圖13-3）。[1] 疫情是短暫干擾，不是原因。2010年代，企業的策略聚焦於便宜可得的勞動力，並淡化資本支出投資；2020年代的情況相反，將轉向勞動力相對不足以及更強勁的資本支出。

策略性投資需求。受地緣政治影響，產能重新布署、因應氣候變遷和去碳化的投資需求將進一步強化緊俏年代。新產能和供應鏈的建立，將促使勞動力和資本得到更充分的利用（參見第十九章）。這些作用力可能會加速推進，讓未來整體經濟趨勢持續偏緊。

新一代技術。由生成式AI領軍的新技術將驅動更多投資，進一步推升資本需求。隨著時間推移，技術帶來的生產力提升將使企業以更少的資源完成更多工作（參見第八章）。不過，我

們認為生產力的提升不會那麼迅速,也不會大幅度減少勞動市場的緊張程度。

綜合這些因素,我們認為更強勁的資源利用將是形塑2020年代實體經濟的主要動力。2020年代更像1950、1960或1990年代,而非2010年代。2010年代處於2008年全球金融危機的餘波當中,經濟呈現結構性寬鬆狀態,失業率飆高,而且下滑得很緩慢。

...

我們知道會有不同的觀點。有些人認為,新機器時代將導致技術性失業,與我們預期的勞動市場緊俏正好相反。[2]但是,技術進步導致勞動市場過剩的推論,在概念上站不住腳,也缺乏實證支持(參見第八章)。美國生產力成長最強勁的時期:1950、1960和1990年代,全都伴隨緊俏的勞動市場,而非寬鬆過剩的勞動力。事實上,因果關係正好相反:緊俏的勞動市場會先出現,接著迫使企業採用節省勞力的技術(參見第七及第八章)。專家總是預測會出現技術性失業,但近幾十年來自動化持續推進,美國的失業率仍然下滑至接近數十年來的低點。包括人工智慧在內的科技確實可能、也將會逐漸取代一些工作,但這仍然不足以在可預見的未來終結緊俏年代。

為什麼?即使人工智慧取代人力,尤其是在服務業,但勞動力會被再吸收。這不僅是因為勞力需求強勁的結構性背景,這個趨勢在疫情帶來波動之前就已經存在。人工智慧或許會在

企業或產業層面帶來顛覆性變革,但我們認為在總體經濟上,人工智慧帶來的影響會是漸進式的演變(參見第八章)。人們經常高估人工智慧影響總體經濟的時間點與規模。我們認為影響會漸漸發生,可能會提高經濟成長趨勢50個基點,而非150個基點。如果影響速度與規模超乎預期,就會創造新的就業機會,帶來積極的就業循環。別忘了,生產力的總體經濟影響主要反映在成本面:成本降低帶動產品價格降低,進而提高實質所得,創造新需求和新就業(參見第七章有關〔成本—價格—所得〕連鎖效應的討論)。

・・・

經濟成長的風險將持續存在,但不會損及我們預測的經濟成長提升。可以肯定的是,緊俏年代將伴隨更多金融壓力、更小心的貨幣政策以平衡緊俏和物價壓力(參見下一節的詳細說明)。因此,與2010年代相比,2020年代的貨幣政策引發衰退的風險更高。2010年代由於成長疲軟、通膨率低,使得鷹派政策犯錯的風險極低(參見第十三章)。

但是,這種衰退風險不代表必然會導致系統性重置,進而在勞動市場中注入結構性寬鬆過剩。不是所有衰退都會造成勞動市場需求過剩:勞動市場可能突然返回緊俏狀態,或是歷經多年才復甦(參見第四章)。經濟的週期性風險特徵以及不同的衰退類型,有助於評估這類風險可能出現的方式與分布(參見第三章)。正如下文所述,我們不能排除系統性風險,特別是

通膨環境轉變和深度的金融危機，兩者都會終結緊俏年代。但我們不認為這兩者是風險分布的核心。

金融經濟：良性限制多過系統性風險

實體經濟的緊縮會傳導至金融經濟。資源利用率提升會導致利率上升，使得經濟體系優化資本分配結構。我們認為這是良性限制，不該與系統性金融風險劃上等號，儘管系統性金融風險依然存在。

良性限制來自幾個因素：

通膨的週期性上行趨勢。實體經濟中勞動力和資本的更佳利用，將驅動成本、薪資與價格上漲，使2010年代的通膨下行趨勢反轉為2020年代的上行趨勢（參見第十三章）。這不全然是壞事：我們認為通膨上行是由於經濟**週期性**因素，不能與有害的**結構性**通膨破裂混為一談，而且後者不太可能發生（參見第十二章）。事實上，與2010年代長期需求不足和結構性過剩的低通膨風險相比，通膨上行可能更有利經濟發展。

較高、但健康的利率。週期性通膨的上行趨勢需要貨幣政策保持警惕，並因此帶來較高、但健康的利率（參見第十四章）。請記住，利率走高可能導因於壞理由（通膨預期、風險溢酬），也可能是由於有利因素（實體經濟強勁）。我們預期，2020年代的利率走高屬於後者。此外，別忘了，2010年代的超低利率是異常現象。超低利率是為了刺激需求而制定的貨幣政策，因為在2008年全球金融危機的陰影下，經濟低迷，資源

利用嚴重不足。2020年代的情況可能截然相反。因為現在的中性利率較低，政策當局不需要像過去的緊俏時期（例如1990年代）那樣，將利率提升得那麼高（參見第十四章）。

更有紀律的資本分配。2010年代，需求不足和資本充沛導致無紀律的資本分配。2020年代，隨著需求增強、資本稀缺，企業被迫要更有紀律的分配資本，這將觸發整個經濟體系的調整，尤其是企業。不過，儘管我們認為這個過程會帶來更大的金融限制，但這是實現我們前面所說更緊俏、更強勁經濟所必須付出的代價。這些基本上是良性的驅動力，儘管對某些企業來說可能是沉重的負擔。

系統性風險始終存在。有些人擔心，一個高負債經濟體為了抑制通膨和促成有紀律的資本分配，會需要比較高的利率水準，這將危及金融穩定性（參見第十五章）。但是別忘了，2010年代的利率很低，當時普遍擔心的是低利率將使泡沫膨脹，損及金融穩定性。俗話說得好：「這山望著那山高。」利率低了也擔心，利率高了也憂懼。

雖然，反射性的災難預言不會提高系統性危機，但我們還是必須關注三大系統性風險來源，任何一個因素都有可能終結緊俏年代：

（公共及私部門）債務的風險。為了應對經濟緊俏而採取更緊縮的貨幣政策（有時是限制性貨幣政策），這預示會有更多的企業破產，但殭屍企業會變少，因為企業和投資人會更審慎的評估投資。有些人認為這是系統性風險，但是，破產對一個經濟體來說可能是一種有利的過程，可以將資源重新配置到

更有效的用途,但不一定會引發連鎖違約。事實上,引發連鎖違約反應的條件通常不會存在。[3] 同樣的,在公共債務方面,過度關注債務水準而發出有關債務可續性的警告,也是錯誤的。我們預期名目利率(r)將繼續比名目成長率(g)低:真正決定債務可續性的是這兩個變數之間的差距,不是債務的絕對規模(參見第十五章)。話雖如此,在緊俏年代,利率漲幅很可能超過經濟成長率,在這種情況下,債務動態就不如r遠低於g的2010年代那樣有利了。

通膨環境轉變。通膨環境轉變會終結緊俏年代,形成停滯性通膨:高失業率(勞動市場過剩)、高通膨,以及更頻繁的經濟衰退。在這種情況下,利率上升不是來自於健康的經濟緊縮,而是源自於通膨預期與風險溢酬的負面影響。這是後疫情時期流行的觀點,但我們認為這種觀點有誤(參見第十二章),也從疫情後通膨開始以來就否定這種看法。雖然這種災難有可能發生,但它本質上與週期性通膨風險截然不同(參見第十三章)。發生結構性改變,代表長期通膨預期變得不穩定。但是要出現通膨結構破裂這樣險惡的總體經濟結構,代表央行不只犯錯,還必須持續犯錯,導致通膨預期逐漸破裂、瓦解乃至於崩潰。我們不認為現代獨立的中央銀行會持續犯錯,這種狀況的發生門檻遠高於一般人的想像。

深度金融危機。嚴重的金融危機將癱瘓銀行、讓信用中介體系崩解、迫使去槓桿化,並讓資產負債表嚴重受損,終結緊俏年代,留下結構性寬鬆過剩的勞動市場。這種情況同樣不能排除,但我們認為發生的機率很低。記住,系統性風險的主要

來源（但並非唯一原因）是銀行體系的資本適足性不足（參見第十六章）。銀行體系的資本應該要足以吸收實體經濟的債務違約，尤其是來自邊緣企業的債務違約。[4] 全球金融危機留下的幾個正面影響是監理當局強化銀行體系的資本基礎。監理制度雖然不完美，何謂「適當」的資本適足率也不容易定義，但監理單位要求更高的資本適足性已經降低系統性風險發生的可能，雖然銀行體系仍然偶爾會出現短暫的波動。

重大危機出現時，別忘了，系統性風險只是故事的一半，另一半故事是經濟與政策會如何反應（參見第四章）。刺激措施是現代經濟的重要關鍵，儘管這類刺激措施是強制性質（參見第九章），而且在緊俏年代，實施**戰術性**刺激措施會受到較多限制（參見第十一章），但我們仍然相信政策當局推出**生存性**刺激措施的意願及能力強大（參見第十章）。雖然重大危機確實會發生，但如果政策能以足夠的力道和速度去應對危機，危機就未必會演變成系統性風險。

這並不是說金融體系會永遠運作順暢，沒有意外。事實上，我們認為，金融體系出現泡沫的傾向依然存在，尤其是在經濟擴張時期。我們也預期即使是在高利率環境，也仍然會有泡沫出現，1990年代就是證明（參見第十六章）。基於金融體系的複雜與不透明性，金融體系仍然容易受意外衝擊影響，也會不時出現動盪。

我們並不輕忽系統性風險，事實上，本書有許多篇幅分析系統性風險，但我們不認為在可預見的未來，系統性風險出現的可能性會比出現良性限制的機率大。

全球經濟：分歧的成本與好處

雖然地緣政治從趨於一致轉向分歧，會拖累長期的經濟潛力，但我們認為這會在短期內強化經濟的緊俏局面，進而促進更強勁的成長。地緣政治分歧是一股逐漸浮現、而且充滿不確定性的逆風。地緣政治不會主導2020年代的經濟敘事，但地緣政治惡化的風險依然存在。

我們的觀點是基於以下四個洞察：

被低估的韌性。截至目前，關於全球貿易正在衰退的主流說法看起來言過其實。儘管經歷了十年所謂的去全球化，但實際貿易量仍然繼續成長，貿易強度（亦即貿易占全球GDP比重）下降幅度有限，如果扣除大宗物資價格下跌的影響，貿易強度基本上沒有改變。[5] 貿易的參與者、內容、地點與方式可能改變，但貿易量沒有衰退。諷刺的是，「韌性」一詞已經成為形容貿易架構改變的流行用語，但事實上，全球貿易早已經非常堅韌（參見第十九章）。

新貿易架構加劇經濟緊縮。因應地緣政治的需求調整貿易架構，會讓成本提高。在以往地緣政治趨同階段，全球產能分配（亦即實體資本分配）由企業主導，這在企業層級產生強大的成本優化結構性力量，在總體經濟層面帶來通縮推力。在地緣政治分歧的年代，政府會根據地緣政治的目標與風險，試圖影響全球產能分配（企業通常也有這類風險評估）。不論是透過獎勵措施或是控管方式，強調產能分配的可靠性都會犧牲專業化與貿易利益，降低經濟長期成長的潛力。不過，貿易架構的

改變也會驅動富有經濟體增加更多投資與勞動需求。簡言之，全球產能回流將在未來幾年強化緊俏年代（參見第十九章）。

漸進式影響成本與價格。雖然我們也認為全球分歧將提高生產成本，帶來物價壓力，但我們不認為需要因此擔心這會威脅到穩定的通膨結構，也就是良性總體經濟的基礎。首先，全球總貿易量占全球GDP的比重相當小，因此，全球分歧導致的通膨壓力不太可能會帶來明顯的影響。其次，生產線的轉移將會逐步發生：增加產能的決策會影響未來工廠建於何處，但不會明顯改變現有廠房的分布，因此物價壓力會慢慢出現，不會立即發生。第三，截至目前為止，沒有證據顯示產能的重新分配正在系統性取代既有產能。如果新增的廠房是在既有的全球產能上增加新產能，強化供給面，長期以來應該會減輕通膨壓力。最後，如果新增的產能是建立於尖端技術，甚至將技術向外推廣，例如提高自動化程度，那麼提高的生產力可能會（部分）抵消生產線遷移到富有經濟體所帶來的成本壓力。

全球金融將持續失衡。在全球金融資本領域，我們預期全球儲蓄將繼續流向安全的資金避風港（參見第二十章）。美國將持續吸引全球資本流入，資本將更充沛（亦即更便宜），並控制對外赤字帶來的風險。美元仍將是主要準備貨幣，但我們仍將繼續看到「美元殞落」的訃聞。短期內，美元價值的波動將不會削弱美元相對於其他競爭貨幣的基本優勢，即使美元貶值時亦然。

當然，地緣政治也有結構性缺陷。強權衝突的討論日益增加，但基本上大國之間的傾軋仍然是無法預料之事。在我們看

來，任何「必然性」的說法都毫無根據（參見第十七章和第十八章）。但不論發生衝突的可能性為何，我們都不該忽視強國之間的衝突，因為後果將是悲劇性的。但強權衝突對總體經濟帶來的影響難以評估，而且可能會得出令人不安的結論。檢視長久以來的地緣政治風險可以發現，這類風險通常不會對經濟產生影響，就算有影響也很少直接相關，有時，影響甚至會與預期相反（參見第十八章）。

如果大國真的發生衝突，最大的經濟影響將是商業環境規則的劇烈改變，而非經濟崩潰。當經濟活動主要在於支撐戰爭目標時，就會提高資源利用率，勞動市場將變得非常緊俏。不過，將這種狀況稱為勞動市場緊俏其實也不準確，因為在國家追求軍事目標的過程中，價格、生產、供給和需求都會掌握在政府手中。必須特別指出的是，比較溫和的地緣政治衝突，例如代理人戰爭或有所受限的衝突，也可能提高經濟緊俏度，但不會明顯改變市場規則。

除了上面討論的實體、金融以及地緣政治風險之外，還有一種風險主要來自外部衝擊，因此無法排除或預測。思考一下，就能想到各種可能性極低、但極具破壞力的風險，包括太陽閃焰（solar flare）破壞電磁基礎設施，或一場新的全球疫情。不過列出一長串極端風險清單不會有任何幫助，例如我們在2019年年底發表的2020年展望報告中，就把疫情包含在內[6]，但這提供不了什麼實質幫助。即使知道可能發生某種衝擊，也不會提供什麼先見之明，因為很難預測事情發生的機率以及帶來的後果。

另外，內部衝擊（包括對政治制度的衝擊）也可能破壞商業環境。不久之前，自由市場民主看起來像是無懈可擊的社會經濟模式（參見第十六章），但現在這個共識正在改變。當經濟痛苦轉化成內部分歧時，就不能排除政治上的顛覆性改變。我們認為，與低迷的2010年代相比，經濟緊縮時期帶來的良性限制，包括更強勁的薪資成長，有助於應對這類風險。不過累積的挫折情緒不會很快消散，公眾輿論的看法轉變得更慢。

總的來說，我們認為未來幾年實體經濟、金融力量和全球作用力結合，不會構成險惡的總體經濟環境。它們會帶來一個緊俏的年代，雖然更具挑戰性，但仍然是一個良性總體經濟環境，對企業有利。對擁有正確分析工具的領導人來說，這是截然不同、但並不令人畏懼的經濟環境。

誰是贏家？

經濟緊俏年代，對企業、消費者及政策當局來說意味著什麼？誰可能獲利？誰又可能蒙受損失？當經濟體資源被充分利用，會出現成本、薪資及物價上漲壓力，經濟需要打開減壓閥宣洩壓力。有三種減壓閥各自對企業、消費者和政策當局有不同影響。表21-1對週期性緊縮的調節機制做了總結，區別出企業的利益（追求獲利成長）、勞工利益（追求實質所得提高）以及政策當局的利益（尋求控管通膨與經濟成長）。[7]

企業將如何應付更大的成本與薪資壓力？

企業壓縮利潤以吸收經濟緊俏壓力。在這種情況下,企業是輸家,消費者(及勞工)是贏家,政策當局對結果感到滿意,尤其是短期到中期內。這種情況對企業不利,但對企業來說仍然相對具有吸引力。以1990年代後期為例,當時處於勞動市場持續緊俏的早期,整體經濟的利潤縮減[8]。但我們很難說那個年代的企業經營環境不好。更強勁的經濟成長意味整體市場大餅擴大,因此儘管利潤承受壓力,企業也可能獲得豐厚的回報。

經濟緊俏壓力被轉嫁給消費者(週期性通膨)。企業可以(也將)試圖轉嫁成本壓力,但必須要在漲價與流失市占率之間審慎評估。整體而言,企業最終可能無法獲利,因為就算將成本轉嫁給消費者,增加的名目獲利也會被升高的通膨率侵蝕。而由於通膨侵蝕上漲的名目薪資,消費者會淪為輸家。政策當

表21-1　　　　　　　緊俏年代誰輸誰贏?

減壓閥	對以下利害關係人的結果		
緊俏 (成本壓力)…	企業(資本)	勞工(勞動)	政策當局
被企業壓縮 利潤吸收	輸	贏	有限的成功
被轉嫁給 消費者(週期 性通膨)	輸	輸	戰術失敗風險(政策引發的衰退),或策略性失敗風險(通膨環境轉變)
被生產力 成長抵消	贏	贏	成功

● 資料來源:波士頓顧問公司總體經濟學研究中心分析。

局也是輸家,因為通膨壓力導致貨幣緊縮政策推出,這將伴隨著經濟衰退風險。如果將緊俏轉嫁給消費者成為主要的減壓閥,經濟衰退的可能性會升高,所有人都將成為輸家。(在極端的情況下,如果政策當局長期無法抑制通膨壓力,且長期通膨預期失控,甚至可能會導致通膨結構破裂,參見第十二章。)

緊俏壓力被生產力成長抵消。考慮到其他選擇帶來的結果,緊俏環境下的企業有強烈的動機努力提高生產力成長(參見第七及第八章),這也會為整體經濟帶來最好的結果。如果緊俏經濟下的成本壓力能夠被生產力成長抵消,那麼企業、消費者與政策當局都將成為贏家。企業透過更有效率的將投入轉化成產出來抵消成本,勞工的實質薪資提高,政策當局不需要太過於抑制經濟緊縮,因為經濟產能成長緩解了通膨壓力。

以上是概括式的結果,彼此之間並不互斥。事實上,我們預期這三者都會在2020年代發揮作用。企業會感受到勞動成本上漲的壓力,試圖轉嫁成本,但只有部分企業會成功。最成功的企業會找到新的生產力來吸收成本壓力,而不是放任利潤受到侵蝕。政策當局將抑制物價上漲,更頻繁的在強勁的經濟與物價穩定這兩者之間尋求平衡。家計單位將因為實質所得提升以及相對容易的求職環境而受惠。這三種減壓閥當中何者會發揮最多效用會因時間而異。當然,這三種動態在不同的產業當中表現不同,主要是因為各產業的緊俏程度不一,不同產業吸收技術以提高生產力的程度也不一,訂價能力與承受利潤壓力的能力也不同。[9]

從許多方面(但非所有方面)來看,1990年代末期是良性

總體經濟時期合理（但非完美）的參考架構，而1970年代的險惡總體經濟則是糟糕的典範。

切記，一切得靠判斷

在經濟緊俏年代，良性總體經濟環境對企業主管和投資人來說更具挑戰性，壓力也更大，這點毫無疑問。企業領導人不僅應該思考會有哪些新挑戰，也要思考挑戰來自何處。當我們尋找緊俏的驅動因素時，我們發現這些驅動因子是良性總體經濟環境的一部分。但是由於勞動力與資本不足的壓力、高利率造成的緊張，以及地緣政治不確定性的影響下，我們很容易忘記這一點。

為了應對這些經濟壓力，企業領導人必須審慎評估總體經濟風險。當衝擊、危機與假警報來襲時，我們希望本書討論的折衷主義工具能幫助讀者穿越災難預言式的新聞和起伏不定的資料洪流，保持樂觀理性。切記，總體經濟判斷基本上就是我們如何持續評估風險，而不是預測未來會發生什麼事。

我們希望讀者牢記三件事。

第一，模型至上心態會削弱經濟判斷。單點的預測只會帶來虛假的準確性。將單點預測當做答案，會遮掩敘事和驅動因素，產生錯誤解讀與不當的推斷，尤其是在危機來臨的關鍵時刻。

第二，將會出現很多災難論。在經濟繁榮時期，衰退風險會比好景氣更吸引人；危機時期，系統性崩潰比復甦更令人關

注。讀者需要力量來對抗災難預言者，本書討論的分析工具和心態可以讓對抗變得更容易。

第三，應該以第一章及第二章敘述的經濟折衷主義方法做為分析的出發點。讀者應該了解事物的運作方式、辨識驅動因素與趨勢；探索在哪些條件下會發生結構性改變。這當然需要了解總體經濟資料，但這些資料只是建立在背景和歷史脈絡上的補充資料。切莫以閃爍的預警儀表板取代總體經濟判斷。

最後，我們重新回到伏爾泰對於不確定性的看法：「懷疑並不愉快，但確定是一種荒謬的狀態。」[10]我們認同「確定是一種荒謬的狀態」這個觀點：人們永遠不該期望總體經濟學具有確定性。不過，我們也無法肯定不確定性是否真的讓人難以接受。總體經濟學儘管有種種缺陷、特殊性、歷史、爭議與失敗，但它不僅不可忽視，還非常迷人。對於願意投入精力探索總體經濟的人來說，它甚至能帶來巨大的價值。

注　釋

第一章

1・「良性總體經濟」（good macro）一詞，指的是總體經濟為商業環境提供的結構性基礎，而不是對社會經濟結果或挑戰做出任何判斷。「良性總體經濟」不代表沒有缺點或挑戰，只是陳述全球商業利益的環境條件明顯有利而且穩定。

2・美國經濟學家肯尼斯・羅格夫說：「我不知道要花多久我們才能重回2019年時的人均GDP水準，以目前的情況看來，我會說，五年應該算是不錯的結果了。」參見："This Time Really Is Different," *Bloomberg Markets*, June–July 2020, https://www.magzter.com/stories/Investment/Bloomberg-Markets/This-Time-Really-is-Different。另亦參見：Nouriel Roubini, "The Coming Greater Depression of the 2020s," *Project Syndicate*, April 28, 2020, https://www.project-syndicate.org/commentary/greater-depression-covid19-headwinds-by-nouriel-roubini-2020-04, and Stephen Roach, "The Dollar's Crash Is Only Just Beginning," *Bloomberg*, January 25, 2021, https://www.bloomberg.com/opinion/articles/2021-01-25/the-dollar-s-crash-is-only-just-beginning。

3・例如，高盛集團在2021年4月發表的一份報告中預測基準生產力成長1.3個百分點。報告指出，前一個週期為1.25％，長期成長率為2％，因此預測2020、2021及2022這三年的生產力成長介於2.55％和3.3％。參見：Jan Hatzius et al., "Productivity in the Post-Pandemic Economy," Goldman Sachs, April 25, 2021, https://www.gspublishing.com/content/research/en/reports/2021/04/26/cfda70bf-88c0-4ad3-83e2-2cc4215c1add.html。其他單位也發表類似強勁的預測。但實

際上，根據美國勞工部勞動統計局（Bureau of Labor Statistics）的數據，該時期的年平均生產力成長率為1.43％。我們的估計是影響非常有限。參見：Philipp Carlsson-Szlezak and Paul Swartz, "Why We Shouldn't Overstate the Pandemic's Effect on Productivity Growth," World Economic Forum, October 15, 2021, https://www.weforum.org/agenda/2021/10/how-to-be-realistic-about-covids-impact-on-productivity-growth/。疫情早期，我們也抱持同樣的懷疑，參見：Philipp Carlsson-Szlezak and Paul Swartz, "Will COVID Be a Catalyst for Service Sector Productivity?" BCG Henderson Institute, July 2020, https://bcghendersoninstitute.com/center-for-macroeconomics/research-portal/will-covid-be-a-catalyst-for-service-sector-productivity/。

4・新興市場危機蔓延的預測並未成真。這段期間，巴基斯坦、埃及和阿根廷等新興經濟體面臨的是特定的內部問題。

5・Nouriel Roubinin, "A Greater Depression?" Project Syndicate, March 24, 2020, https://www.project-syndicate.org/commentary/coronavirus-greater-great-depression-by-nouriel-roubini-2020-03.

6・Philipp Carlsson-Szlezak, Martin Reeves, and Paul Swartz, "What the O-Ring Tells Us About Forecasting in the Age of Coronavirus," BCG Henderson Institute, April 14, 2020, https://bcghendersoninstitute.com/what-the-o-ring-tells-us-about-forecasting-in-the-age-of-coronavirus/.

7・在此值得一提凱因斯在《就業、利息與貨幣的一般理論》書中所言：「自認為不受任何思想影響的實用主義者，實際上擺脫不了某個失靈、過氣的經濟學家影響。掌權的狂人說他們聽到虛空中的聲音，但其實，他們的瘋狂思想來自幾年前的某些三流學者。」，參見：John Maynard Keynes, *The General Theory of Employment, Interest and Money* (London: Palgrave Macmillan, 1936)。

8・參見：Philip Tetlock, in John Kay and Mervyn King, *Radical Uncertainty: Decision-Making Beyond the Numbers* (Washington, DC: National Geographic Books, 2021), 221。這些政治學家寫道：「愈是出名的人，他們的預測就愈常被媒體報導，他們愈常被政治人物和企業領導人諮詢，他們的預言就愈不可靠。」

9‧我們知道,新聞工作者必須和下標題的人與編輯打交道,他們可能要求記者寫下更聳動的標題。

第二章

1‧我們想起前紐約聯邦準備銀行行長威廉‧杜德利（William Dudley）所言:「華爾街的經濟學家致力於把大量資訊綜合起來,幫助試圖了解我們生活世界的人;做研究的經濟學家則是致力於推進知識前沿,這是非常不同的目標。」參見:"Hey, Economist! Outgoing New York Fed President Bill Dudley on FOMC Preparation and Thinking Like an Economist," Liberty Street Economics, June 1, 2018, https://libertystreeteconomics.newyorkfed.org/2018/06/hey-economist-outgoing-new-york-fed-president-bill-dudley-on-fomc-preparation-and-thinking-like-an/.

2‧S. G. Tallentyre, ed., *Voltaire in His Letters* (New York: G.P. Putnam's Sons, 1919), 232.

3‧即使在硬科學（有固定不變屬性的科學）當中,在大衛‧休姆（David Hume）提出的「實然與應然問題」（is–ought problem）之下,「遵循科學」也站不住腳。科學能幫助我們嘗試發現存在什麼取捨（trade-offs）,但無法回答「做出什麼取捨」的疑問。或者,如同經濟學家路德維希‧馮‧米塞斯（Ludwig von Mises）在1949年出版的《人的行為》（*Human Action*）中所說:「科學絕不會告訴一個人該如何行動;科學只是告訴我們,想達到某個結果必須如何行動。」

4‧海耶克認為諾貝爾經濟學獎是個錯誤,因為這鼓勵經濟學家自信的對超出他們專業範圍的東西發表意見。他認為,應該要求經濟學家宣誓:「公開發表的意見絕不超出他們的能力範圍」。這個想法不錯,但不太可能發生。參見:Friedrich Hayek, "Banquet Speech," The Nobel Prize 1974, https://nobelprize.org/prizes/economic-sciences/1974/hayek/speech/.海耶克並不是第一個觀察到試圖使經濟學變得更像自然科學的危險性的人,米塞斯在《人的行為》中寫道:「除了物理、化學技術與療法之外,人類行為中不存在恆定的關係。曾經有段時間,經濟學家相信他們已經發現貨幣量變動對物價的影響具有這種

不變的關聯性,他們斷言,增加或減少流通的貨幣量必定會導致物價成比例變動。現代經濟學家已經明確、無可辨駁的揭示這種陳述的謬誤。那些想以『計量經濟學』(quantitative economics)取代『定性經濟學』(qualitative economics)的經濟學家完全錯了,經濟學領域沒有不變關聯性,因此也不可能計量。」

5 ・「物理學妒羨」一詞由經濟思想史學家菲利浦・米羅斯基(Philip Mirowski)創造,參見:Philip Mirowski, "Do Economists Suffer from Physics Envy?" *Finnish Economic Papers* 5, no. 1 (Spring 1992): 61–68。

6 ・「……更根本的是,標準模型忽略了銀行及影子銀行體系,但它們是授信流量的重要關鍵,因此也是總需求的重要決定因子。」參見:Joseph E. Stiglitz, "Rethinking Macroeconomics: What Failed, and How to Repair It," *Journal of the European Economic Association* 9, no. 4 (August 2011): 591–645, https://doi.org/10.1111/j.1542-4774.2011.01030.x。

7 ・「流行病的預測紀錄讓人懷疑,對新冠肺炎的預測更是錯得離譜。」參見:John P. A. Ioannidis, Sally Cripps, and Martin A. Tanner, "Forecasting for COVID-19 Has Failed," *International Journal of Forecasting* 38, no. 2 (2022): 423, https://www.ncbi.nlm.nih.gov/pmc/articles/PMC7447267/。

8 ・羅伯・麥納馬拉將其量化管理風格從福特汽車公司帶到國防部,他在1962年首次造訪越南後,說:「我們所有的量化指標都顯示我們正在贏得這場戰爭。」參見:Fredrik Logevall, "Rethinking 'McNamara's War,'" *New York Times*, November 28, 2017, https://www.nytimes.com/2017/11/28/opinion/rethinking-mcnamaras-war.html。

9 ・Milton Friedman, *Money Mischief: Episodes in Monetary History* (Boston: Houghton Mifflin Harcourt, 1994).

10 ・菲利浦曲線是紐西蘭統計學家威廉・菲利浦(A. W. Phillips)於1958年提出,他觀察到名目薪資成長率與失業率之間的負相關。從此,這個議題被廣為研究,用來描述通膨和經濟緊俏之間的關係。但是這種關係的穩定性薄弱,因此,在描述通膨何時以及如何變化方面的實用性很低。

11．金融市場參與者通常了解預測是一種表達（及理解）現行世界觀的簡單方式，不是一個穩固的現實，他們會綜觀各種變數和跨時間的各種預測，以幫助了解某人的觀點。不過，即使這種溝通表達方式很普遍，傳達不確定性依然是長久存在的挑戰。一個有趣的個案研究來自長期任職美國中情局、有「情報分析之父」稱號的謝爾曼‧肯特（Sherman Kent）。肯特要求同仁在報告中使用機率，目的是讓他們能夠明確表達一件事的含義。但這樣做難度很高，每個人對於「可能」這個字的假設都不同，而且一次性特殊事件的機率也不是特別有意義。充其量機率只是信心的表達，但最糟的情況是，機率被拿來當作藉口，擺脫做決策的責任，改而在傾向給予機率的偽科學方法當中尋找解答。以下這本著作值得一讀：Donald P. Steury, ed., *Sherman Kent and the Board of National Estimates: Collected Essays* (Washington, DC: Center for the Study of Intelligence, Central Intelligence Agency, 1994)。

12．麻省理工學院經濟學家羅聞全說：「在物理學中，三個定律可以解釋99％的資料；在財金學中，要用99個以上的定律來解釋3％左右的資料。」參見：Emanuel Derman, "Beware of Economists Bearing Greek Symbols," *Harvard Business Review*, October 2005, https://hbr.org/2005/ 10/beware-of-economists-bearing-greek-symbols。「在物理學中，你對抗的是上帝，祂不會經常改變祂的定律。在財金學中，你對抗的是上帝的創造物，這些創造物根據他們快速轉變的觀點來評估資產價值。」參見：Emanuel Derman, *Models. Behaving. Badly.: Why Confusing Illusion with Reality Can Lead to Disaster, on Wall Street and in Life* (New York: Free Press, 2011)。據說，物理學家理查‧費曼（Richard Feynman）在1987年的股市崩盤後開玩笑的說：「想像要是質子（proton）有感覺的話，會作何感想！」*

13．節錄自凱因斯在1938年7月4日寫給經濟學家羅伊‧哈羅德（Roy Harrod）的信：https:// economicsociology.org/2018/04/03/what-is-economics-read-keynes-definition/。

---

* 譯注：質子極穩定。

14. 我們想起米塞斯在《人的行為》中使用「understanding（理解）」一詞，意思相當於所說的「判斷」。他在書中寫道：「『理解』不是歷史學家的特權，人人都在做這件事。每個人在觀察環境狀況時，都是一個歷史學家。每個人都會用理解來應對未來事件的不確定性，並據此調整行動。」

15. Philipp Carlsson-Szlezak and Paul Swartz, "Economic Pessimists' Bet on a 2023 Recession Failed. Why Are They Doubling Down in 2024?" *Fortune*, December 11, 2023, https://fortune.com/2023/12/11/us-economy-pessimists-bet-2023-recession-failed-doubling-down-2024-outlook/.

16. 「職位決定立場」（Where you stand depends on where you sit）這句話通常被認為出自歷任三位美國總統（艾森豪、甘迺迪及詹森）的祕書魯弗斯‧愛德華‧邁爾斯（Rufus Edward Miles）。

17. 「結果論」（resulting）一詞是決策策略家安妮‧杜克（Annie Duke）所創，指根據結果來評量決策的傾向。結果不好並不代表決策不好，我們必須把結果和決策區分開來衡量，尤其是針對那種特殊的、一次性的決策。

18. 在經濟學和財金學領域，長期而言，樂觀主義者勝出。參見：Elroy Dimson, Paul Marsh, and Mike Staunton, *Triumph of the Optimists: 101 Years of Global Investment Returns* (Princeton, NJ: Princeton University Press, 2002)。

19. 凱因斯說：「唉！『明智』的銀行家不是可以預見危險、並避開危險的人，而是以傳統和正統方式和他的同事一起失敗、因此無人能夠責備他們的人。參見：John Maynard Keynes, *Essays in Persuasion* (London: Macmillan, 1931)。

20. 參見：John Kay and Mervyn King, *Radical Uncertainty: Decision-Making Beyond the Numbers* (Washington, DC: National Geographic Books, 2021)，該書第十一章中寫道：「法院的職責是確定一個特殊個案中『究竟發生了什麼』，這是一個敘事，不是一個統計學的問題。」

21. 對於大膽點預測的需求不會停止。逆向思考不會受到歡迎，但受歡

迎的程度卻被高估了。海耶克在1974年領取諾貝爾經濟學獎時說，在社會科學領域，應該要對「聲望」感到害怕。他引用經濟學家亞佛烈德・馬歇爾（Alfred Marshall）的話，說：「社會科學的學生必須害怕贏得眾望：當所有人都說他們好的時候，他們就有禍了。」

第三章

1・Philipp Carlsson-Szlezak and Paul Swartz, "The Yield Curve and Its Three False Friends," Sanford C. Bernstein, January 14, 2019. Reprinted in *An Economic History of Now*, vol. 2, September 2019.

2・「1900年，前三大死亡原因是傳染病：肺炎及流感、結核病、腸胃道感染。」參見：Rebecca Tippett, "Mortality and Cause of Death, 1900 v. 2010," *Carolina Demography*, June 16, 2014, https://www.ncdemography.org/2014/06/16/mortality-and-cause-of-death-1900-v-2010/。

3・拿衰退風險來類比死亡風險，缺點之一是，不同於死亡風險，衰退風險的樣本遠遠較小。不過與死亡風險相同的是，衰退風險可能有多重的驅動因素。在每種領域，在思考風險結構時，考慮主要的驅動因素仍然是很有幫助的一項工具。

4・Philipp Carlsson-Szlezak and Paul Swartz, "What Penicillin, Heart Disease, and Cancer Tell Us about the Business Cycle and Recession Risk," Sanford C. Bernstein, August 3, 2018. Reprinted in *An Economic History of Now*, November 2018.

5・根據來自美國商務部經濟分析局（Bureau of Economic Analysis）以產業數據計算出的GDP。各方統計與計算出來的數據可能不同，視如何劃分經濟、如何分類服務業而定。參見：https://www.bea.gov/data/gdp/gdp-industry。

6・雖然，政策一直是經濟週期的一個因素，但在二十世紀初期之前，政策的影響有限，政策當局通常採取相對不干涉的態度與方法。政策引發的衰退為景氣循環帶來新的衰退風險，但執行得當的政策能在降低與抵消風險（包括實體經濟風險與金融風險）方面發揮關鍵作用，降低整體風險。

7・這種風險有兩面：利率可能訂得太高，把經濟推入衰退；或者利率可能訂得太低，導致通膨，最終導致利率上升，金融更加緊縮。

8・《聯邦準備法案》於1913年通過，聯邦準備銀行從1914年開始運作。

9・前聯準會主席柏南奇（Ben Bernanke）在2002年（當時，柏南奇是聯準會理事）向芝加哥經濟學派領頭者傅利曼（Milton Friedman）祝賀九十歲生日的演講中說：「關於大蕭條，你是對的，是我們（聯準會）導致的，我們非常抱歉。但感謝你，我們不會再犯了。」參見：Ben S. Bernanke, "On Milton Friedman's Ninetieth Birthday," remarks at the Conference to Honor Milton Friedman, University of Chicago, November 8, 2002, https:// www.federalreserve.gov/boarddocs/speeches/2002/ 20021108/。

10・Philipp Carlsson-Szlezak and Paul Swartz, "Longest Ever . . . Why the Expansion Has Lasted This Long and Can It Last Longer?" Sanford C. Bernstein, June 4, 2019. Reprinted in *An Economic History of Now*, vol. 2, September 2019.

11・軟著陸指的是緊縮性貨幣政策使通膨降低，且在此同時，沒有造成失業率上升。我們認為，軟著陸是在經濟繼續成長之下歷經三個階段：（1）利率快速上升；（2）緊縮政策利率高於中性利率（r>r*）；（3）利率趨於中性。雖然看法普遍悲觀，但2023年仍然從第一階段移至第二階段，可望繼續成功邁進第三階段的預期也隨之升高。參見：Philipp Carlsson-Szlezak and Paul Swartz, "Economic Pessimists' Bet on a 2023 Recession Failed. Why Are They Doubling Down in 2024?" *Fortune*, December 11, 2023, https://fortune.com/2023/12/11/us-economy-pessimists-bet-2023-recession-failed- doubling-down-2024-outlook/。

12・「眾病之王」（emperor of all maladie）一詞常被用來形容癌症，科學家辛達塔・穆克吉（Siddhartha Mukherjee）的著作使這個詞彙變得更加普及。參見：Siddhartha Mukherjee, *The Emperor of All Maladies: A Biography of Cancer* (New York: Scribner, 2010)。

13・參見第十六章的討論。貨幣政策當局是否應該在金融泡沫破滅之前

就試圖辨識泡沫、並加以干預，還是應該放任泡沫膨脹，等到破滅後再來收拾殘局，這是長期存在的一個爭論。例如，柏南奇 2002 年時說，政策當局很難辨識泡沫的存在，而且，貨幣政策在應對泡沫方面是一種遲鈍的工具。他認為，政策當局應該聚焦在建立金融體系的韌性（例如訂定更高的資本要求），如此收拾殘局時就不會那麼痛苦。這也是聯準會在 2008 年全球金融危機後採行的措施。參見：Ben S. Bernanke, "Asset-Price 'Bubbles' and Monetary Policy," remarks before the New York Chapter of the National Association for Business Economics, New York, October 15, 2002, https://www.federalreserve.gov/boarddocs/speeches/ 2002/20021015/default.htm。

14． Philipp Carlsson-Szlezak, Paul Swartz, and Martin Reeves, "Assessing the Current Risks to the U.S. Economy," hbr.org, March 14, 2022, https://hbr.org/2022/03/assessing-the-current-risks-to-the-u-s- economy.

15． Philipp Carlsson-Szlezak and Paul Swartz, "A Soft Landing Is Playing Out—but Optimism Needs to Be for the Right Reasons," *Fortune*, January 30, 2023, https://fortune.com/2023/01/30/us-economy-outlook-soft-landing-optimism-inflation-labor-fed-2023-carlsson-szlezak -swartz/; Philipp Carlsson-Szlezak and Paul Swartz, "Will the U.S. and Europe Slide into Recession in 2023? Here's How to Look Out When Economic Outlooks Don't," *Fortune*, December 12, 2022, https://fortune.com/europe/2022/12/12/will- us-europe-recession-2023-economic -outlook-inflation-bcg-carlsson-szlezak-swartz/.

16． 如果政策當局在平衡週期性通膨與成長時犯錯，政策引發的衰退往往比較溫和；但如果他們是為了重新穩定通膨而犯錯，或是造成了通縮，就有可能導致重大的結構性過剩。

第四章

1． 如果用廣義的失業指標來衡量失業率，包含準待業人口（marginally attached workers*），以及因為經濟原因而兼職的勞工的話，那麼

---

* 譯注：指待業、想工作、但最近四週並未去找工作者。

失業率接近23%。參見：Bureau of Labor Statistics, "Employment Situation News Release," May 8, 2020, https://www.bls.gov/news.release/archives/empsit_05082020.htm。

2・此處使用「趨勢」作為較不嚴格版本的潛在GDP成長。

3・新冠疫情後，希臘經濟出現強勁成長，或許代表全球金融危機帶來的經濟通縮L形趨勢的終結。

4・Ben S. Bernanke, "The Real Effects of Disrupted Credit: Evidence from the Global Financial Crisis," *Brookings Papers on Economic Activity*, Fall 2018, https://www.brookings.edu/wp-content/uploads/2018/09/Bernanke_final-draft.pdf.

5・Michael D. Bordo, Angela Redish, and Hugh Rockoff, "Why Didn't Canada Have a Banking Crisis in 2008 (or in 1930, or 1907, or . . .)?" National Bureau of Economic Research, August 2011, revised December 2011, https://www.nber.org/papers/w17312.

6・當總體經濟環境（例如新冠肺炎疫情）抑制需求導致破產時，政府的政策干預有道理也有必要。但對於因生產力低下或糟糕管理經營導致的企業失敗，政府不需要、也不應該插手。

7・「風險三重奏：不受控的疫情、不足的經濟政策武器、地緣政治的白天鵝，足以把全球經濟推入持久的蕭條，以及失控的金融市場瓦解。2008年的衝擊之後，強而有力的干預（雖然是延遲的反應）把全球經濟拉出深淵，但這次，我們可能沒那麼幸運了。」參見：Nouriel Roubini, "A Greater Depression?" *Project Syndicate*, March 24, 2020, https://www.project-syndicate.org/commentary/coronavirus-greater-great-depression-by-nouriel-roubini-2020-03。

8・Philipp Carlsson-Szlezak, Martin Reeves, and Paul Swartz, "Understanding the Economic Shock of Coronavirus," hbr.org, March 27, 2020, https://hbr.org/2020/03/understanding-the-economic-shock-of-coronavirus.

9.如果持續出現政策錯誤，例如大蕭條時期的情況，可能造成深U形復甦。

第五章

1.川普總統在2016年競選時及擔任總統伊始，承諾使年均經濟成長率達到4％，甚至說：「我們可能做得遠比這更好。」參見他在2016年9月15日於紐約經濟俱樂部（Economic Club of New York）的演講：https://www.econclubny.org/documents/10184/109144/2016TrumpTranscript.pdf。雖然歐巴馬總統在競選時沒有明白承諾4％的經濟成長率，但他的2010年預算中預計2011年、2012年及2013年的實質GDP成長率均超過4％。參見："Budget of the U.S. Government: Fiscal Year 2010," Office of Management and Budget, May 2009, https://www.govinfo.gov/content/pkg/BUDGET-2010-SUMMARY/pdf/BUDGET-2010-SUMMARY.pdf。小布希總統透過布希學院（George W. Bush Institute）在2011年推出「4％成長計畫」（4% Growth Project），並且在2012年出版相關主題書籍，幫助推廣4％成長目標的理念：The Bush Institute, *The 4% Solution: Unleashing the Economic Growth America Needs* (New York: Crown, 2012)。

2.Philipp Carlsson-Szlezak and Paul Swartz, "Pushing on Growth—the Future and Limits of the 'Compulsive Stimulus Model,'" Sanford C. Bernstein, May 22, 2019. Reprinted in *An Economic History of Now*, vol. 2, September 2019.

3.例如，麻省理工學院教授艾瑞克・布林優夫森（Erik Brynjolfsson）認為：「智慧型機器這項發明比我們人類的任何其他發明都更為重要」，並預期智慧型機器將帶來更高的生產力。參見：Erik Brynjolfsson and Robert J. Gordon, "Is the Great Stagnation Finally Coming to an End?" Pairagraph, October 31, 2021, https://www.pairagraph.com/dialogue/9301beaf3a5b4a14868c682a36402474。

4.這並非指需求不重要。如同我們在第三章所言，衰退和需求持續低迷，可能透過投資管道破壞產能。

5・梭羅的整體評論把這架構描述為：「要嘛是一個有啟發性的寓言，要不就是處理資料的工具，只要能提供優良的實證結果就可以繼續使用，一旦無效，或是出現更好的方法，就可以丟棄它了。」參見：Robert M. Solow, "Review of *Capital and Growth*," *The American Economic Review* 56, no. 5 (1966): 1257。

6・話雖如此，有另一個理由（儘管是週期性理由）可以樂觀看待勞動面：緊俏的勞動市場會吸引勞工。景氣衰退期，勞動市場的實際參與率低於潛在參與率，景氣擴張期，實際參與率高於潛在參與率。為什麼？因為工資提高和企業招募人員的彈性所促成的強勁勞動市場，會提高參與率。雖然這可能為成長提供更多空間，但無法改變結構性現實：勞動力對經濟成長的貢獻度將不如以往。

7・由於資本存量是以投資金額來衡量，不考慮投資的影響力與效益是高是低。因此，投資品質變化將展現在生產力成長的變化上，而不是資本對成長的貢獻。

8・這論點不僅適用於去碳化技術。舉例而言，為奧運興建的場館變成資本存量。一座體育館可能是一筆長期資產，但如果不繼續使用，就不會為產出或產能做出貢獻。

9・我們使用「卡珊德拉」現今這一詞常被使用的意思，指經常預言凶事的人。這跟希臘神話中的卡珊德拉不完全一致。在希臘神話中，卡珊德拉經常預言和警告的事情最終都會發生，只是沒有人相信她的預言。

第六章

1・為了避免混淆，我們此處使用 frontier（領先）一詞，指的是發展程度最領先、最尖端的國家。經濟學家有時使用「frontier」（邊疆經濟體）一詞指稱開發程度較低的小經濟體。

2・據估計，自 1960 年以來，已有 23 個國家從中等所得地位提升至高所得地位。參見："Which Countries Have Escaped the Middle-Income Trap?" *The Economist*, March 30, 2023, https://www.economist.com/finance-and-economics/2023/03/30/which-countries-have-escaped-the-middle-income-trap。

3. 勞動力與總體經濟成長有關，與人均成長無關。不過，隨著國家變得更富有，人口成長傾向減緩，勞動力對總體經濟成長的貢獻度也會下滑。

4. 這也導致更高的扶養比，雖然不會直接影響勞動供給，但會使更多資源轉向醫療，削弱投資和建立資本的能力。

5. 1956年，赫魯雪夫在莫斯科的波蘭大使館向西方外交官致詞時說：「關於資本主義國家，我們的生存與否不取決於你們，如果你們不喜歡我們，就別接受我們的邀請，也別邀請我們去會見你們。不論你們喜歡與否，歷史站在我們這一邊，我們要埋葬你們！」參見："Foreign News: We Will Bury You!" Time, November 26, 1956, https://content.time.com/time/subscriber/article/0,33009,867329,00.html。赫魯雪夫後來在1963年時說：「我曾說過：『我們要埋葬你們』，這為我惹來麻煩。當然，我們不會用鏟子埋葬你們，你們自己的勞工階級將埋葬你們。」參見：*New York Times*, August 25, 1963, p. 19, https://timesmachine.nytimes.com/timesmachine/1963/08/25/issue.html。

6. Lincoln Steffens, *The Letters of Lincoln Steffens*, Volume 1: 1889–1919 (New York: Harcourt, Brace, 1938), 463.

7. 例如，參見：William Easterly and Stanley Fischer, "The Soviet Economic Decline," *The World Bank Economic Review* 9, no. 3 (1995), https://academic.oup.com/wber/article-abstract/9/3/341/1666811。

8. 參見Maddison Project Database（2020）裡的蘇聯人均GDP成長率：https://www.rug.nl/ggdc/ historicaldevelopment/maddison/releases/maddison-project -database-2020?lang=en。

9. 除了資本累積空間不足之外，蘇聯經濟因為由上而下的指揮導致資本累積缺乏效率等因素，導致蘇聯所得停留在遠低於其他進步國家的水準。

10・Shintaro Ishihara, *The Japan That Can Say No: Why Japan Will Be First Among Equals* (New York: Simon & Schuster, 1991), 84.

11・這本書最早出版於1989年，合著者是索尼的共同創辦人暨會長盛田昭夫（Akio Morita）。當這本書未獲授權的英譯版開始在華府流傳時，書中論點與尖銳的措詞（例如指控美國的貿易需求部分來自種族主義）引發強烈反彈。盛田昭夫很快就和書中論點劃清界線，他的論述並未出現於1991年出版的授權英譯版中。參見：Andrew Pollack, "Akio Morita, Key to Japan's Rise as Co-Founder of Sony, Dies at 78," *New York Times*, October 3, 1999, https://archive.nytimes.com/www.nytimes.com/library/world/asia/100399obit-morita.html。

12・Ishihara, *The Japan That Can Say No*, 123.

13・Paul R. Krugman, *The Age of Diminished Expectations: U.S. Economic Policy in the 1990s* (Cambridge, MA: MIT Press, 1990), 195.

14・1979年時，中國領導人鄧小平借用古代儒家思想中的「小康」一詞來敘述中國的經濟改革目標。「小康社會」可譯為「普遍繁榮的社會」。參見：James Miles, "Meet 'Moderately Prosperous' China," *The Economist*, November 2019, https://web.archive.org/web/20200604040502/https://worldin.economist.com/article/17353/edition2020meet-moderately-prosperous-china。

15・"China Defends Xi Focus on Stability, Security Ahead of Reshuffle," *Bloomberg*, October 15, 2022, https://www.bloomberg.com/news/articles/2022-10-15/china-s-communist-party-congress-to-conclude-oct-22-in-beijing.

16・過去十五年，中國曾試圖從投資驅動成長轉型為消費驅動成長，但這顯然相當困難，一方面是因為家計單位的儲蓄率居高不下（約占三分之一所得），另一方面是因為，如果想建立一個社會安全網以鼓勵降低儲蓄，得耗費極高成本。每當經濟成長放緩至令人不安的程度時，中國就會恢復投資，新建屋和交通基礎建設（例如火車、高速公路、機場）方面的投資支出就是證明。關於中國面臨的挑戰，參見：Damien Ma and Houze Song, "China's Consumption Conundrum," *Foreign Affairs*, March 16, 2023, https://www.foreignaffairs.com/china/chinas-consumption-conundrum.

第七章

1. 當然，軟體並非科技投資的唯一形式，而且在圖7-1中的早期部分，軟體投資相當有限。不過，雖然這是簡化版本，但論點依然成立：伴隨新一代的科技投資出現，生產力成長將下滑。第八章的圖8-2將以資訊處理設備方面的投資為例，展示更細膩的面貌，這方面的投資在1970年代末期和1980年代快速成長。除了1990年代末期生產力躍升之外，其他時期，儘管資訊處理設備方面的投資水準較高，生產力成長仍然不振。即使我們檢視所有科技投資，仍然是呈現這種生產力成長乏力的情形。

2. 產能利用率的改善情形不一：在紐約，產能利用率介於49.5%（計程車）至51.2%（優步）之間，改善幅度不大；在波士頓，產能利用率介於32.0%（計程車）至46.1%（優步）之間，改善幅度明顯。參見：Judd Cramer and Alan B. Krueger, "Disruptive Change in the Taxi Business: The Case of Uber," working paper 22083, National Bureau of Economic Research, Washington, DC, March 2016, https://www.nber.org/papers/w22083。

3. 生產力通常以兩種方式來衡量：其一是勞動生產力——每工時的實質產出；其二是多要素生產力或總要素生產力（TFP）——考量勞動投入和資本投入之後的實質產出。通常，我們說的生產力是總要素生產力，因為我們認為這個指標能更清楚顯示經濟體在生產產品與服務方面的進步程度。換言之，不能只看到增加一部新機器，而是要看是否能把事情做得更好，儘管機器成本也必須納入考量。在某些情況中，由於資料的限制，我們使用更相似於勞動生產力的指標，例如每位勞工的平均附加價值毛額。

4. 一項研究估計，1995年至2001年間，美國服務業的勞動生產力平均每年提高2.6%（高於商品產業的2.3%）。這段期間，服務業占勞動生產力成長的73%。這篇研究報告還說明資訊科技（IT）主要是透過服務業來促進生產力成長，服務業中IT應用的增加對勞動生產力

成長的總貢獻為80%。參見：Jack E. Triplett and Barry P. Bosworth, *Productivity in the U.S. Services Sector: New Sources of Economic Growth* (Washington, DC: Brookings Institution Press, 2004), 1。

5・Philipp Carlsson-Szlezak and Paul Swartz, "The Secret of Productivity Growth Is Not Technology," World Economic Forum, August 3, 2021, https://www.weforum.org/agenda/2021/08/the-secret-of-productivity-growth-is-not-technology/。

6・更準確的說，是相對價格。

7・價格下跌的速度與幅度很大程度受到產業內競爭激烈度以及生產力提高程度的影響。不難想像，如果企業知道競爭者無法與其競爭，就會大幅提高生產力，只微幅降低價格，這會導致價格微幅下滑。隨著生產力提升普及到整個產業（歷經時日，通常會呈現這種變化），價格下滑將變得更明顯。必須記住的是，生產力並不是每單位投入要素的名目收益，而是每單位投入的實質產出。因此價格下跌，或甚至收益下滑，不代表生產力沒有提升。

8・雖然進口對此也有影響，我們也看到耐久財製造業的國內附加價值毛額中的相對價格下跌，以及絕對價格基本持平。

9・低生產力服務業的價格上漲是受到鮑莫爾效應（Baumol effect）的影響：生產力成長的產業薪資提升，會帶動生產力未成長的產業薪資（及價格）上漲。

10・同理也適用於網路搜尋引擎、餐廳訂位應用程式以及其他現代的新產品或新服務。你可能喜歡這些產品或服務，但除非它們確實改變實質所得，否則就不該說這些產品或服務推動GDP成長。對於那些源自產品創新、但沒有明顯收入成長跡象的生產力提升說法，我們都應該抱持懷疑態度。並非只有我們有這種觀點，經濟學家勞倫斯・桑默斯（Larry Summers）曾說：「我不是根據來自Google或臉書的消費者剩餘（consumer surplus）計算做出這個判斷，我認為這是衡量一般民眾福祉時的重要概念問題。我不確定在計算市場GDP——亦即經濟學家傳統上所理解的市場GDP——時，它們算不算是重要重要的概念問題。」參見：Lawrence H. Summers,

"Reflections on the Productivity Slowdown," Peterson Institute for International Economics, Washington, DC, November 16, 2015, https://www.piie.com/sites/default/files/publications/papers/ transcript-20151116keynote.pdf。*

11・See Brent Moulton, "The Measurement of Output, Prices, and Productivity," the Hutchins Center on Fiscal and Monetary Policy at the Brookings Institution, July 25, 2018, https://www.brookings.edu/ research/the-measurement-of-output-prices-and-productivity/, and David E. Lebow and Jeremy B. Rudd, "Measurement Error in the Consumer Price Index: Where Do We Stand?" *Journal of Economic Literature* 41, no. 1 (2003), https://www.aeaweb.org/articles?id =10.1257/002205103321544729.

第八章

1・Philipp Carlsson-Szlezak and Paul Swartz, "The Secret of Productivity Growth Is Not Technology," World Economic Forum, August 3, 2021, https://www.weforum.org/agenda/2021/08/the-secret-of- productivity-growth-is-not-technology/.

2・"Tesla under US Criminal Investigation over Self-Driving Claims, Sources Say," *The Guardian*, October 26, 2022, https://www.theguardian.com/technology/2022/oct/26/tesla-criminal- investigation-self-driving-claims-sources.

3・卡勒斯托斯・朱瑪（Calestous Juma）在其2016年出版的著作中，透過大量案例研究，檢視新技術引發的反彈，包括印刷術、農耕機械化、電力、冷藏與冷凍技術等，參見：Calestous Juma, *Innovation and Its Enemies: Why People Resist New Technologies* (New York: Oxford University Press, 2016)。

---

* 譯注：消費者剩餘是消費者願意支付的價格減去他們實際支付的價格，亦即，它衡量的是消費者感覺自己獲得的額外價值，這是一種「福祉」，一般計算市場GDP時，不會把它計算進去。

4・無人機的使用受到美國聯邦航空總署（FAA）的「無人機視距外規範」（beyond-visual-line-of-sight regulations for unmanned aircraft）規定，此規範規定操作員必須能夠看到他們正在操作的無人機。監理單位在解決這問題方面進展緩慢。聯邦航空總署在2021年成立視距內規則制定委員會，該委員會在2022年3月發表一份建議報告。儘管聯邦航空總署官員表示他們正在根據這份報告研擬一份法規制定草案，但這份草案恐怕到2024年初之前都不會出爐。參見：US Government Accountability Office (GAO), "Drones: FAA Should Improve Its Approach to Integrating Drones into the National Airspace System," GAO-23-105189, January 26, 2023, https://www.gao.gov/products/gao- 23-105189。

5・在美國史上，一些重大的立法或修法都是因為民眾反彈所驅動，而這種反彈通常來自新聞記者及運動人士的煽動。調查記者愛達・塔貝爾（Ida Tarbell）的著作導致標準石油公司在1911年解體；作家厄普頓・辛克萊（Upton Sinclair）的著作最終促成美國在1906年成立食品及藥物管理局（FDA）；瑞秋・卡森（Rachel Carson）的作品幫助促成美國環境保護局（EPA）於1970年成立。在這些案例中，監理當局都是做出反應，而不是驅動議程。參見：Philipp Carlsson-Szlezak and Paul Swartz, "Popular Outrage, not Economics, Will Determine the Fate of Big Tech," *Fortune*, August 18, 2021, https://fortune.com/2021/08/18/big-tech-breakup-antitrust-popular-outrage-facebook- google -standard-oil-microsoft/。我們在這篇文章中指出，政策的重大改變不是來自前瞻的政策制定，而是政治人物對民眾的憤怒做出回應。

6・Laura Tyson and Jan Mischke, "Productivity after the Pandemic," Project Syndicate, April 20, 2021, https://www.project-syndicate.org/commentary/productivity-after-the-pandemic-by-laura-tyson-and-jan-mischke-2021-04.

7・Philipp Carlsson-Szlezak and Paul Swartz, "Will Covid Be a Catalyst for Service Sector Productivity?" BCG Henderson Institute, July 2020, https://bcghendersoninstitute.com/center-for-macroeconomics/ research-portal/will-covid-be-a-catalyst-for-service-sector-productivity/, and Philipp Carlsson-Szlezak and Paul Swartz, "Why We Shouldn't Overstate the Pandemic's Effect on Productivity Growth," World Economic Forum, October 15, 2021, https://www.weforum .org/agenda/2021/10/how-to-be-realistic- about-covids-impact-on-productivity-growth/.

8. Robert M. Solow, "We'd Better Watch Out," *New York Times Book Review*, July 12, 1987, http://digamo.free.fr/solow87.pdf.

9. Daniel Susskind, *A World without Work: Technology, Automation, and How We Should Respond* (New York: Metropolitan Books, 2020). Philipp Carlsson-Szlezak (host), *A World without Work with Daniel Susskind*, BCG Henderson Institute audio podcast, October 27, 2020, https://bcghendersoninstitute.com/ a-world-without-work-with-daniel-susskind/.

10. 10. Joel Mokyr, Chris Vickers, and Nicolas L. Ziebarth, "The History of Technological Anxiety and the Future of Economic Growth: Is This Time Different?" *Journal of Economic Perspectives* 29, no. 3 (2015): 31, https://www.aeaweb.org/articles?id=10.1257/jep.29.3.31.

11. "Difference Engine: Luddite Legacy," *The Economist*, November 4, 2011, https://www .economist.com/babbage/2011/11/04/difference-engine-luddite-legacy.

12. Philipp Carlsson-Szlezak, Paul Swartz, and François Candelon, "Why We Need to Be Realistic about Generative AI's Economic Impact," World Economic Forum, August 31, 2023, https://www.weforum.org/agenda/2023/08/generative-ai-realistic-economic-impact/.

第九章

1. 雖然甘迺迪總統的減稅議案（甘迺迪遇刺身亡後，由繼任的詹森總統於1964年簽署通過，把最高邊際稅率降低20個百分點）可被視為一種刺激措施，但從現代觀點來看，這些政策對公共債務的影響並不大。

2. 或者，如果名目債務額未能完全償還，至少債務占GDP比重應該

會下降。艾森豪總統認為，償還和降低債務是道德問題。例如，為艾森豪撰寫傳記的歷史學家史蒂芬・安布羅斯（Stephen Ambrose）指出：「艾森豪認為除了戰爭時期之外，赤字支出是近乎罪惡、不道德的行為。」參見：Bill Buzenberg, "A Half Century Later, Another Warning in Eisenhower Address Rings True," the Center for Public Integrity, January 17, 2011, https://publicintegrity.org/accountability/a-half-century-later-another- warning-in-eisenhower-address-rings-true/。

3・1980年1月，就在提出1981會計年度預算的前夕，卡特政府宣布將行政管理預算局（Office of Management and Budget）對1980會計年度預算赤字的預測上修50%。當時的通膨率已經飆漲，卡特政府此舉導致市場陷入大混亂，卡特被迫在3月底向國會提出修正預算。參見：W. Carl Biven, *Jimmy Carter's Economy: Policy in an Age of Limits* (Chapel Hill, NC: University of North Carolina Press, 2003), 8。

4・沃克幾次大幅升息雖然成功遏止高通膨，但也導致顯著的經濟衰退，失業率在1982年12月達到10.8%的高峰。

5・James M. Poterba, David Stockman, and Charles Schultze, "Budget Policy," in Martin Feldstein, ed., *American Economic Policy in the 1980s* (Chicago: University of Chicago Press, 1994), 23.

6・「美國的晨曦」（Morning in America）是1984年雷根競選時的廣告，被認為是史上最具成效的競選廣告之一，並成為經濟重振的隱喻。

7・當然，金融泡沫不是什麼新鮮事（例如，十七世紀有「鬱金香泡沫」〔Tulip Bubble〕），而且會對總體經濟造成重大影響（例如十八世紀的「密西西比泡沫」〔Mississippi Bubble〕）。不過比起二戰之後的泡沫——包括1960和1970年代的「漂亮五十泡沫」（Nifty Fifty Bubble），二十世紀末和二十一世紀初期的泡沫對總體經濟的影響更大。*

---

* 譯注：「漂亮五十」是指1960和1970年代，美國被認為最優質可靠的五十檔藍籌股，在投資人爭相買進與持有下價格高漲，但泡沫在1973至1974年間破滅，這些股票下跌了約90%。

8. 1992年，美國總統大選參選人羅斯・佩洛（Ross Perot）主張降低赤字，幫助他獲得19%的普選票。

9. 透過壓縮升高的長期債券期限溢酬來降低它們。*

10. 政策當局是否有能力以合理的方式來遏止泡沫，仍有爭議（參見第十六章）。1996年，時任聯準會主席的葛林斯潘（Alan Greenspan）在美國企業研究院（American Enterprise Institute）演講時似乎暗示股市估值過高，他說：「我們如何知道非理性繁榮（irrational exuberance）何時會過度推高資產價值，因而變得容易陷入意外、長期的緊縮，如同過去十年日本的情況？我們如何在貨幣政策中納入這些評估？」演講內容導致股市短暫應聲大跌，但很快止跌回升，又繼續熱了三年。參見：Alan Greenspan, "The Challenge of Central Banking in a Democratic Society," remarks at the Annual Dinner and Francis Boyer Lecture of the American Enterprise Institute for Public Policy Research, December 5, 1996, https://www.federalreserve.gov/boarddocs/speeches/1996/19961205.htm。

11. Ron Suskind, *The Price of Loyalty: George W. Bush, the White House, and the Education of Paul O'Neill* (New York: Simon & Schuster, 2004), 291.

12. Ben S. Bernanke, "The Global Saving Glut and the U.S. Current Account Deficit," remarks at the Sandridge Lecture, Virginia Association of Economists, March 10, 2005, https://www.federalreserve.gov/boarddocs/speeches/2005/200503102/default.htm. 即使貨幣政策試圖升息以抑制房市過熱情形，全球儲蓄過剩仍然會使美國長期利率維持在很低的水準，這被稱為「葛林斯潘難題」（Greenspan's conundrum）。

13. 有些人甚至認為，需要一個新泡沫來取代納斯達克泡沫。參見：Paul Krugman, "Dubya's Double Dip?" *New York Times*, August 2, 2002,

---

* 譯注：長期債券期限溢酬是投資人對長期持有債券的額外風險所要求的額外報酬彌補，如果政府降低赤字，投資人通常會認為持有長期債券的風險降低，因此期限溢酬會降低。

https://www .nytimes.com/2002/08/02/opinion/dubya-double- dip.html。

14・葛林斯潘非常清楚股市崩盤的潛在財富效應，他1977年紐約大學的博士論文〈為何中央銀行必須反制泡沫〉（Why Central Banks Must Fight Bubbles）可資證明，參見：Sebastian Mallaby, *The Man Who Knew: The Life and Times of Alan Greenspan* (New York: Penguin Press, 2016)。

15・2008年7月，財政部長漢克・鮑爾森（Hank Paulson）在國會銀行委員會為穩定房利美（Fannie Mae）和房地美（Freddie Mac）的計畫作證時說：「如果你的口袋裡有一把玩具水槍，你可能得把它掏出來。如果你有反坦克火箭砲，而且人們知道你有這個武器，或許你不需要把它拿出來。」參見：Stephen Labaton and David M. Herszenhorn, "Opposition, from Both Parties, Over Bailout Plan," *New York Times*, July 16, 2008, https://https://www.nytimes.com/2008/07 /16/business/16fannie.html。2009年被金融危機調查委員會（Financial Crisis Inquiry Commission）約談時，時任聯準會主席柏南奇說：「我真心認為2008年9月、10月是全球史上最糟的金融危機，包括大蕭條都不如這次嚴重。」參見：Ben Bernanke, Financial Crisis Inquiry Commission, November 17, 2009, http://fcic-static.law.stanford.edu/cdn_media/fcic-docs /FCIC%20Interview%20with%20Ben%20Bernanke,%20Federal%20Reserve.pdf。

第十章

1・Philipp Carlsson-Szlezak, Martin Reeves, and Paul Swartz, "Understanding the Economic Shock of Coronavirus," *Harvard Business Review*, March 27, 2020, https://hbr.org/2020/03/understanding-the- economic-shock-of-coronavirus.

2・Philipp Carlsson-Szlezak, Martin Reeves, and Paul Swartz, "The U.S. Is Not Headed Toward a New Great Depression," hbr.org, May 1, 2020, https://hbr.org/2020/05/the-u-s-is-not-headed-toward-a-new- great-depression.

3. 據說，時任財政部長安德魯‧梅隆（Andrew Mellon）這麼說：「清算勞工，清算股票，清算農夫，清算不動產……，把體系內的腐敗都清除掉。」參見：Herbert Hoover, *The Memoirs of Herbert Hoover: The Great Depression, 1929–1941* (New York: Macmillan, 1952), 30。

4. 柏南奇在2008年的努力，表明他遵守他對傅利曼（Milton Friedman）的承諾，不再犯與前輩相同的錯。他在2002年祝賀傅利曼九十歲生日的演講中說：「關於大蕭條，你是對的，是我們（聯準會）導致的，我們非常抱歉。但感謝你，我們不會再犯了。」參見：Ben S. Bernanke, "On Milton Friedman's 90th Birthday," remarks at the Conference to Honor Milton Friedman, University of Chicago, November 8, 2002, https://www.federalreserve.gov/boarddocs/speeches/2002/20021108/。

5. 諾貝爾經濟學獎得主羅伯‧盧卡斯（Robert Lucas）在2003年甚至這麼評論總體經濟學：「從實際角度來看，總體經濟學的核心難題：防止經濟蕭條，已經得到解決，事實上幾十年前就已經解決了。」參見：Robert E. Lucas Jr., "Macroeconomic Priorities," *American Economic Review* 93, no. 1 (2003), https://www.aeaweb.org/articles?id=10.1257/000282803321455133。

6. Poul M. Thomsen, "The IMF and the Greek Crisis: Myths and Realities," International Monetary Fund, September 30, 2019, https://www.imf.org/en/News/Articles/2019/10/01/sp093019-The-IMF-and-the-Greek-Crisis-Myths-and-Realities.

7. 2012年7月，時任歐洲央行總裁馬里奧‧德拉吉（Mario Draghi）誓言：「歐洲央行將在權限範圍內，不惜一切代價維繫歐元。相信我，這就足夠了。」光是這項承諾就已經幫助市場冷靜下來，降低債券殖利率，幫助拯救了歐元區。參見：Mario Draghi, "Speech at the Global Investment Conference," London, July 26, 2012, https://www.ecb.europa.eu/press/key/date/2012/html/sp120726.en.html。

8. 不確定性變數包括自然利率、實質利率情勢、通膨率、金融情勢以及許多其他因素。

9. Edmund L. Andrews, "A New Role for the Fed: Investor of Last Resort," *New York Times*, September 17, 2008, https://www.nytimes.com/2008/09/18/business/18fed.html.

第十一章

1. Philipp Carlsson-Szlezak and Paul Swartz, "The U.S. Economic Stimulus Machine Is Sputtering, but It Isn't Broken," *Fortune*, March 3, 2022, https://fortune.com/2022/03/03/inflation-stimulus-machine- interest-rates-tax-cuts/.

2. 英國財政大臣夸西・克沃騰（Kwasi Kwarteng）上任僅38天就去職，英國首相麗茲・特拉斯（Liz Truss）掌政僅45天就辭職。

3. 「聯準會賣權」用以描述當風險性資產（尤其是股市）價值下滑時，貨幣政策放寬的傾向。貨幣寬鬆有助於市場復甦，因此，這往往提供一種形式的保險，對抗資產價值下滑，故而用「賣出選擇權」（put option）來形容。

4. Matthew Yglesias, "A House Republican Explains Why Deficits Don't Matter Anymore," *Vox*, September 28, 2017, https://www.vox.com/policy-and-politics/2017/9/28/16378854/mark-walker-deficit.

5. Philipp Carlsson-Szlezak and Paul Swartz, "Will Bidenomics Transform America's Economy? Not So Fast," *Fortune*, May 23, 2021, https://fortune.com/2021/05/23/biden-economic-agenda-bidenomics-long -term-impact-new-deal/.

6. Philipp Carlsson-Szlezak and Paul Swartz, "The Premature Obituary of the Bond Vigilantes ('Deficits Don't Matter' and All That)," Sanford C. Bernstein, November 2, 2018. Reprinted in *An Economic History of Now*, November 2018.

7. Philipp Carlsson-Szlezak and Paul Swartz, "When Deficits Matter—How to Think about Budgetary Risks from Debt and Deficits and the Risk for Equities," Sanford C. Bernstein, October 29, 2018.

8. 卡維爾開玩笑說：「我以前曾想，如果有下輩子，我想當總統、教宗，或打擊率四成的棒球員。可是，我現在想，下輩子我要成為債券市場，因為你可以威嚇所有人。」參見或 James Carville, "The Vigilante," *The Atlantic*, June 2011, https:// www.theatlantic.com/magazine/archive/2011/06/the- vigilante/308503/。

9. Ron Suskind, *The Price of Loyalty: George W. Bush, the White House, and the Education of Paul O'Neill* (New York: Simon & Schuster, 2004), 291.

10. Philipp Carlsson-Szlezak and Paul Swartz, "Long-Term Interest Rates Are Spiking. Could They Deliver a Recession—or Are They a Sign of Strength for the U.S. Economy?" *Fortune*, October 12, 2023, https://fortune.com/2023/10/12/long-term-interest-rates-spiking-could-recession-or-us-economy- carlsson-szlezak-swartz/.

11. Philipp Carlsson-Szlezak, Paul Swartz, and Martin Reeves, "Who Will Win—and Lose—in the Post-Covid Economy?" hbr.org, June 1, 2021, https://hbr.org/2021/06/who-willwin-and-lose-in-the- post-covid-economy.

12. Philipp Carlsson-Szlezak and Paul Swartz, "10 Years On—Policy Effectiveness and the True Legacy of the Great Recession," Sanford C. Bernstein, September 10, 2018. Reprinted in *An Economic History of Now*, November 2018.

13. 全民基本收入是指提供所有公民一定的收入，不論他們的勞動參與率如何。支持者認為，全民基本收入實行起來會比傳統根據經濟狀況調查的社會安全網更有效率，並且會獲得民眾強力支持。人們也可以自由選擇減少工作時間，並免受自動化風險影響。但是批評者認為，全民基本收入的成本太高，無法精準幫助有需要的人，還會降低工作意願，並伴隨著通膨風險。現代貨幣理論的支持者（例如石溪大學的學者史黛芬妮・凱爾頓〔Stephanie Kelton〕），主張政府的赤字規模應該達到充分就業所需的水準，而且赤字應該降低利率，因為赤字擴大了貨幣供應量。批評者（例如不否認赤字支出力量與重要性的經濟學家保羅・克魯曼〔Paul Krugman〕）認為，擴

張性財政政策會推升利率,除非利率一直維持在零利率下限(zero lower bound)。例如,參見:Paul Krugman, "Running on MMT (Wonkish)," *New York Times*, February 25, 2019, https://www.nytimes.com/2019/02/25/opinion/running-on-mmt-wonkish.html;以及:Philipp Carlsson-Szlezak and Paul Swartz, "MMT, AOC, OMG—What Investors Should Know about Modern Monetary Theory," Sanford C. Bernstein, April 9, 2019. Reprinted in *An Economic History of Now*, vol. 2, September 2019。

第十二章

1.接替沃克的下一任聯準會主席葛林斯潘也功不可沒,他以可靠的央行政策,完成抑制通膨及穩定通膨預期的工作,這過程一直持續至1990年代。

2.戰後終止了戰時的物價控管,這也是一個因素。

3.二戰後的貨幣政策是維持低利率,這背景影響到利率水準。例如,1942年時,在美國財政部的請求下,聯準會致力於把短期國庫券的利率固定在3/8%,並且維持此水準,直到1951年的「財政部—聯準會協議」(Treasury–Federal Reserve Accord)。*參見:John Mullin, "A Look Back at Financial Repression," Federal Reserve Bank of Richmond, First Quarter 2021, https://www.richmondfed.org/publications/research/econ_focus/2021/q1/economic_history.

4.Philipp Carlsson-Szlezak and Paul Swartz, "Think Trump vs. Powell Is Ugly? Try Jackson vs. Biddle for a Taxonomy of Political Pressure," Sanford C. Bernstein, March 1, 2019. Reprinted in *An Economic History of Now*, vol. 2, September 2019.

5.1951年,「財政部—聯準會協議」解除聯準會自二戰以來一直實行

---

*譯注:此協議解除聯準會幫助財政部維持利率水準和公債價格的任務,從此,聯準會可以獨立的視需要來實行貨幣政策。

的利率上限，但此舉遭到白宮和杜魯門總統的強烈阻撓，他們以韓戰為由，希望聯準會繼續維持利率上限。杜魯門在與聯準會的鬥爭當中敗北，但他自認為得到勝利，把原來的聯準會主席趕下台，以自己的人馬威廉・麥克切斯尼・馬丁（William McChesney Martin）取而代之。但是，上任後，馬丁就證明自己是個能幹的聯準會主席，成功的抑制通膨。多年後當杜魯門見到馬丁時，說他是：「叛徒」。

6・持續性的錯誤通常是概念性錯誤：對經濟動態與消長的錯誤理解，或是政治力將通膨與物價穩定置於次要地位。1940年代，戰爭時期的財務考量是低利率政策的主導因素。1960年代，政策當局認為貨幣與財政的協調適當，誤以為當時的貨幣政策已十分緊縮（其實不然），認為通膨和失業之間持續存在消長關係、失業率能夠再進一步降低，並且認為貨幣政策當局不該為了降低通膨而傷害經濟，這些觀點造成了持續的錯誤。現代央行似乎不像以前的央行那樣容易犯下這種概念性及政治性錯誤。

7・Paul A. Volcker and Christine Harper, *Keeping at It: The Quest for Sound Money and Good Government* (New York: PublicAffairs, 2018).

8・"Inflation is a monetary policy phenomenon, not a monetary phenomenon." Angel Ubide, *The Paradox of Risk: Leaving the Monetary Policy Comfort Zone* (Washington, DC: Peterson Institute for International Economics, 2017), 163.

9・我們在此有所簡化，1940年代的通膨包含1950年代初期的通膨，1970年代的通膨是始於1960年代的通膨率上升。

10・我們在2021年撰文指出，害怕通膨環境轉變的人可能錯了，因為聯準會不會持續犯下政策錯誤，聯準會會對升高的通膨做出反應。

11・Carlsson-Szlezak and Swartz, "The Fed Isn't Likely to Let Inflation Skyrocket, No Matter What the Doomsayers Think," *Fortune*, November 8, 2021, https://fortune.com/2021/11/08/inflation-fears-federal-reserve-jerome-powell/.

12・經濟學家穆罕默德・艾爾-埃里安（Mohamed El-Erian）認為，由於聯準會抗通膨起步太晚，現在聯準會：「別無選擇，必須對付通膨，這是它們的任務。由於他們動作太慢，將對實質經濟造成嚴重的傷害，包括就業、生計等等，這些原本是可以避免的。」參見：Jennifer Sor, "The Fed Has No Choice but to Cause 'Undue Pain' for the Economy after Blowing It on Inflation, Mohamed El-Erian Says," *Business Insider*, December 21, 2022, https://markets.businessinsider.com/news/stocks/economic- outlook-fed-inflation -rate-hike-recession-risk-el-erian-2022-12.。

13・Philipp Carlsson-Szlezak and Paul Swartz, "For the Fed, Fighting Inflation Is Imperative, but Slamming the Economy Would Be Premature," *Fortune*, April 8, 2022, https://fortune.com/2022/04/08/inflation- interest-rates-federal-reserve-recession/.

14・2019年至2022年間，第10個百分位的實質時薪成長了9%。參見：Elise Gould and Katherine deCourcy, "Low-Wage Workers Have Seen Historically Fast Real Wage Growth in the Pandemic Business Cycle," Economic Policy Institute, March 23, 2023, https://www.epi.org/publication/swa- wages-2022/。

15・Larry Summers, "Secular Stagnation or Secular Stagflation," Speech at the London School of Economics, June 20, 2022, https://www.lse.ac.uk/Events/Open/202206201845/secular-stagnation-or-secular- stagflation.

16・Philipp Carlsson-Szlezak and Paul Swartz, "How to Break Inflation Expectations and the Equity Market," Sanford C. Bernstein, June 15, 2018. Reprinted in *An Economic History of Now*, November 2018.

17・聯準會認為，當時的貨幣政策已經處於緊縮狀態，聯準會只是採取行動，朝較寬鬆、但仍然夠緊縮的狀態調整。參見：Ben S. Bernanke, *21st Century Monetary Policy: The Federal Reserve from the Great Inflation to COVID-19* (New York: W. W. Norton & Company, 2022)。

18・Arthur F. Burns, Milutin Cirovic, and Jacques J. Polak, "The Anguish of Central Banking," the 1979 Per Jacobsson Lecture, Belgrade, Yugoslavia,

September 30, 1979, http://www.perjacobsson.org/lectures/ 1979.pdf.

19・例如,1965年12月,詹森總統召喚聯準會主席威廉‧麥克切斯尼‧馬丁(William McChesney Martin)前去他的牧場,表達他對聯準會宣布升息之舉的不滿。據報,詹森甚至推撞馬丁,並怒罵:「男孩們在越南命在旦夕,但比爾‧馬丁卻不管他們死活。」參見:Sebastian Mallaby, *The Man Who Knew: The Life and Times of Alan Greenspan* (New York: Penguin Press, 2016), 104。更近期一點,川普總統在推特(Twitter)與採訪中,多次要求聯準會主席傑洛米‧鮑爾(Jerome Powell)不要升息,參見:Emily Stewart, "Trump Makes Last-Ditch Effort to Pressure the Fed ahead of Interest Rate Meeting," *Vox*, December 18, 2018, https://www.vox.com/policy-and-politics/2018/12/17/18144497/trump-tweet- fed-reserve-Jay Powell。

第十三章

1・例如,參見:Olivier Blanchard, "In Defense of Concerns over the $1.9 Trillion Relief Plan," Peterson Institute for International Economics, February 18, 2021, https://www.piie.com/blogs/realtime- economics/defense-concerns-over-19-trillion-relief-plan。

2・傅利曼最早於1963年在印度演講時說了這段話的一個版本,對二戰後大體上由凱因斯思想主導的經濟學領域提出一個挑戰。參見:Milton Friedman, "The Counter-Revolution in Monetary Theory," Institute of Economic Affairs, 1970, https://miltonfriedman.hoover.org/internal/media/ dispatcher/214480/full。

3・貨幣學派的理論基礎是 MV = PQ:(貨幣供給量)×(貨幣流通速度)=(物價)×(產出)。如果貨幣供給成長速度快於產出成長速度,物價就會上漲,但是這個假設的前提是貨幣流通速度穩定,不受貨幣供給量變動的影響──這充其量只是一個弱勢假設。

4・關於菲利浦曲線作用的概述,參見:Peter Hooper, Frederic S. Mishkin, and Amir Sufi, "Prospects for Inflation in a High Pressure Economy: Is the Phillips Curve Dead or Is It Just Hibernating?" working paper

25792, National Bureau of Economic Research, Cambridge, May 2019, https://www.nber.org/ papers/w25792。

5・參見：John Cochrane, *The Fiscal Theory of the Price Level* (Princeton, NJ: Princeton University Press, 2023)。財政政策固然會影響通膨率變化（至少會透過需求面影響通膨），但我們認為，「從未來赤字的現值可以洞察通膨路徑」的論點並不可靠。就算真是如此吧，那又能怎麼樣呢？此外，「主要透過財政政策來成功管理通膨」的論點似乎也不可靠。至於「貪婪膨脹」，除了無法以任何方式估量貪婪程度以預測通膨之外，企業似乎也不太可能從持續低通膨時的不貪婪轉變為高通膨時的過度貪婪。雖然這是觀察通膨政治的流行視角，但對於了解與因應通膨來說卻極為薄弱。市場集中度有可能影響價格與利潤，但在了解週期性通膨趨勢方面似乎作用不大。當通膨率低於聯準會的目標水準時，市場集中度低嗎？通膨率飆升時，或是通膨環境改變時，市場集中度有明顯改變嗎？沒有。

6・聯準會在2020年8月對貨幣政策檢討提出結論，宣布瞄準平均通膨率2％的新政策。這項政策目標是即使通膨率突破2％，仍然要維持寬鬆貨幣政策，以對抗通縮傾向。參見：Federal Reserve, "Federal Open Market Committee Announces Approval of Updates to Its Statement on Longer-Run Goals and Monetary Policy Strategy," FOMC press release, August 27, 2020, https://www.federalreserve. gov/newsevents/ pressreleases /monetary20200827a.htm。

7・Charles Goodhart and Manoj Pradhan, *The Great Demographic Reversal: Ageing Societies, Waning Inequality, and an Inflation Revival* (London: Palgrave Macmillan, 2020).

8・自然失業率此前被稱為「不加速通膨的失業率」（nonaccelerating inflation rate of unemployment，簡稱NAIRU）。

9・當市場緊俏時（$u < u^*$），通膨壓力可能正在累積；當市場寬鬆時（$u > u^*$），通膨壓力可能降低。

第十四章

1. Paul Schmelzing, "Eight Centuries of Global Real Interest Rates, R-G, and the 'Suprasecular' Decline, 1311–2018," staff working paper 845, Bank of England, January 3, 2020, https://www.bankofengland. co.uk/working-paper/2020/eight-centuries-of-global-real-interest-rates-r-g-and-the-suprasecular-decline- 1311-2018.

2. 這為了解無風險利率（risk-free rate）環境奠定基礎，無風險利率是所有其他利率水準的參考點。利率的生態系遠不只如此，還涵蓋公司債、高收益公司債、房貸等領域。我們開玩笑說，我們致力於用大約3,000字的篇幅來探討利率——那些探討利率的基礎書籍（例如法蘭克·法博齊〔Frank J. Fabozzi〕的著作《固定收益證券手冊》〔The Handbook of Fixed Income Securities〕與西德尼·荷馬〔Sydney Homer〕和理查·西拉〔Richard Sylla〕的著作《利率史》〔A History of Interest Rates〕）有將近3,000頁呢！

3. 為何沒有標註具體的利率水準呢？因為利率水準不會告訴我們利率環境的性質。例如，10年期利率3％可能與多種不同的利率環境有關。在長期通膨預期穩定的狀態下，決定利率環境的是政策利率（r）相對於中性利率（r*）的水準。政策立場有助於顯示利率環境類型。由於中性利率（r*）會隨著時間變化（這將影響政策利率水準），因此，當你試圖了解利率結構時，利率水準就沒那麼重要，甚至可能產生誤導。

4. 這可以被認為是政策利率（r）高於貨幣政策當局認為的中性利率（r*）。

5. Philipp Carlsson-Szlezak and Paul Swartz, "Is This the End of Low Interest Rates?" Fortune, June 7, 2022, https://fortune.com/2022/06/07/inflation-interest-rates-higher-but-healthy-bcg/.

6. 即使貨幣政策從非常嚴格的立場緩和下來並降息，仍然會維持這種較高利率傾向。

7. 10年期公債殖利率是其他許多利率的基準，從房貸利率到公司債利

率都是。10年期公債殖利率可拆分為10年期間的平均短期利率與期限溢酬,其中近期的平均短期利率受到當前政策立場及近期政策趨勢影響,至於年變化則是受到央行對中性利率(r*)看法的影響。

8・儘管,2010年代末期的中性利率並不像人們普遍認為的那麼低。

9・國際貨幣基金在2023年4月發布的《世界經濟展望》(IMF World Economic Outlook)估計,1970年代末期至2010年代末期,多數先進國家的中性利率降低了約2個百分點。該報告估計,由於人口高齡化與疲弱的生產力成長,接下來30年,美國的中性利率將維持在1%以下(名目中性利率低於3%)。相較之下,經濟學家勞倫斯・桑默斯(Larry Summers)認為,中性利率可能介於1.5%至2%(約為名目中性利率3.5%至4%),部分因為是政府舉債並投資於綠色經濟。桑默斯的估計雖高於其他估計,但仍然低於全球金融危機之前年代的利率水準。參見:"The Natural Rate of Interest: Drivers and Implications for Policy," chapter 2 in *World Economic Outlook: A Rocky Recovery* (Washington, DC: International Monetary Fund, April 2023), https://www.imf.org/en/Publications/WEO/ Issues/2023/04/11/world-economic-outlook-april-2023。亦參見:Rich Miller, "IMF Disagrees with Summers over Where Interest Rates Will Settle," *Bloomberg*, April 10, 2023, https://www.bloomberg. com/news/articles /2023-04-10/imf-disagrees-with-summers-over-where-interest-rates-will-settle。

第十五章

1・Lionel Shriver, *The Mandibles: A Family, 2029–2047* (New York: HarperCollins, 2016).

2・2021年時,我們在波士頓顧問公司的「思想家與思想」(Thinkers and Ideas)播客中和蘭諾・絲薇佛聊《曼德柏家族》這本書。當時,她告訴我們,她把文學看作:「探索你最恐懼的安全空間。」她也提到,雖然,這本書的電影版權已經賣出,但她擔心在電影還未上映之前,這本小說描述的情境已經成為現實。參見:Philipp Carlsson-Szlezak (host), *The Mandibles: A Family, 2029–2047 with Lionel Shriver,* audio podcast, BCG Henderson Institute, February 12,

2021, https://bcghendersoninstitute.com/the-mandibles-a-family-2029-2047-with-lionel-shriver/。

3・謠傳老約瑟夫・甘迺迪（Joseph Patrick Kennedy）在大蕭條及動盪不安的1930年代說過這句話：如果放棄他的半數財富，就能保住另一半財富的話，他願意這麼做。

4・Peter F. Drucker, "The Changed World Economy," *Foreign Affairs*, Spring 1986, www.foreignaffairs.com/articles/1986-03-01/changed-world-economy.

5・Philipp Carlsson-Szlezak and Paul Swartz, "Why High Debt Levels Don't Worry Us (Too Much)— r-Minus-g, Its Spread, and Its Quality," Sanford C. Bernstein, October 7, 2019.

6・Carmen M. Reinhart and Kenneth S. Rogoff, "Growth in a Time of Debt," *American Economic Review*, May 2010.[*]

7・起初，因為市場需要時間才能相信通膨風險已經消散，因此風險溢酬仍高。後來，柯林頓執政初期推出反赤字刺激措施，削減赤字導致期限溢酬及利率下滑，進而產生更大的刺激效果（參見第十章）。

8・Ron Suskind, *The Price of Loyalty: George W. Bush, the White House, and the Education of Paul O'Neill* (New York: Simon & Schuster, 2004), 291.

9・其他衝擊效應，如資產購買與貨幣錯配，也會影響債務水準。

10・如果金融抑制（financial repression[**]）或財政主導（fiscal domi-

---

[*] 注：雖然，兩位作者的學術論述對因果關係闡釋得更詳細，但這篇文章隨後引發有關債務的政治辯論，讓細微的差別變得完全不重要。最終，在這篇文章被發現有技術性錯誤之後，這股辯論熱潮就消退了。

[**] 譯注：政府透過抑制利率來減輕公共債務利息負擔

nance*）優先，經濟將無法發揮潛力，導致資源配置不當，遲早會發生通膨狀況，破壞經濟。

11・Philipp Carlsson-Szlezak and Paul Swartz, "10 Years On—Policy Effectiveness and the True Legacy of the Great Recession," Sanford C. Bernstein, September 10, 2018. Reprinted in *An Economic History of Now*, November 2018.

12・我們指的是實質違約，不是技術性違約（technical default，例如債務上限導致的技術性違約）。美國在債務上限問題上經常會出現技術性違約，最近一次是2023年春季，2025年可能會再次上演。至於身為外匯準備貨幣的好處，如果你更關心製造業競爭力和外部平衡（即貿易平衡），那麼，強勢貨幣反而可能被視為負面因素。

13・Philipp Carlsson-Szlezak and Paul Swartz, "Is U.S. Debt 100%, 1,000% or 2,000% of GDP . . . ? It's Up to You, Sort Of," Sanford C. Bernstein, September 9, 2019.

第十六章

1・納斯達克指數從1999年10月19日的2,688.18點，飆升至2000年3月10日的5,048.62點，漲幅88%（年化率300%）。

2・使用席勒週期性調整後本益比（Shiller Cyclically Adjusted Price to Earnigs ratio），1925年9月的標準普爾500本益比為10.36，1929年9月的標準普爾500本益比為32.56。

3・荷蘭鬱金香狂熱通常被視為史上第一個投機性泡沫，指的是鬱金香球莖價格飆漲（鬱金香在十六世紀中期才傳入西歐），始於1634年，泡沫破滅於1637年2月。參見：Peter Garber, "Tulipmania," *Journal of Political Economy* 97, no. 3 (1989): 535, https://www.journals.uchicago.edu/doi/10.1086/261615。蘇格蘭經濟學家約翰・羅（John

---

* 譯注：財政政策居主導地位

Law）因為一場決鬥殺死對手而觸犯謀殺罪，逃亡至法國，投效其友人、法國攝政公爵。約翰・羅在1716年協助創立私人銀行Banque Générale，把紙幣引進法國，並根據土地價值提供貸款。1717年8月，約翰・羅創立密西西比公司（Mississippi Company），獲得法國政府授權獨家經營北美地區的貿易。約翰・羅發行該公司股份，換取公債，最終導致股市泡沫，於1720年破滅。參見：Janet Gleeson, *Millionaire: The Philanderer, Gambler, and Duelist Who Invented Modern Finance* (New York: Simon & Schuster, 1999)。鐵路狂熱是典型的股市泡沫，發生於1840年代的英國（但泡沫不只是鐵路公司類股），隨著鐵路公司股價上漲，投機者把股價炒到無法支撐的水準，最終崩盤。關於科技泡沫，參見：Michael Lewis, *The New New Thing: A Silicon Valley Story* (New York: W. W. Norton & Company, 2000)。

4・我們知道會有很多人不認同我們把加密貨幣視為泡沫，或許，不是所有類型的加密貨幣都是泡沫，但大家應該能贊同，狗狗幣（Dogecoin）就是一種泡沫。至於NFT，數位資產可能是真實存在的，但用290萬美元購買推特共同創辦人傑克・多西（Jack Dorsey）發出的第一條推文的數位權，那就太離譜了。包括赫茲租車（Hertz）、傑西潘尼百貨（JCPenny）、1號碼頭（Pier 1）以及惠廷石油（Whiting Petroleum）在內，許多後來破產的上市公司的股價都曾在2020年短暫飆漲過。

5・1861年至1877年間擔任《經濟學人》總編輯的華特・白芝浩（Walter Bagehot）曾說：「約翰・布爾（John Bull）能忍受很多事情，但他無法忍受2%。」約翰・布爾不是真人，而是一般投資人的代稱。白芝浩這句話的意思是，投資人不會接受低報酬率，他們寧願把錢投入風險較高的投機性投資。參見：Edward Chancellor, *The Price of Time: The Real Story of Interest* (New York: Grove Atlantic, 2022)。

6・我們承認，頁岩油對美國的石油生產有重大影響，對經濟活動、貿易平衡等有益，但糟糕的投資報酬反映了它的泡沫狀態，切薩皮克能源公司（Chesapeake Energy）的破產就是一例。

7・這麼說應該不會太誇張：密西西比泡沫是啟動法國大革命的一股力量。這是泡沫破滅的最極端潛在影響。

8． 1964年，最高法院大法官波特・史都華（Potter Stewart）在「雅各貝里斯 v. 俄亥俄州」（Jacobellis v. Ohio）訴訟案中說出這番意見。

9． Ben S. Bernanke, "Monetary Policy and the Housing Bubble," speech at the annual meeting of the American Economic Association, Atlanta, January 3, 2010, https://www.federalreserve.gov/newsevents/ speech/bernanke20100103a.htm.

10． 凱因斯甚至主張：「政府應該付錢請人們在地上挖洞，然後回填」。這當然是個愚蠢的例子，但他以此來強調在大蕭條的環境下，任何刺激措施都是值得的。

11． Philipp Carlsson-Szlezak and Paul Swartz, "The Death of the Well-Behaved Drawdown—What Investors Need to Know about Modern Volatility," Sanford C. Bernstein, June 24, 2019. Reprinted in *An Economic History of Now*, vol. 2, September 2019.

12． Ben S. Bernanke, "Asset-Price 'Bubbles' and Monetary Policy," remarks before the New York Chapter of the National Association for Business Economics, New York, October 15, 2002, https://www.federalreserve.gov/boarddocs/speeches/2002/20021015/default.htm.

13． Ben S. Bernanke, Timothy F. Geithner, and Henry M. Paulson Jr., *Firefighting: The Financial Crisis and Its Lessons* (New York: Penguin, 2019).

14． "Bank Failures in Brief—Summary 2001 through 2023," Federal Deposit Insurance Corporation, https://www.fdic.gov/bank/historical/bank/, and T*he First Fifty Years: A History of the FDIC 1933–1983* (Washington, DC: Federal Deposit Insurance Corporation, 1984).

15． Philipp Carlsson-Szlezak and Paul Swartz, "How We Can Learn to Stop Worrying and Love Market Bubbles," *Fortune*, July 13, 2021, https://fortune.com/2021/07/13/stock-market-bubbles-investing-spacs- positive-legacies-economy/.

16． 嚴格來說，普林斯是在2007年7月接受《金融時報》（*Financial*

Times）訪談時，針對融資槓桿收購做出此評論：「當流動性的音樂停止時，事情就麻煩了。但只要音樂不停，你就得繼續跳舞。我們仍然在跳舞。」當時，愈來愈多人擔心次貸市場，也導致人們擔心槓桿收購的流動性。參見：Michiyo Nakamoto and David Wighton, "Citigroup Chief Stays Bullish on Buy-Outs," *Financial Times*, July 9, 2007, https://www.ft.com/content/80e2987a-2e50-11dc-821c-0000779fd2ac。

第十七章

1.「歷史總是會重演，第一次是悲劇，第二次是鬧劇」，此言出自卡爾‧馬克思（Karl Marx）；「歷史不會重演，但常有相似之處」，這句話通常被認為是出自馬克‧吐溫（Mark Twain）；「什麼是歷史，歷史不過是大家都認同的虛構故事罷了」，有人認為這句話出自拿破崙（Napoleon Bonaparte），也有人說出自法蘭西文學暨哲學家馮特奈爾（Bernard Le Bovier de Fontenelle）。

2. William Faulkner, *Requiem for a Nun* (New York: Random House, 1951).

3. 關於「歷史已成過去」的觀點，蘇聯解體之後，政治經濟學家法蘭西斯‧福山（Francis Fukuyama）認為：「西方自由民主制度是人類政府的最終形式。」公允的說，福山並非主張所有重要的歷史事件都已經結束，但他認為，長期而言，自由民主制度將會變得更普及。參見：Francis Fukuyama, *The End of History and the Last Man* (New York: Free Press, 1992)。

4. 因為美國政治學者葛拉罕‧艾利森（Graham Allison）而流行起來的「修昔底德陷阱」（Thucydides's trap）一詞，源自西元前五世紀雅典歷史學家修昔底德解釋伯羅奔尼撒戰爭（Peloponnesian War）發生的必然性：「雅典崛起讓斯巴達感到憂懼，因此，這場戰爭是無可避免的。」艾利森在2017年出版的著作中說，過去五百年，新興強權有16次挑戰既有強權，其中12次爆發戰爭。艾利森認為，美國和中國可能往這個方向發展。參見：Graham Allison, *Destined for War: Can America and China Escape Thucydides's Trap?* (Boston: Houghton Mifflin Harcourt, 2017)。

5. 當然，趨同並不意味毫無壓力，例如美國在1995年干預波士尼亞戰爭、美國在1990年代涉入拉丁美洲的毒品戰爭，以及對來自非國家主體威脅的憂懼。但總的來說衝突較小（至少，相比以往的戰爭而言）。與法蘭西斯・福山的歷史終結論相反，美國政治學家薩謬爾・杭廷頓（Samuel Huntington）預期未來仍將持續發生衝突，但主要來自於種族部落的仇恨及文化差異，參見：Samuel P. Huntington, *The Clash of Civilizations and the Remaking of World Order* (New York: Simon & Schuster, 1996)。

6. Gary Gerstle, *The Rise and Fall of the Neoliberal Order: America and the World in the Free Market Era* (New York: Oxford University Press, 2002).

7. 「華盛頓共識」是一套非正式的政策建議，旨在促進發展程度較落後國家的經濟發展。建議內容包括財政紀律、貿易自由化、民營化、對外來直接投資的自由化等等。參見：John Williamson, "What Washington Means by Policy Reform," Peterson Institute for International Economics, November 1, 2002, https://www.piie.com/commentary/speeches-papers/what-washington-means-policy- reform.

8. 凱因斯曾寫道：「如果經濟學家能讓自己被視為像牙醫那樣謙虛、稱職之人，那可就太好啦。」參見：John Maynard Keynes, *Essays in Persuasion* (New York: Norton, 1931)。

9. J. William Fulbright, *The Arrogance of Power* (New York: Random House, 1966).

10. 2003年5月1日，發動伊拉克戰爭僅僅六週後，布希總統搭乘一架海軍戰鬥機降落於亞伯拉罕林肯號航空母艦（USS Abraham Lincoln）上。在一面寫著「任務達成」的橫幅上，布希宣稱：「在伊拉克的主要作戰任務已經結束，美國及盟友已經在伊拉克戰役中獲勝。」但是，伊拉克戰爭仍持續八年，美國軍隊最終於2011年撤出。

11. Robert Barsky and Matthew Easton, "The Global Saving Glut and the Fall in U.S. Real Interest Rates: A 15-Year Retrospective," *Economic Perspectives*, Federal Reserve Bank of Chicago, March 2021, https://

www.chicagofed.org/publications/economic-perspectives/2021/1．

12・在希臘神話中，卡珊德拉是特洛伊城阿波羅神的祭司，被詛咒她將總是說出正確預言，但從不被人相信。現今使用「卡珊德拉」一詞的含義與神話正好相反，我們使用的是現在的含義：某人做出錯誤的災難預言，但人們總是相信。

13・關於這種發展的例子，參見：Ray Dalio, *Principles for Dealing with the Changing World Order: Why Nations Succeed and Fail* (New York: Avid Reader Press, 2021)。

14・中國於2013年推出一帶一路倡議，這是一種基礎建設發展策略，透過資助基礎建設，中國尋求透過陸路及海路來連結亞洲、非洲及歐洲。亞洲基礎設施投資銀行於2016年成立，總部設於北京，是一家多邊開發銀行，為亞洲的基礎建設計畫提供融資，被視為與西方領導的國際貨幣基金及世界銀行之類的機構是競爭對手。

15・關於這點的例子，參見：Dalio, *Principles for Dealing with the Changing World Order: Why Nations Succeed and Fail*。

第十八章

1・Philipp Carlsson-Szlezak and Paul Swartz, "Would a War Drive Equities Lower and Volatility Higher? How to Think about Geopolitics and Equity Markets," Sanford C. Bernstein, September 3, 2019. Reprinted in *An Economic History of Now*, vol. 2, September 2019.

2・當德國在翌年進軍法國時，悲觀氣氛濃厚，股市出現瘋狂拋售潮。

3・George F. Kennan, *Memoirs: 1950–1963* (New York: Pantheon Books, 1967), 218.

4・Norman Angell,《大幻覺》(*The Great Illusion*, New York and London: G. P. Putnam's Sons, 1910) .這文獻最早於1909年以小冊子的形式發表，一年後出書。安吉爾是英國記者、作家，曾短暫擔任工黨國會議員。他公開倡導國際主義，並且支持國際聯盟（League of Nations），在1933年贏得諾貝爾和平獎，是迄今唯一一位因為撰寫一本書而贏得此獎的人。《大幻覺》一書認為，國家之間的相互依存不斷提高，戰爭根本沒有經濟價值。一次世界大戰的爆發打破認為這類衝突不可能發生的信念。

5．Niall Ferguson, Barry Eichengreen, and Hélène Ray, "Earning from History? Financial Markets and the Approach of World Wars," The Brookings Institution, Spring 2008, https://www.brookings.edu/bpea- articles/earning-from-history-financial-markets-and-the-approach-of -world-wars/.

6．Marko Papic, *Geopolitical Alpha: An Investment Framework for Predicting the Future* (Hoboken, NJ: Wiley, 2020).

7．George F. Kennan（"X"）, "The Sources of Soviet Conduct," *Foreign Affairs*, July 1947, https://www.foreignaffairs.com/russian-federation/george-kennan-sources-soviet-conduct. 喬治‧凱南是美國外交家暨歷史學家，最為人所知的事蹟就是倡議採行圍堵政策，以對抗蘇聯在二戰後的擴張主義及行動。

8．Philip E. Tetlock, "Theory-Driven Reasoning about Plausible Pasts and Probable Futures in World Politics: Are We Prisoners of Our Preconceptions?" *American Journal of Political Science* 43, no. 2 (1999): 335, https://www.cambridge.org/core/books/abs/heuristics-and-biases/theorydriven-reasoning- about-plausible-pasts-and-probable-futures-in-world-politics/DA30926CF20DE839ADF F065C614024 DE.

9．Paul Barnett, "If What Gets Measured Gets Managed, Measuring the Wrong Thing Matters," *Corporate Finance Review*, January/February 2015, https://static.store.tax.thomsonreuters.com/static/ relatedresource/CMJ--15-01%20sample-article.pdf.

10．Dario Caldara and Matteo Iacoviello, "Measuring Geopolitical Risk," *American Economic Review* 112, no. 4 (2022): 1194, https://www.aeaweb.org/articles?id=10.1257/aer.20191823.

11. 此時，聯準會才剛成立（1913年12月）不久，仍然實行傳統的金本位制，因此，人們擔心資本外逃可能導致信用緊縮。1907年的美國金融大恐慌記憶猶新，促使當局暫停股市交易（以及聯準會的成立）。

12. Ferguson, Eichengreen, and Ray, "Earning from History?"

13. 這句話的一個版本最早被認為出自義大利文藝復興時代哲學家暨作家尼古洛・馬基維利（Niccolò Machiavelli），後來被許多政治人物以各種形式提及，包括前英國首相邱吉爾（Winston Churchill）。

14. Dwight D. Eisenhower, "Remarks at the National Defense Executive Reserve Conference," The American Presidency Project, November 14, 1957, https://www.presidency.ucsb.edu /node/233951. 普魯士陸軍元帥毛奇將軍（Helmuth von Moltke the Elder）在1871年也寫過類似的話：「任何作戰計畫除了在首次遭遇敵軍主力時能派上用場之外，別無其他的把握。」這句話常被精簡為：「沒有任何計畫能在首次遭遇敵人後繼續管用。」

第十九章

1. 例如：Adam S. Posen, "The End of Globalization?: What Russia's War in Ukraine Means for the World Economy," *Foreign Affairs*, March 17, 2022, https://www.foreignaffairs.com/articles/world/2022-03-17/end-globalization; "Is This the End of Globalization?" *Foreign Policy*, Spring 2020, https://foreignpolicy.com/2020/04/03/coronavirus-end -globalization/; and "Slowbalisation: The Future of Global Commerce," *The Economist*, January 24, 2019, https://www.economist.com/weeklyedition/2019-01-26.

2. 近岸外包指的是企業把供應鏈遷移至鄰近國家，以降低斷鏈風險。

3. Shannon K. O'Neil, *The Globalization Myth: Why Regions Matter* (New Haven, CT: Yale University Press, 2022), 7.

4. Keith Johnson and Robbie Gramer, "The Great Decoupling," *Foreign

Policy, May 14, 2020, https://foreignpolicy.com/2020/05/14/china-us-pandemic-economy-tensions-trump-coronavirus-covid- new-cold-war-economics-the-great-decoupling/.

5・Susanne Schattenberg, "Pipeline Construction as 'Soft Power' in *Foreign Policy*. Why the Soviet Union Started to Sell Gas to West Germany, 1966–1970," *Journal of Modern European History* 20, no. 4 (2022), https://doi.org/10.1177/16118944221130222.

6・Mark Stenberg, "How the CEO of Pepsi, by Bartering Battleships and Vodka, Negotiated Cold War Diplomacy and Brought His Soda to the Soviet Union," *Business Insider*, November 11, 2020, https://www.businessinsider.com/ceo-of-pepsi-brought-soda-to-the-soviet-union-2020-11.

7・高盛集團於2022年發表的一份報告中指出，截至目前為止，由於美國公司積極尋求強化供應鏈韌性，因此企業回流有限。相反的，企業更聚焦於存貨過多以及拓展供應商問題。參見：Jan Hatzius et al., "Strengthening Supply Chain Resilience: Reshoring, Diversification, and Inventory Overstocking," Goldman Sachs, March 27, 2022, https://www.gspublishing.com/content/research/en/ reports/2022/03/28 /a69df56c-b50e-4af5-9295-7fc7be33e096.html。

8・Chris Miller, *Chip War: The Fight for the World's Most Critical Technology* (New York: Scribner, 2022).

9・當然，局部影響取決於回流相對於近岸外包的程度。

第二十章

1・Stephen Roach, "The Dollar's Crash Is Only Just Beginning," *Bloomberg*, January 25, 2021, https://www.bloomberg.com/opinion/articles/2021-01-25/the-dollar-s-crash-is-only-just -beginning#xj4y7vzkg.

2・使用國際清算銀行（Bank for International Settlements, BIS）的狹義實質有效匯率（Narrow Real Effective Exchange Rates），這指數是基於貿易加權平均的雙邊匯率，並根據消費者物價進行調整。

3．Barry Eichengreen, *Exorbitant Privilege: The Rise and Fall of the Dollar and the Future of the International Monetary System* (Oxford: Oxford University Press, 2011).

4．例如，兩位著名經濟學家在2005年發表的一份研究報告指出，在特定情境下，歐元能在2022年前取代美元，成為主要準備貨幣。參見：Menzie Chinn and Jeffrey Frankel, "Will the Euro Eventually Surpass the Dollar as Leading International Reserve Currency?" working paper 11510, National Bureau of Economic Research, Cambridge, August 2005, https://www.nber.org/papers/w11510.

5．中立國瑞士擁有人們想持有的貨幣，如果市面上有更多的瑞士法郎憑證，瑞士法郎或許能成為重要的全球準備資產，中立性就不重要了。

6．這報紙是：*Suddeutsche Zeitung*. See Jeffrey E. Garten, *Three Days at Camp David: How a Secret Meeting in 1971 Transformed the Global Economy* (New York: HarperCollins, 2021), 250.

7．美元做為全球主要準備貨幣有一個不勞而獲的好處：慣性。一種新貨幣就算在四個賦能條件上都逐步改善也還不夠，因為網路效應會在維持現狀上發揮作用。國際銀行體系及貿易使用美元，將來大概也會繼續使用美元，稍微較佳的進步也難以打敗在位者的優勢。

8．國際收支恆等式：經常帳＝資本帳＋金融帳，這是一個恆等式，因此必須始終保持平衡或抵消。但這個恆等式不會顯示背後的驅動力（例如，這恆等式中的哪個部分推動了什麼）。更多相關資訊，可閱讀：Matthew C. Klein and Michael Pettis, *Trade Wars Are Class Wars: How Rising Inequality Distorts the Global Economy and Threatens International Peace* (New Haven, CT: Yale University Press, 2020)。

9．關於魯比尼的簡介，參見：Stephen Mihm, "Dr. Doom," *New York Times*, August 15, 2008, https://www.nytimes.com/2008/08/17/magazine/17pessimist-t.html。附註：魯比尼對美國房市發出的警報是正確的，但財政赤字和對外赤字的「雙重財金火車事故」並沒有造成經濟問題。

10． 聯準會前主席葛林斯潘在2007年說：「歐元取代美元成為準備貨幣，這絕對是可以想像的。」參見：Reuters Staff, "Euro Could Replace Dollar as Top Currency—Greenspan," *Reuters*, September 17, 2007, https://jp.reuters.com/article/greenspan-euro-idUSL1771147920070917.

11． 葛林斯潘稱此為一個「難題」。當時的聯準會主席柏南奇說，與其說這是個難題，不如說這是「全球儲蓄過剩」的結果。

12． Niall Ferguson, "The Dollar's Demise May Come Gradually, but Not Suddenly," *Bloomberg*, April 22, 2023, https://www.bloomberg.com/opinion/articles/2023-04-23/dollar-may-fall-to-yuan-crypto-but-not-soon-niall-ferguson.

13． Huileng Tan, "China and Russia Are Working on Homegrown Alternatives to the SWIFT Payment System. Here's What They Would Mean for the US Dollar," *Business Insider*, April 28, 2022, https://www.businessinsider.com/china-russia-alternative-swift-payment-cips-spfs-yuan-ruble-dollar-2022-4.

14． Chicago Booth—Kent A. Clark Center for Global Markets, "Ukraine Survey," March 8, 2022, https://www.kentclarkcenter.org/surveys/ukraine-2/.

第二十一章

1． 緊俏的勞動市場發生於當實際失業率（u）低於自然失業率（u*）時。

2． 例如，參見：Daniel Susskind, *A World without Work: Technology, Automation and How We Should Respond* (London: Penguin, 2020); David H. Autor, David A. Mindell, and Elisabeth Reynolds, *The Work of the Future: Building Better Jobs in an Age of Intelligent Machines* (Cambridge, MA: MIT Press, 2022); Erik Brynjolfsson and Andrew McAfee, *The Second Machine Age: Work, Progress, and Prosperity in a Time of Brilliant Technologies* (New York: W. W. Norton, 2016); David G. Blanchflower, *Not Working: Where Have All the Good Jobs Gone?* (Princeton, NJ: Princeton University Press, 2021); Martin Ford, *Rise of the Robots: Tech-*

nology and the Threat of a Jobless Future (New York: Basic Books, 2015); and Malcolm Frank, Paul Roehrig, and Ben Pring, *What to Do When Machines Do Everything: How to Get Ahead in a World of AI, Algorithms, Bots, and Big Data* (New York: John Wiley & Sons, 2017)。

3. 首先，企業信用，尤其是低品質或高收益的信用，並未以有意義的方式出現在銀行資產負債表上的資產端。這限制了危機蔓延，因為銀行體系外的私人債務帶來的風險比較小（參見第十五章）。其次，企業違約未必會像其他債券市場違約一樣，引發連鎖效應。如果有一件房貸違約，導致資產被出售，這將壓低房價，使得附近社區發生信用問題的可能性提高。然而，如果一家零售商倒閉，其餘的競爭者將受惠於新需求、新勞力供給以及可能更便宜的店租，使其餘競爭者獲得更多利潤，信用更強。第三點，這點或許最能打消擔心高利率會引發連鎖效應的疑慮。如果發生經濟問題，只要通膨風險得到控制（最重要的是，如果長期通膨預期穩定下來的話——還記得嗎，在疫情後通膨率飆升時，也從來沒有出現長期通膨預期不穩定的跡象），當局就可以降息。如果問題在於提高利率，那麼在許多情況下，貨幣政策當局可以走降息的回頭路。

4. 再者，貨幣政策當局有許多政策工具，並非只能設定政策利率。雖然政策當局無法迅速解決資本問題，但他們手上的流動性工具很強大，可以有效對抗高利率帶來的許多緊張情勢。

5. 參見圖19-1C。檢視全球商品貿易時，排除礦產及燃料（這些項目的貿易明顯受到價格的影響，儘管並非完全由價格驅動）後，貿易占全球GDP比例下滑的情形就消失了。

6. Philipp Carlsson-Szlezak and Paul Swartz, "Outlook 2020—Keep Calm and Carry On (and Watch Your Back)," Sanford C. Bernstein, December 9, 2019.

7. Philipp Carlsson-Szlezak, Paul Swartz, and Martin Reeves, "Who Will Win—and Lose— in the Post-Covid Economy?" hbr.org, June 1, 2021, https://hbr.org/2021/06/who-will-win-and-lose-in-the-post-covid-economy.

8・用全經濟獲利占附加價值毛額的百分比來衡量。

9・考慮軟體公司與連鎖旅館的差異。軟體公司將承受相對較輕的緊俏度,更有機會提升生產力,承受的邊際壓力可能較輕微,而且不太會對通膨造成影響。相較之下,連鎖旅館將承受很大的壓力,因為低工資勞力的競爭激烈,而且難以實行自動化,因此連鎖旅館將持續承受成本壓力。在此同時,由於旅館業內的競爭對手將面臨相同壓力,每個競爭對手都可能調漲價格。這雖然可能助長通膨,但對整體物價水準的影響可能不大,在這種情況下,央行不需要大幅升息,進而避免導致政策引發衰退的風險。

10・S. G. Tallentyre, ed., Voltaire in His Letters (New York: G.P. Putnam's Sons, 1919), 232.

圖表一覽

前　言

- 圖1-1　新冠疫情波動超越70年歷史常規
- 表2-1　總體經濟風險的四個象限
- 表2-2　經濟折衷主義：本書的使用方法

第一篇 實體經濟：成長風險與動力

- 圖3-1　現代週期
- 圖3-2　以長期視角看週期性風險概況
- 圖3-3　經濟衰退類型與衝擊
- 圖4-1　三種復甦型態
- 表4-2　供給面傷害
- 圖4-3　結構性損害？
- 圖4-4　新冠衝擊的V型復甦
- 圖5-1　成長引力無法改變嗎？
- 圖5-2　過於極端的成長敘事
- 圖5-3　勞動力與人口成長

- 圖5-4　美國勞動參與率變化
- 圖5-5　投資與資本存量
- 圖5-6　跑得更快才能站在原地
- 圖6-1　中、日、韓三國的成長引力
- 圖6-2　成長引力如何對日本發威
- 圖6-3　成長引力開始對中國發威
- 圖7-1　成長悖論
- 圖7-2　服務業主導經濟，卻拖累總生產力
- 圖7-3　製造業勞力密集度不斷下滑
- 圖7-4　服務經濟的勞力密集度不見下滑
- 圖7-5　價格下跌是生產力成長的有力證據
- 圖8-1　技術是燃料，緊俏的勞動市場是導火線
- 圖8-2　1990年代的生產力提升概況
- 圖8-3　技術性失業？其實技術帶來新就業

第二篇 金融經濟：良性限制與系統性風險

- 圖9-1　我們如何對刺激措施上癮
- 圖9-2　雷根時代開啟舉債驅動成長的新時代
- 圖9-3　網路泡沫帶動財富成長，刺激經濟
- 圖9-4　房市泡沫助長經濟，住房變成提款機
- 圖9-5　量化寬鬆推升家庭財富，刺激經濟發展
- 圖9-6　疫情期間，財政刺激力度前所未有

- 表 9-7　如何分析經濟刺激：目標與驅動因素
- 圖 10-1　政治錯誤差點引發經濟大蕭條
- 表 10-2　生存性刺激失靈的三條路徑
- 圖 10-3　新冠疫情最熱期間，G7 利率普遍下滑
- 表 11-1　戰術性刺激風險
- 圖 11-2　2022 年，貨幣政策捍衛通膨環境，而非捍衛景氣
- 圖 12-1　沃克遺產成功穩定通膨
- 圖 12-2　週期性通膨還是結構性通膨？
- 圖 12-3　供需不平衡一度賦予廠商強大訂價權
- 圖 12-4　疫情期間通膨上升，未明顯改變市場長期通膨預期
- 圖 13-1　疫情前後，通膨預測都不準
- 圖 13-2　貨幣供給與物價成長的正相關其實不明確
- 圖 13-3　1950 年以來的勞動市場概況
- 圖 13-4　1985 年以來的貨幣政策
- 圖 14-1　700 年的利率下滑走勢是命中注定？
- 表 14-2　利率環境的演變過程
- 圖 14-3　兩種健康利率環境的歷史案例
- 圖 14-4　1970 年代高且波動的利率環境
- 圖 14-5　1930 年代低且蕭條的利率環境
- 圖 15-1　債務水準無法看出債務風險
- 圖 15-2　過去 100 年，美國名目成長率與名目利率的變化
- 圖 15-3　2008 年的債務轉折點

- 表16-1　經濟泡沫的分類與影響

第三篇 全球經濟：從趨同的樂觀到分歧的悲觀

- 圖17-1　趨同泡沫的興衰
- 圖18-1　戰爭對經濟的影響可能很兩極
- 圖18-2　地緣政治難以量化
- 圖18-3　二戰使美國經濟重返大蕭條之前的趨勢水準
- 圖19-1　貿易資料可能誤導判斷
- 圖19-2　真正重創貿易的是經濟蕭條，不是戰爭
- 圖20-1　美元展現出長期韌性

結　論

- 表21-1　緊俏年代誰輸誰贏？

致　謝

我們的研究過程涉及大量撰述,但同樣重要、甚至更重要的是交流與辯論。我們的許多論點和敘事都是透過與企業主管及投資人進行無數次討論而發展出來的。他們提出的疑問往往形塑我們的研究議程,然後,我們的研究成果又激發下一輪的交談。這種良性循環讓我們保持謹慎,迫使我們進化,也讓我們得以在無邊際的畫布上作畫。本書受惠於多年來以這種方式去研究全球總體經濟,因此,我們首先要感謝參與討論的許多客戶。

當然,如果沒有一個巨大的舞台讓我們立足,就不可能有這些討論。感謝 Rich Lesser 和 Martin Reeves 邀請我們加入波士頓顧問公司,並提供支持;感謝 Christoph Schweizer、François Candelon、Sharon Marcil、Tawfik Hammoud、Rohan Sajdeh、Kilian Berz 及 Carol Liao 鼓勵我們撰寫此書;感謝龐大的波士頓顧問公司合夥人,他們以無比卓越的能力和世界各地實體與金融經濟領域中的領導人建立互動關係。我們也感謝我們任職桑德福伯恩斯坦公司(Sanford C. Bernstein)時的前同事,他們灌輸我們與眾不同的研究精神,安排我們和精明的機構投資人舉行無數的會議,感謝他們讓我們利用當時的一些研究成果。

不過，光靠研究與辯論，無法寫出一本書。把無邊際的研究畫布轉化成一份凝聚的初稿後，需要批判的眼光，在這方面，我們也大大受惠於一些優秀人士提供的協助。感謝 Sebastain Mallaby、Kathleen Stephansen、John McDonald、Jeffrey E. Garten、Rafael Ziegler 以及哈佛商業評論出版公司的編輯 Jeff Kehoe，也感謝四位匿名審閱人幫助得出更佳的最後定稿。

把定稿轉化成一本實體書，遠比我們想像得更為複雜。為了確保過程順利以及成品優良，我們要感謝 Anne Starr 和哈佛商業評論出版公司的整個製作團隊。感謝波士頓顧問公司的 Amanda Wikman 及團隊的傑出作業及行銷支援。

撰寫本書的工作跟我們平常的工作時間不同，因此，我們對家人虧欠甚多，他們容忍我們縮減週末和晚上與他們相處的時間。菲利浦感謝他的太太 Teresa 和女兒 Clara 及 Nora，她們愛開玩笑說，經濟學家、共產黨和生態學者在她們聽起來沒什麼太大差別。保羅感謝 Rebecca 和 Cara，沒有她們的話，他可能很久以前就隱居在一棟裡頭滿是書籍和一台彭博終端機的森林木屋了。

雖然紙本書籍必有盡頭，但展望未來，我們知道它將是新辯論和新研究的開頭，我們對此無比感恩。

國家圖書館出版品預行編目(CIP)資料

真危機與假警報：解讀總體經濟風險,做出精準判斷/菲利浦.卡爾森-斯雷札克(Philipp Carlsson-Szlezak), 保羅.史瓦茲(Paul Swartz)作；李芳齡譯. -- 第一版. -- 臺北市：遠見天下文化出版股份有限公司, 2025.06

面 ;4.8X21公分. -- (財經企管 ; BCB882)

譯自 : Shocks, crises, and false alarms.

ISBN 978-626-417-423-7(平裝)

1.CST: 總體經濟學 2.CST: 金融危機 3.CST: 風險評估

550   114007583

財經企管 BCB882

真危機與假警報
Shocks, Crises, and False Alarms

作者──菲利浦・卡爾森-斯雷札克（Philipp Carlsson-Szlezak）、保羅・史瓦茲（Paul Swartz）
譯者──李芳齡

副社長兼總編輯──吳佩穎
財經館總監──蘇鵬元
責任編輯──黃雅蘭
內頁設計──陳玉齡（特約）
封面設計──職日設計

出版者──遠見天下文化出版股份有限公司
創辦人──高希均、王力行
遠見・天下文化 事業群榮譽董事長──高希均
遠見・天下文化 事業群董事長──王力行
天下文化社長──王力行
國際事務開發部兼版權中心總監──潘欣
法律顧問──理律法律事務所陳長文律師
著作權顧問──魏啟翔律師
社址──台北市 104 松江路 93 巷 1 號
讀者服務專線── 02-2662-0012 ｜傳真 02-2662-0007；02-2662-0009
電子郵件信箱── cwpc@cwgv.com.tw
直接郵撥帳號── 1326703-6 號 遠見天下文化出版股份有限公司

電腦排版──陳玉齡（特約）
製 版 廠──東豪印刷事業有限公司
印 刷 廠──家佑實業股份有限公司
裝 訂 廠──台興造像股份有限公司
登 記 證──局版台業字第 2517 號
總 經 銷──大和書報圖書股份有限公司 電話／ 02-8990-2588
出版日期── 2025 年 6 月 30 日第一版第一次印行

Original work copyright © 2024 THE BOSTON CONSULTING GROUP, Inc.
Complex Chinese translation copyright © 2025 by Commonwealth Publishing Company, a division of Global Views - Commonwealth Publishing Group
Published by arrangement with Harvard Business Review Press through Bardon-Chinese Media Agency. Unauthorized duplication or distribution of this work constitutes copyright infringement.
ALL RIGHTS RESERVED

定價 ── 550 元
ISBN ── 9786264174237
EISBN ── 9786264174190（EPUB）；9786264174206（PDF）
書號 ── BCB882
天下文化官網── bookzone.cwgv.com.tw

本書如有缺頁、破損、裝訂錯誤，請寄回本公司調換。
本書僅代表作者言論，不代表本社立場。